研发才是硬道理

用IPD流程研发新品全过程详解

孙维乙
郭俭旭
/著/

哈尔滨出版社
HARBIN PUBLISHING HOUSE

图书在版编目（CIP）数据

研发才是硬道理 ：用 IPD 流程研发新品全过程详解 / 孙维乙，郭俭旭著 . -- 哈尔滨 ：哈尔滨出版社，2024.1
ISBN 978-7-5484-7703-7

Ⅰ . ①研… Ⅱ . ①孙… ②郭… Ⅲ . ①产品开发—企业管理 Ⅳ . ① F273.2

中国国家版本馆 CIP 数据核字 (2024) 第 040072 号

书　　名：研发才是硬道理：用 IPD 流程研发新品全过程详解
YANFA CAI SHI YING DAOLI :YONG IPD LIUCHENG YANFA XINPIN QUAN GUOCHENG XIANG JIE

作　　者：孙维乙　郭俭旭　著
责任编辑：刘　丹
封面设计：树上微出版

出版发行：哈尔滨出版社（Harbin Publishing House）
社　　址：哈尔滨市香坊区泰山路 82-9 号　　**邮编：**150090
经　　销：全国新华书店
印　　刷：武汉市籍缘印刷厂
网　　址：www.hrbcbs.com
E-mail：hrbcbs@yeah.net
编辑版权热线：（0451）87900271　87900272

开　　本：710mm×1000mm　1/16　**印张：**22.5　**字数：**381 千字
版　　次：2024 年 1 月第 1 版
印　　次：2024 年 1 月第 1 次印刷
书　　号：ISBN 978-7-5484-7703-7
定　　价：78.00 元

凡购本社图书发现印装错误，请与本社印制部联系调换。
服务热线：（0451）87900279

序 PREFACE 言

进入二十世纪第三个十年，随着我国国民经济增长的速度加快，各个企业之间的竞争风起云涌，呈现出纷繁复杂的激烈态势。正所谓“商场如战场”！一家具有远大抱负的企业如何在激烈的市场竞争中，立于不败之地呢？其答案就是三个字——“创新力”。产品和技术研发能力作为最为根本和基础的创新力，代表着企业竞争实力的最主要体现——新技术和新产品。可以这么说，只有将企业的研发能力搞上去，为市场和客户提供源源不断的、符合实际需求的新产品，企业才能够真正站稳核心竞争力的制高点并持续发展下去，这是毋庸置疑的。

目前，关于企业研发管理体系建设、产品开发流程设计、研发组织和绩效设计、研发项目管理方法等一系列研发是什么和如何建设的书籍已经大量问世了，为各个企业研究如何管理好研发业务和研发相关人员提供了宝贵的经验和建议。其中，笔者也有幸出版了一部《落地才是硬道理——企业实施 IPD 研发管理体系方法》（与本书互为姊妹图书），讲述了 IPD 集成产品开发管理体系在企业落地和实施的具体方法。总结起来，这些已有的 IPD 类书籍主要讲了两件事情：IPD 研发管理体系和方法论；如何推进 IPD 研发管理体系在企业的实施和落地。

但是，很多读者在阅读 IPD 集成产品开发方法类的图书，甚至在推行一阶段 IPD 体系以后，普遍都有几个疑问。

疑问 1：“IPD 体系确实是一个系统的、科学的模式，但是结合具体的新产品和新技术开发项目，作为企业应该如何按步骤运作呢？”

疑问 2：“无论这个世界上有没有 IPD 集成产品开发管理体系和流程，我们企业（实际按照产品开发项目运作）到底应该如何科学地组织和实施新产品和新技术开发工作呢？”

疑问 3：“企业按照 IPD 产品开发流程规定的标准和内容，执行新产品和新技术开发流程，为什么就没有想象中那么顺利，反而问题繁多呢？”

疑问 4：“IPD 体系明明是个好东西，为什么变革过程那么痛苦？为什么搞得整个企业各个部门‘鸡飞狗跳’？为什么搞得人与人之间精神紧张呢？”

疑问 5：“为什么我们公司推行的 IPD 体系没有起到理想中的效果，甚至出现失败的迹象呢？”

上述这几个问题实际上也在笔者的脑海中不断浮现，凝结成一个重大的课题：“IPD 集成产品开发管理体系到底应该怎样应用和实践，才能起到良好的效果呢？”无论多么先进的理论，我们都要学会从理论走向实践，将优秀的理论与企业新产品和新技术研发实际工作结合起来，这才是硬道理。也就是说，无论企业对先进的管理理论掌握多少，都要勇闯那一道理论在实际中应用的难关。没有用实际和实践检验过的理论只能永远停留在文字状态，只有将理论付诸实施，在新产品开发的过程中证明其有效性，理论才能最终变成无坚不摧的武器，IPD 体系才能在企业得到真正落地，而不是像目前这样，很多企业存在着所谓 IPD 体系“形似而神不似”的问题，甚至还有一些企业在管理变革上走着与 IPD 正确方向相反的道路（这些企业中的一部分甚至把背离IPD体系的管理方法认为是正确的IPD体系）。

同时，每家公司都存在人员的流动，包括人员的新进、离职和转岗，导致 IPD 体系新来的推动者和执行者，经常存在对已成熟的 IPD 各项内容和规章制度的重新学习和重新理解，这也客观需要各个公司整理一套关于如何运作 IPD 体系和流程以做好新产品开发项目的操作指导手册，将 IPD 体系持续地用好并不断升级。

鉴于以上原因，笔者决定写作本书，将基于 IPD 的产品开发管理体系和流程沿着新产品开发的全过程真真切切地展示出来，其中凝结了笔者关于 50 个典型新产品开发项目的经验和教训总结（包含作为甲方项目经理运营的 15 个项目，作为乙方咨询顾问辅导的 35 个项目，其中仅失败 1 个项目），供各个企业在研发新品和新技术的时候参考，同时邀请亨通集团有限公司研究院郭俭旭女士分享有关研发项目管理和激励的经验（第九章和第二十六章），为企业提升新品研发工作的效率和质量，找到最适合自己的、真正正确的新产品和新技术开发道路，实现 IPD 体系和流程的真正有效实践，提供一定的参考。

本书为了方便各个企业使用，讲述了大量的在 IPD 管理体系未建立起来或者建立得不太彻底时，如何运作 IPD 流程的内容，供我国所有研发创新企业和人员参考。

孙维乙

2023 年 5 月 30 日

目 CONTENTS 录

第二篇　产品开发项目的概念和草图阶段

第三篇　产品开发项目的方案和计划阶段

第四篇　产品开发项目的样品开发和小批量生产阶段

第五篇　产品开发项目的市场验证阶段

第六篇　产品开发项目的上市和发布阶段

第七篇　新产品开发效果的后评估和退市

前　言

IPD 集成产品开发管理体系（Integrated Product Development，简称 IPD 或 IPD 体系）是源自美国的一整套产品开发的模式、理念与方法，一般被认为由深圳华为技术有限公司于 1998 年以后引入中国，至今已有二十四年的历史了。不可否认的是，很多引入和实施 IPD 体系的中国企业已经在研发管理和研发业务运作等方面取得了长足的进步，提升了各自研发新产品和新技术的能力和水平。随着 IPD 体系在中国各个企业的导入力度不断加强，范围不断增大，越来越多的企业都在学习 IPD、理解 IPD、实践 IPD 和应用 IPD 的道路上飞驰前进。

在此过程中，越来越多的读者和研究者不断研究、思考并向本书作者来信反映他们所在企业推行和运作 IPD 体系时的烦恼。这些烦恼以 IPD 体系的具体实践和应用为背景，大致包括以下几个方面。

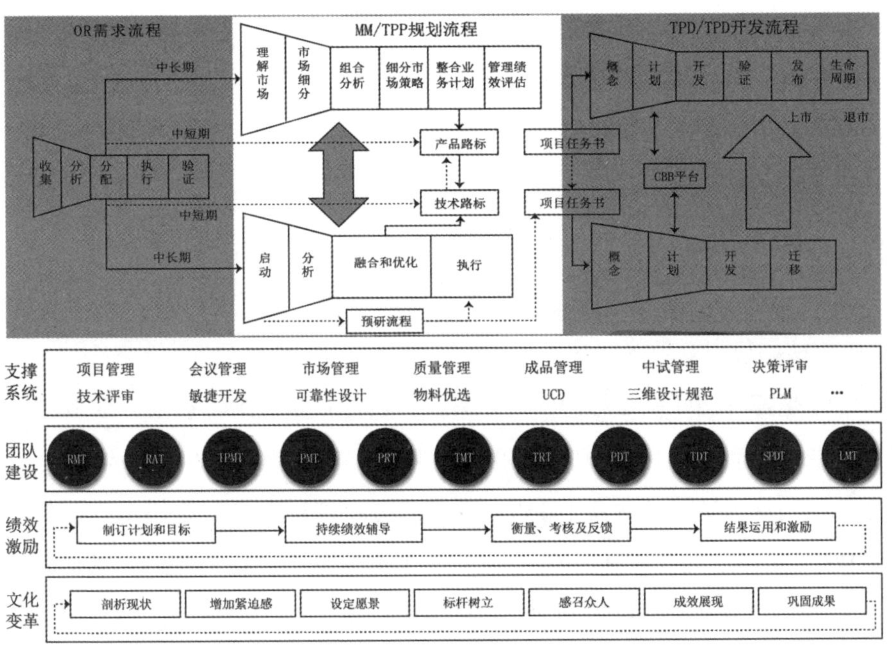

图0-1　IPD集成产品研发管理体系框架图

1. IPD集成产品开发管理体系的科学知识已经理解了，落地在企业中的方法也已经知晓了，可是在实际进行新产品和新技术的研发过程中，还是无法融会贯通，感觉到IPD这套体系流程的理论和实践具有比较大的差距。

2. 在实际运行IPD体系时，面临很多问题是难以解决的，其他IPD标杆企业的方法（流程、制度、模板、软件工具等）也许没那么好用，不知道怎么梳理出本企业IPD体系的工作头绪，也不知道怎么样根据企业面临的实际情况找出解决问题的关键点。

3. IPD体系还是要能够帮助企业开发出精品和爆品才能有说服力，可是很多企业在如何真正开发出精品和爆品上犯了难，尤其是在企业内频繁产生许多限制条件（甚至是令人无法理解的限制条件），约束了IPD流程的有效运作。

4. 总是感觉企业中存在巨大的思想和管理体系障碍，阻碍IPD相关流程和制度的进一步推进和实施，IPD反对者也具有相当的力量和能量。

5. IPD体系和流程总是在使用一阶段或者一定时间以后，不断出现管理方面的厌倦和松懈，其IPD的管理和推进水平一般都是不断下滑的。

6. ……

那么，出现上述这些问题的原因是什么呢？

1. IPD理论是归纳出来的，在不同类型企业的表现具有不同特点

IPD理论的本质是七大核心思想，包括产品研发是投资行为、基于市场和需求进行研发、利用平台进行模块化开发、结构化并行需求规划和研发流程、跨部门共同合作开发、业务和各项资源的匹配与对齐、量体裁衣和落地是硬道理等。还有一些文献加上阶梯化的人力资源支持、IT系统和PLM系统的应用、技术开发和产品开发相分离、货架技术的应用等核心思想，与本书所支持的IPD七大核心思想有异曲同工之处，内容相仿，本书不再累述。

无论是哪种IPD核心思想的表述方式，实际都是几十年以来，众多国内外知名企业关于研发管理体系的经验和教训的总结与归纳。IPD核心思想是评价企业的某项管理措施是否属于IPD体系最为基础的标准，但是具体到每个不同的企业，其表现是具有针对性的，也就是对于不同规模企业（大型，中型，小型，微型）、不同行业企业（B2B，B2C，及对应的实体产品、软件产品、服务产品）、不同发展阶段企业（萌芽阶段，成长阶段，成熟阶段，成熟后阶段，退出阶段）、不同文化背景企业（人之初性本善，人之初性本恶等多种维度）、不同一把手出身企业（营销，研发，生产，行政，售后，采购，财务等）、不同一把手身体状况企业（青年，中年，老年，接班等）、不同一把手性格企业（老虎型，孔雀型，考拉型，猫头鹰型等）……不同落地顺序、不同落地载体等落地特点不同的 IPD 管理体系，都有其差异性。企业和企业间的个体差异是非常巨大的，导致虽然大约 70% 的 IPD 管理体系知识可以在不同企业间通用，但是仍然有大约 30%的IPD管理体系知识需要根据企业个体差异定制。没有前面的70%相同点，IPD 体系就无法成为一个完整的系统；没有后面的 30% 不同点，IPD 体系就无法真正解决企业面临的个体问题。例如不能认为华为公司推行强矩阵，其他行业和企业就一定要推行强矩阵，条件相同、资源相同、文化适应才可以，可惜现有的相当一批推行 IPD 体系的企业并没有因地制宜，反而机械地套用所谓标杆企业的策略，导致失败者颇多（超过 50%）。

2. IPD 理论的掌握对于不同类型的人员，是具有偏差度的

每家企业中都具有大致五个不同层次和十一大管理部门 / 团队的人员，这就造成了每家企业实际是由至少五十五种不同类型的人员组成的。企业中人员的不同层次包括高层、中层、基层、运营设计层（研发、技术、工艺等）、运营保障层（人资、文化等）。企业中的十一大管理部门 / 团队包括高层团队、项目管理团队、研发部门、市场营销部门、售前与售后服务支持部门、生产制造部门、供应链与采购部门、质量与品质部门、财务与成本部门、体系与流程建设部门（含 IPD 变革推进部门）、人资与文化部门等。这里面的每个层次和每个职能 / 功能部门的人员对于 IPD 的需求是不同的、理解是不同的、应用场景是不同的，最关键的是他们之间关于 IPD 的理解深度也并不相同，上述这些内容都是需要系统地思考和设计推进方式的。例如一家企业的高层一定最关心战略目标的达成，而结构工程师一般就只会关心自己研发工作的效率和质量如何提升，并且尽量“少扣钱”。IPD 推行时，一定要照顾不同层次和部门的人员对于 IPD 体系的整体感受，实现全面推行的态势，不能留死角，否则就会产生“木桶”效应。

3. IPD 实践过程中，需要系统性运作 IPD 体系的各个模块

IPD 体系本质上属于企业管理上的系统工程，不仅囊括诸多管理机制，而且包含大量的科学业务运作工具和方法。如果把IPD体系比喻成一条高速公路，那么它不仅仅包含高速公路的硬件设备，也包含大量的软性高速公路运输和旅行方法等。这种系统性不仅仅体现为流程、组织、绩效和激励等方面的协同性，同时也体现为文化、人力资源、平台工具等方面的协同性。很多企业实际上只是推行了 IPD 体系中很小的一部分，并且可能只有所谓的“并行开发流程”，也就是误以为 IPD 就一个流程，一般都会造成所推行的所谓 IPD 体系“形似而神不似”甚至“形不似而神更不似”。每个不同的企业在推行 IPD 体系时，都不能一股脑地全上，而是要根据企业战略目标和管理问题优先级合理规划和分步实施 IPD 的落地工程，也就必须要系统地、有序地运作与企业自身情况最符合的 IPD 体系相关模块。

4. 企业面临的实际内外部问题，对 IPD 体系的运作有干扰

企业在运营和发展过程中一定会遇到很多问题，但是不能把所有问题都归结到 IPD 体系的推行上。实际上 IPD 体系在落地过程中，就是会有很多非 IPD 体系因素的干扰，导致企业推行 IPD 的不成功甚至失败。广东南部某公司广大职工都不愿意参加 IPD 的培训，后来才发现是基础管理出了问题，具体地讲就是食堂的环境脏、乱、差，员工以为公司老板不拿他们当人看，而是当“猪”看（部分工人原话），谁给你卖命呢？江苏北部某公司在做需求调研时候，很多人都不愿去现场走访，原来是公司的食宿保障制度不合理，出差就是花自己的钱和遭罪，谁愿意去做需求调研？这都是残酷的现实。

当然，还有少部分企业把 IPD 体系的推行与内部高层的“政治斗争”挂钩，与实际业务开展脱节，仅仅把它作为排挤另一“帮派”的手段，一般情况下，都是不会得到好结果的。IPD 的推进主要是企业业务核心竞争力的提升工程，是比较单纯的研发管理体系的推进。

5. IPD 试点项目的标杆作用，对 IPD 体系的广泛运作具有一定的限制

IPD 体系推行初期都是要进行新产品开发项目试点的。但是这个试点项目对于 IPD 的广泛而有效的推广有很大的影响。如果试点项目做得很好，那么后续的项目可能都会照搬它的需求调研、流程运作等具体的工具、模板和过程，由于研发项目之间的个体差异很大，很可能在试点项目中的好经验，其他的项目就无法套用。如果试点项目做得不好，那么一群反对者就会纷至沓来，把其中好的经验也“一棒子打死”，同样也对 IPD 体系的推广具有一定的限制和危害。出现这个问题的本质原因还是对 IPD 体系的学习和理解不够深入。

6. 没有充分把握好理论的原则性和实践的灵活性

对 IPD 这个关于研发创新工作管理体系的内容没有充分地掌握，没有注意到它在不同条件下的适应和变形情况，没有注意到它在不同行业、不同规模和不同企业发展阶段、不同文化、不同人员能力和素质状况下的适配性，没有从方法论的融会贯通角度出发，仅仅去套用其他管理标杆公司现成的措施，最终会造成一系列的原则性和灵活性相冲突的事件，甚至这些事件出现了一些匪夷所思的倾向。原则性实际是指坚持原理和方法论，搞清楚什么是“马”；灵活性则是指坚持不同条件下的落地性和适应性，搞清楚“白马”是怎么产生的，二者相辅相成。

7. IPD 体系还面临着随着公司业务情况变化和人员变化而出现的不适应性和需要重新培训和不断学习等情况，比如新人的大量引进、岗位的不断调整、新业务的不断拓展等

这样的情况下，一般都需要各个公司进行 IPD 体系的重复推进。这种重复推进的工作如果选择像初次推进那样的——长时间的调研、长时间的培训等变革管理措施，往往让一些过来人觉得“小儿科”而拒绝再次进行 IPD 的导入，致使 IPD 体系的管理水平随着时光流逝不断下降。

问题就是这些问题，情况就是这些情况，关键是如何解决这些问题和情况。

这就要回归到本书作者所提出的一个本质上的观点：IPD 流程的本身是新产品研发业务运作流程，应该以业务运作的成功和问题解决为主，而以管理体系的变革为辅，二者主次分明，相辅相成。

IPD 体系的根本价值实际就是实现新产品开发的高质量、高效率和高成功率。诚然 IPD 体系的导入需要一定程度的管理变革，但是这些管理变革的根本目的还是为了新产品研发的成功，为了生产力的提高。仅仅单纯推动所谓研发管理体系也就是单纯推进生产关系变革的做法，搞人与人之间的组织斗争甚至是“政治”斗争，实际是背离“生产力决定生产关系”这个普遍真理的。因此，解决上述这些问题的根本方法只有一个，就是将一个又一个的新产品和新技术开发项目做成功，并在此过程中根据出现的问题和教训，不断变革和及时优化企业的研发管理体系、制度、流程和人才结构，这才遵循了唯物主义的普遍原理。

本书就是根据“生产力决定生产关系”的普遍哲学原理，阐述如何一步一步做好新产品和新技术的调研、规划、定义、开发、验证和退市工作，从新产

品全生命周期开发的全过程，说明如何系统地开发一款新产品，各位读者可以根据顺序系统地阅读本书。由于本书主要还是关于大研发管理体系的图书，所以其中涉及的一部分供应链、生产制造、质量保证、市场营销、售后服务等工作内容，仅叙述其与新产品和新技术研发工作息息相关的内容。关于各自职能领域的管理知识请参见其他专业书籍。

无论读者所在公司是否已经导入了 IPD 管理体系，都不会影响关于本书的阅读。各位读者也可以根据自己所遇到的具体研发运作难题，有选择地阅读本书的某一章节或者每一具体问题的解答，能够解决读者实际遇到的研发管理问题，也是本书实用性的贡献。

本书主要讲解新产品开发的整个过程，其中的主要方法和观点也适用于新技术的开发过程，遇到二者有不同之处时，本书也会进行一定程度的讨论和叙述。各位读者在新产品预研和新技术预研的项目中，可以参照本书的操作方法，但是需要顾及预研 / 研究类项目的特点。

由于作者项目实践范围的局限性，本书所涉及的案例一般都来源于机电一体化类产品（含家居类产品），请软件、材料、服务等行业的读者根据本书的方法论，自行进行知识点适应性的转化。

敬请谅解！欢迎批评指正！

第一章

产品开发流程的两条主线——业务运作和管理运作

每家企业的产品开发是怎么开展的呢？

难道仅仅通过小 IPD 产品开发流程这条主线，按照模板和交付件的标准就能运作好吗？无数的现实和实践告诉我们，这是不可能的，也是不现实的，这种思想是过于理论化和理想化的。对于 IPD 体系和流程的认知及其实践是需要不断发展和加强的，即使是 IPD 行业的资深咨询专家和顾问也需要根据企业的情况及其 IPD 理论的发展来不断提升自己，这就是理论联系实际的重要性所在。

这个 IPD 体系的发展，主要指两个方面或者说两个角度，一个是业务运作的角度，也就是 IPD 体系和流程在业务运作方面不断地发展，涉及相应的新思潮（如《创新者的任务》、BLM、DSTE 等）、新流程、新组织形式（如前几年比较流行的合弄制组织）、新激励方式（如创新性的股权激励方式）、新业务工具等；另一个是管理运作的角度，也就是管理方法上的不断发展，包括研发项目管理、产品全生命周期管理、研发项目涉及的人力资源管理等。

本章内容就是以此两条主线的发展，说明利用 IPD 体系和流程运作和管理新产品开发项目的全过程，通过图 1-1 所示的两条主线和五个研发项目的层次来说清楚个中逻辑。

各类 ODM 和 OEM 企业也可以根据这个形式自行对本书内容进行有选择性地学习，因为从本质上讲，OEM 和 ODM 企业的新产品开发也是整体行业新产品开发流程的一部分。

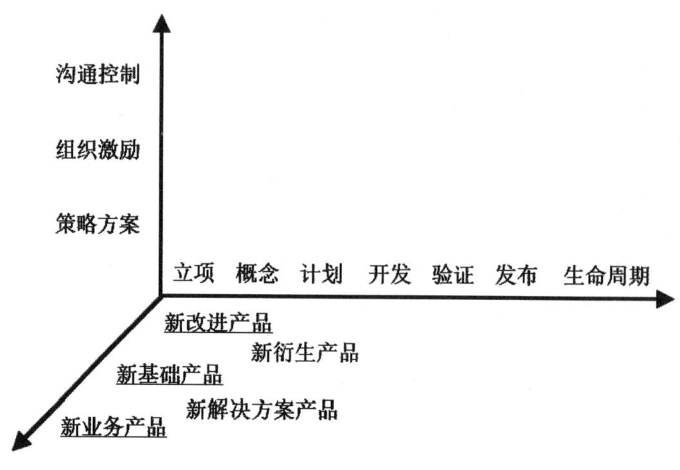

图1-1　新产品研发工作的两条主线和“五个层次”（本书写作逻辑）

一、新产品开发的业务运作线

新产品开发是怎样进行业务运作的呢？要说明这个问题，就需要我们理清楚新产品开发整个的过程逻辑，也就是新产品从生到死的整个生命周期过程，如表 1-1 所示。这个新产品的整个生命周期的运作过程，就是各个企业中各个新产品开发项目组 / 项目团队需要运作的新产品开发业务，这也是本书写作的第一个逻辑。

表1-1　新产品生命周期过程详表

生命阶段	业务阶段	业务步骤	主要业务工作内容	阶段成果
孕育	立项	初始构想	初始构想项目 对初步构想进行初步评估	立项准备报告
出生		市场评估	行业宏观市场评估 微观市场评估（对手、自我等） 细分市场调研和分析 商业模式（盈利模式）分析 SWOT分析	市场评估报告

续表

生命阶段	业务阶段	业务步骤	主要业务工作内容	阶段成果
出生	立项	需求评估	市场/客户需求调研 市场/客户需求分析	核心/关键需求列表
		技术评估	关键技术可行性分析 关键产品可实现性分析（工艺、模具等） 专利和标准化约束分析	技术可行性分析报告
		策略评估	制定市场营销初步策略（4P） 制定研发初步策略（含平台、模块化） 制定生产制造初步策略（人、机、料、法、环、测） 制定供应链/采购初步策略 制定质量保证初步策略（可选） 制定客户服务初步策略 初步财务分析 项目进展及风险分析（天时、地利、人和）	项目建议书（立项报告） Charter DCP决策评审
少年	概念	产品概念设计	确定产品需求包（内部、外部） 产品概念设计（如草图、核心算法、核心参数、30%三维图）	产品概念报告 产品需求包 TR1技术评审
		开发策略设计	制定市场营销策略（4P+2） 制定研发策略 制定生产制造策略（人、机、料、法、环、测） 制定供应链/采购策略 制定质量保证策略 制定客户服务策略 财务分析 项目进展及风险分析	概念阶段决策评审报告 CDCP决策评审

续表

生命阶段	业务阶段	业务步骤	主要业务工作内容	阶段成果
青年	计划	总体产品方案设计	产品总体方案设计 （外观设计、主要参数、70%三维图）	产品总体方案 TR2技术评审
		详细产品方案设计	关键技术方案设计 产品各系统方案设计 （90%三维图）	产品详细方案 TR3技术评审
		开发计划设计	制订市场营销计划（4P+2） 制订研发计划 制订生产制造计划 （人、机、料、法、环、测） 制订供应链/采购计划 制订质量保证计划 制订客户服务计划 持续财务分析 项目进展及风险分析	计划阶段 决策评审报告 项目合同/承诺书 PCDP决策评审
	开发	设计验证	系统/单元设计测试/验证 产品详细设计（或原型机）	系列设计 验证报告 TR4技术评审
		样机/样品生产	样机/样品生产准备 样机/样品生产 样机/样品性能和需求测试	样机/样品 TR4A技术评审
		小批量生产	小批量生产准备 小批量生产 小批量产品性能和需求测试	小批量产品 TR5技术评审
	验证	试销和试用	小批量产品试用 小批量产品试销 产品完善	小批量产品 试用和试销报告

续表

生命阶段	业务阶段	业务步骤	主要业务工作内容	阶段成果
青年	验证	技术定型	技术总结 质量总结 设计定型会	产品设计 定型报告 TR6技术评审
		上市评估	上市准备 上市准备评估	上市准备 评估/决策报告 ADCP决策评审
	发布	上市发布	上市发布	上市发布（会）
		项目盘点	项目经验教训总结	项目经验教训 总结报告 GA可获得性点
中年	生命周期	保证期 保修期	持续完善项目（技术、商务等） 项目成果后评估	项目后评估报告 开发项目结项报告
		持续与改进	产品配置设计 产品变形设计 产品变更设计 降本增效	产品（族/群）
老年		产品退市	产品运行情况监控 产品退市评估 执行产品退市（EOX）	产品退市 决策报告 LDCP决策评审
		产品退市后*	产品后续维护、服务和重新上市	——

*有些文献中，产品退市后的阶段不列入IPD流程，本书对此不再讨论，请读者自行分辨。

如表1-1所示，IPD产品开发流程的本质就是新产品从生到死的全生命周期过程，与传统意义上的新产品开发流程相比，具有以下的不同点。

1. 两头大，中间小

IPD产品开发流程不是只涉及研发部门工作的研发部门或者研发工程师工

作流程，也不是以技术为主要工作内容的类似于TS16949的技术实现和质量保证流程，而是以商业业务实现为第一目的，以财务成功实现为第二目的，以技术和质量成功为第三目的的新产品开发和运营管理流程，这才是IPD流程的本质，并不能简单地从IPD原英文字面意义上进行直译式的理解。抛开生命周期阶段不谈，IPD流程的前五个阶段呈现出“两头大，中间小”的“纺锤形”流程结构，所谓前头大，指的是项目开展的前期阶段需要大量的市场调研和需求调研的工作，没有准确的信息输入，产品开发项目就是“无源之水”，也势必会造成“闭门造车”的恶劣影响，是一家企业新产品成功率不高的主要原因；所谓后头大，指的是在验证阶段的工作中，不但要加强市场试用和试销过程中的各项测试，不让客户和用户成为企业的“小白鼠”，而且要加强产品上市策划和推广工作，提升客户和用户的良好体验。现今的中国企业，往往在新产品开发过程中，缺少这两个方面的内容，其实际流程呈现出极不稳定的“橄榄球”形状，两头小，中间大，对新产品研发的负面影响很大。

2. 强调各部门协同开发甚至联合开发

早期的IPD流程强调的是：“研发不只是研发部门的事情，而是全公司各个部门的事情”，也就是所谓的跨部门协同进行研发。这种IPD流程的本质是研发部门在研发新产品时，各个职能部门都要参与并提供帮助。随着IPD理论的不断发展，仅仅把各个部门在IPD流程中的工作定义为“协同”和“参与”在面临诸如全新/系列产品开发、新解决方案开发、新产业和平台开发、新公司研发运营体系开发时，就显得力不从心了。此时，就应该是各个部门联合在一起进行开发，也就是研发部门在研发新产品的同时，营销部门要开发新的营销方案（4P——产品、价格、渠道、促销等），生产部门要开发新的生产方案（人、机、料、法、环、测等），采购部门要开发新的供应商、售后服务部门要开发新的服务和技术支持方法，质量部门要开发新的质量保证和测试检验方法……

不进行各个职能部门的联合开发，那种脱离原来产品线的、全新/系列的产品实际是很难研发成功的。由于大部分企业在面临此问题时，往往仅仅调动研发人员进行新产品线产品的开发工作，其他诸如营销、生产、售后服务、采购、工艺、质量、财务、项目管理等职能部门几乎没有变革自身的管理模式，那么实际上此种产品的研发成功率就是九分之一，也就是11.11%，这是一个经过实践证明了的百分比数字，也是各个职能部门不进行联合开发后果的真实写照。

3. 不断评审，防止跑偏，提高质量

流程和评审这两种不同的管理定义之间有什么样的关系呢？流程是研发工作的路径和框架，评审是研发工作路径和框架的节点和检查点。缺乏流程只谈评审，研发工作的顺畅性就无从谈起；缺乏评审只谈流程，研发工作将因为缺乏控制而失效。

研发流程中的各种 TR 技术评审点和 DCP 商业决策评审点，就是通过评审会的形式，不断地保证研发方法的正确性、需求方向的准确性、商业目标的可控性、管理过程的有效性，其本质就是项目过程质量的保证。通过 TR 和 DCP 评审点的不断开展，在过程中不断降低研发项目的风险，最终实现研发项目和新产品的零风险上市，这也是小 IPD 产品开发流程的过程本源和目标本质。

4. 四个成功：市场成功，财务成功，技术成功，质量成功

IPD 集成产品开发管理体系最大的目的就是保证新产品（含新技术）的市场成功、财务成功、技术成功、质量成功，有些高新技术企业还要加上先进性成功和效率成功。这也是 IPD 管理体系不同于其他管理体系的最根本的特点。

市场成功是 IPD 体系在新产品开发成功方面最为重要的特征。进行新产品的开发，如果没有市场的成功，任何的先进流程、先进方法、先进工具、先进组织都是没有意义的。IPD 体系建设的本质目的就是实现新产品市场业绩方面达成目标，否则 IPD 体系和流程就是一个“没用的东西”。

财务成功就是新产品和新技术要给企业创造财富价值。这种财富价值可以直接给企业带来更多的销售额和利润，让企业和员工都口袋满满。当然也可以通过间接的方法，通过一定的商业性“牺牲”手段，为未来其他新产品的大规模盈利打下基础。

技术成功和质量成功就是传统意义的技术上达到要求，质量上达到客户需求和标准要求。

5. 不要忽略上市和退市过程

传统的新产品开发流程非常容易忽视上市和退市的过程，实际上没有做到产品生命周期的全过程管控。

小 IPD 产品开发流程的发布阶段就是管理和执行新产品上市销售工作的流程阶段，站在整个项目的角度，对整个发布和上市过程进行系统性的科学管理，

而不使其变成营销部门的“独角戏”，就像“研发不是研发部门一个部门的事情”，这里的上市工作也不是营销部门一个部门的事情，这样才能保证更大的成功。

小 IPD 产品开发流程的最后一个阶段就是生命周期阶段，包含三个子阶段：后评估阶段、持续生产阶段、退市阶段。后评估阶段就是在产品批量上市销售一定时间后，对整个产品开发项目的表现进行后评估，这是项目组最终业绩是否达标的根本性检查点，同时也可以进行一定的技术和质量方面的补充，有些企业将其升级为 TR7 评审点；持续生产阶段就是持续生产产品以满足客户需求，同时可以进行一定程度的质量改善、变形开发、配置开发和降成本工作；退市阶段就是产品退出市场的整个过程。

二、新产品开发的管理运作线

新产品和新技术开发的整个项目管理过程与其他类型的项目一样，都是包含启动、计划、执行、监控和收尾五个阶段的，这是本书写作的第二个逻辑。关于基础的研发项目管理方法，大家可以参阅 PMBOK 方面的书籍，这里不再累述。

下面重点论述新产品开发、新技术开发、新产品预研、新技术预研等四种项目的运作管理有何不同，并且说明如何在新产品和新技术研发项目中做好项目管理，以保障项目运作的成功。

研发项目分为研究（也称预研）和开发两种类型。开发类项目和研究类项目的目的是不同的——开发类项目是企业今天生存的关键所在，研究类项目是企业未来的希望和前程，因此这两种项目的管理方法是有区别的。为了研究和分析这些区别，需要明确有哪些管理方法可对研发项目进行管理，那就是六个词、十二个字的研发项目管理方法——“计划、组织、控制”和“目标、沟通、激励”。各个企业需要在这十二个字的总方针指导下，形成管理策略和管理方案，顺利而有序地开展研发项目的管理工作。

在上述十二个字中，开发类（产品开发和技术开发）项目适用于“计划、组织、控制”六个字的管理方法，因为开发项目是有明确需求的，也就是具有确定的市场需要和要求，往往体现为时间上的急迫性，从而必须采取强有力的、不断监控和督促的管理方式。

1. 计划

所谓“计划”手段就是不断监控开发项目的进程。项目计划（Project Plan）要列出开发要做的主要工作和任务清单，要回答“项目做什么”。在工作和任务清单中要清楚地描述出以下内容。

项目划分的各个实施阶段（小 IPD 流程各个阶段）。

每个阶段的工作重点和任务是什么。

完成本阶段工作和任务的人力、资源需求，时间期限。

阶段工作和任务的成果形式。

项目实施过程中对风险和一些不可预见因素等的处理机制。

各任务及开发人员之间的组织、映射和协调关系等。

2. 组织

组织是一个很重量级的手段，就是以强而有力的组织方式和绩效考核方式对项目组成员进行管理，包含以下内容。

组织形式——实际就是一种约束和秩序，代表着行为空间的缩小和确定，当其越完备、越合理时，被控对象的可控性越高。

组织规范——组织规范是对团队行为空间的限定，它表征了合理行为的集合。

组织奖惩——奖励与惩罚是控制人们行为的组织措施，是组织规范得到遵行的保障，它能有效地缩小被领导者的行为空间，提高他们行为调整和行为选择的正确性。

3. 控制

控制就是利用各种工具（含 IT 系统 / 平台）严密监控项目的实际运作情况，高层随时关注，主要包括下列内容。

项目范围控制。

项目进度控制。

项目费用控制。

项目质量控制。

项目沟通过程控制。

在前述十二字方针中，研究类（产品预研 / 研究和技术预研 / 研究）项目适用于“目标、沟通、激励”六个字的管理方法，因为此类项目具有非常高的不确定性，属于比较明显的“良心工程”，不能仅仅以计划等严格的控制手段进行管理，对于未知领域的探索不是严格管理能够驱动的，很多时候的研究路径失败甚至证明了“此路不通”的结论，为其他团队和项目的开展提供了借鉴意义，是对企业有利的事情。因此研究类项目必须相信并紧紧依靠我们的研究者们，利用更加柔性的手段进行项目管理。

4. 目标

目标也称目标感，就是通过强烈的目标感号召项目团队成员积极主动发挥自己最大的能力去为项目目标的最终实现贡献自己最大的力量。项目目标（Project Objectives）简单地说就是实施项目所要达到的期望结果，即项目所能交付的成果或服务。项目的实施过程实际就是一种追求预定目标的过程，因此，从一定意义上讲，项目目标应该是被清楚定义，并且可以最终实现的。这个目标可以是长期目标与短期分阶段目标的结合。

5. 沟通

沟通的本意就是人与人之间、人与群体之间思想与感情的传递和反馈的过程，就是利用持续而有效的沟通不断找到问题和差距所在，不断激励团队成员奉献和努力。所谓项目沟通，就是在开展项目工作中进行的交流，就是为了实现项目目标，科学地、合理地组织和管理所有项目工作中的沟通交流。增进沟通效果的技巧，可以包含赞美对方、移情入境、轻松幽默、袒胸露怀、求同存异、深入浅出等多个方面的内容。

6. 激励

“激励”手段就是用物质和非物质的手段不断进行团队激励和个人激励。激励机制必然把尊重人、理解人、关心人、调动人的积极性放在首位，创造良好的工作氛围，加强项目团队成员的思想碰撞与沟通交流，积极主动地对运作流程进行必要的修改完善与再次创新。不要忽视精神方面的非物质激励所产生的巨大作用。

研究类项目的管理并不是放弃计划和控制手段，而是要将这些硬性手段的使用减少到50%的比例以下，完全放弃这些控制方法对于企业也是十分不利的，读者朋友们不要误入歧途，从“左倾”走向“右倾”。

在本书后续内容中，会将项目管理运作的内容与业务流程运作的内容融合在一起，向广大读者进行阐述。

三、新产品开发的“五个层次”

本书写作的第三个逻辑就是关于新产品开发的“五个层次”，从简单到复杂分别是新改进产品、新衍生产品、新基础（全新）产品、新解决方案产品、新产业产品（新公司）。以往的各种关于研发管理方面的文献，都是主要讲述新基础产品开发过程的，实际在我国众多的研发项目中，新基础产品开发项目的数量占比只有13%左右，最多类型的产品开发项目实际是新改进产品开发项目（占50%左右）以及比新改进项目稍微复杂一点的新衍生产品开发项目（占25%左右）。近些年，新解决方案开发项目（占8%左右）和新产业开发项目（占4%左右）越来越受到各个企业的重视，正在成为企业研发创新工作的新热点。本书将讲述新改进、新基础（全新）、新产业三种产品在研发过程中面临不同问题的处理方法，重点讲述新基础（全新）类型的产品开发如何进行。新衍生和新解决方案类型基于这些具体的方法，由各位读者自行思考。

新产业开发从某种程度上来说就是开发了一家新的公司或者新的产品线。这种类型的开发项目分为资源型新产业开发和高技术型新产业开发。前者成功率比后者大一些，因为行业规则和做法相对成熟，重点就在于资源的及时和果断投入；后者的成功率比前者小一些，除研发技术的难度外，新型商业模式的开发往往被疏忽。目前，越来越多的企业在进行扩展性战略时，着重投资新产业开发项目，实质上是各个职能部门变革自身业务体系联合开发实现战略投资目标的项目，已经逐渐成为IPD体系管理运作的主流。

新解决方案开发是站在客户需求的角度上，开发一系列的产品，使其有机地组合在一起满足客户需求。这种类型的开发项目分为内源型新解决方案开发和外源型新解决方案开发。前者的解决方案中，以本企业自行研发的产品作为整个解决方案系统的主体部分，以外购产品为辅，其研发主动权把握在自己企业手中，抗风险能力强但研发投资较大；后者的解决方案中，以外购的产品为主，自行研发的产品作为辅助，研发主动权不在企业自己手中，抗风险能力弱但研发投资较小。两种解决方案产品的营销都应该由本企业自主掌握或部分掌握。目前，解决方案开发的项目已经逐渐增多起来，但是由于频繁出现跨公司产品开发工作的配合问题，整个研发管理工作难度不小。

新基础产品开发就是各个企业所说的自主进行的全新产品开发。这种产品开发的特点就是在原有产品线框架内，开发新平台型的产品，也就是有些企业所谓的“迭代产品”中的新一代产品。这种产品开发对于各个职能部门的业务变革水平是中等水平的公司而言，具有一定的管理难度。这种平台和基础型产品是衍生型产品和改进型产品的始祖，有些公司称之为大版本产品或者V型产品。

新衍生产品开发项目是新基础开发项目在某一客户应用方向上的演化型产品，属于新一代平台型产品开发中的分平台产品，研发业务管理难度相对不大，对各个职能部门的业务变革水平要求不高。但是这样的新产品最容易出现的问题就是流程没有经过裁剪而显得臃肿。有些公司将此类产品称为中版本产品或者R型产品。

新改进产品开发项目是在新衍生产品开发项目的基础上实现少量的技术和质量改进，对于现有的企业业务运作模式几乎没有改变，是最为简单的产品开发项目，同时也是所有研发项目类型中数量最多的一种，其管理秘诀就是多、快、省，流程一定要简单一些。部分企业将新改进产品开发项目与客户订单产品混为一谈（二者定义有重叠，也有各自不同的特点），容易造成管理上的混乱，应该加以准确的定义。有些公司将此类产品称为小版本产品或者C型产品。

还有一种不在上述范围内的、研发更为简单的开发类型，有的公司称之为特殊订单，有的公司称之为绿色通道产品，等等，实际是一种难度较低的新产品开发。由于其比较简单，不再归类在新改进产品中进行管理，一般不作为研发项目进行管理。

本章涉及的IPD工具

（1）小IPD产品开发流程的七大阶段——立项、概念、计划、开发、验证、发布、生命周期；

（2）小IPD产品开发流程的五个商业决策评审点——Charter DCP项目任务书决策评审、CDCP概念阶段决策评审、PDCP计划阶段决策评审、ADCP可获得性决策评审、LDCP生命周期终止决策评审；

（3）小IPD产品开发流程的七个技术评审点——TR1产品概念和需求包评

审、TR2总体技术方案评审、TR3详细技术方案评审、TR4单元测试和设计验证评审、TR4A功能样机/样品评审、TR5小批量生产评审、TR6工业测试和设计定型评审；

（4）管理研发项目的十二字口诀——“计划、组织、控制”（针对开发项目）和“目标、沟通、激励”（针对研究项目）；

（5）新产品开发的“五个层次”——新改进产品、新衍生产品、新基础产品、新解决方案产品、新产业产品；

（6）新产品开发成功的标志——市场成功、财务成功、技术成功、质量成功。

PASSAGE 1

第一篇

产品开发项目的萌芽和立项阶段

无论是产品开发项目还是技术开发项目，整个项目正式立项之前的阶段都是最为重要的。

就像一位即将诞生的婴儿一样，在妈妈身体里的状态，直接决定了婴儿未来的身体和智力走向。通过一系列的产检，诸如唐氏筛查、四维彩超等的充分监测，才能保证新生儿的身体和智力质量。一旦有缺陷的新生儿出生了，那么后续的任何补救措施都是很令人烦恼的。从这个例子可以看出，在产品开发的萌芽和立项阶段，做好相关工作对于新产品的意义是最为重大的。

在萌芽和立项阶段最为重要的五项工作就是：项目来源的可靠性、市场评估的准确性、需求调研的充分性、技术方案的可行性和各职能部门策略的适配性。

本篇立足于项目任务书的编写和评审的全过程，按顺序分为WHY——项目初始构想（第二章）、市场信息调研（第三章）、需求信息调研（第四章），WHAT——关键技术可行性分析（第五章），HOW、WHO、HOW MUCH——各职能部门策略和资源匹配（第六章）等五个章节（业务步骤），说明项目立项的业务逻辑，并通过立项评审会议召开方式（第七章）、项目启动管理知识（第八章，含 WHEN）和项目激励制度建立方法（第九章）说明研发项目立项阶段的管理逻辑。

立项阶段只涉及 Charter DCP 立项决策评审点。

在立项阶段一开始，我们就要建立项目团队了。第一种项目团队的建立方法就是立项开发团队 CDT 和项目开发团队 PDT 分开成两组人马，其中可以有一些人员是重复的，这样做的好处是避免了 PDT

团队自说自话，缺点是CDT和PDT之间会因为交接棒的问题出现一定的矛盾，比较适合于大型企业。第二种项目团队的建立方法就是立项开发团队和项目开发团队合二为一，成为一个PDT团队，优点是避免了交接棒问题，缺点是PDT团队可能自说自话，过于自由，比较适合于中小型企业。

无论CDT还是PDT，一般都包含下列团队核心组成员：项目经理LPDT、市场代表MKTPDT、研发代表RDPDT、生产代表MNFPDT、采购代表PROPDT、财务代表FPDT、服务代表CSPDT、质量代表QCPDT和PQA，具体的核心团队组成及扩展组成员构成，请根据各位读者所在公司的相关制度决定，实际每家公司之间都略有区别。

每家公司/企业都应该有一个PDT团队成员组成办法，详细规定PDT成员的组成和团队组建过程。一般情况下，小PDT（临时项目组形式）的组成是项目经理和资源提供部门双向选择的结果，但是应该充分尊重项目经理的意见，同时考虑人力资源的管道管理现状，综合选择PDT成员。更为优秀的是大PDT（固定项目组形式）组成办法，在PDT中的各个角色是按照产品线固定配置的。

具体的项目组组建过程和管理方法，可以阅读本书第八章、第九章、第十三章、第十六章的内容。

实际上本篇所讲述的立项工作的相关工具使用是非常灵活的，包括使用的顺序、使用的程度都要根据实际研发项目的特点和情况来进行选择，这是需要长时间积累经验的。本篇只是讲述了机电产品中的一种研发立项方法。

第二章

做好项目来源研究是产品开发项目成功的首要因素

项目的来源是很多公司进行新产品开发过程中所遇到的第一个难关。如果项目来源的可靠性不佳，那么不仅仅会影响到项目的最终结果，而且对于项目开展过程中的需求调研、方案确定等环节都会带来非常严重的不确定性，项目开展的整个过程可能就会异常艰难。更为重要的是，这种来源的不准确，对公司的资源和研发人员的自信心有较大的影响，实际是企业管理问题的最为根本性的来源。

当然，最理想的状态是企业已经拥有了科学规范的产品规划和技术规划管理体系，能够源源不断地输出源项目，但是对于我国绝大多数企业来说，还是不能完全避免非规划源项目，本章所述内容考虑了以上两个方面的问题。

一、新产品开发项目来源的几个方面

一家创新型的企业一定要推出新产品。总是坐在老产品的“功劳簿”上，很快就会被竞争对手超越，这就是“逆水行舟，不进则退”的道理。既然如此，我们的企业和企业家们就会想尽一切办法去开发新产品。

这个所谓的“想办法”，其初期状态就是思考可能开发哪些新产品，思索可能拓展哪些新领域。通常说来，新产品开发项目的来源有以下几种。

1. 董事长、总裁、总经理等公司掌舵人的思考

董事长和总经理是企业的掌舵人，他们对于企业的感情就像对待自己的身体和生命一样，因此，他们提出新产品议题的积极性是不需要去怀疑的。那么，就剩下两个关键点需要关注：一是这些新产品开发项目的来源是企业掌舵人深思熟虑的，具有一定的合理性；二是这些新产品开发项目的来源与企业战略的一致性。

对于立项合理性和战略一致性的分析和验证，需要一些科学规范性管理制度和方法作为支撑，它们可以包括以下几种。

（1）企业定期和不定期聘请相关行业专家，召开技术交流大会。

（2）对企业掌舵人的各项思考进行及时的汇总和提炼，这需要掌舵人秘书的随时跟进，尤其对于高层拜访的环节，需要详细记录，以便后续详细分析和评审。

（3）召开企业相关高层参加的战略务虚会，进行证真或者证伪的思想交流。

2. 营销副总、营销总监的思考

营销副总或者营销总监对于新产品项目的思考也是企业产品开发的重要来源，这些来源一般属于中短期需求性质，通常是从对竞争对手相关动作和行为的分析中得出来的。

对于此类来源，最大的问题就是需要一个公开的、正式的场合，对市场和需求信息进行串讲，将营销高层的思考完完整整地传达出来。这时候，企业可以通过需求沙龙、研发营销信息对接会等形式进行信息的传递和交流。由于营销高层的思维相对活跃，市场形势的变化非常频繁，因此，还需要不定期地组织小范围的市场需求一对一访谈，保证新产品开发项目来源库及时更新。

3. 研发副总、研发总监、技术专家和科学家们的思考

研发部门的负责人（包含总工程师、专家、科学家）的主要工作就是推进新产品和新技术的研发，对于新产品开发项目的思考主要集中在客户中长期需求方面。但是由于其往往具有更为缜密的技术思维，容易与市场实际出现一定程度的脱节，因此，研发负责人还需要与市场营销部门充分沟通。从这个角度上讲，需求沙龙、研发营销信息对接会并不是单方面地从营销到研发的信息输入过程，同时也是从研发到营销的项目线索验证过程。

4. 一线营销人员的思考、服务人员的思考（含对实际订单的思考）

有些企业是订单制的，营销人员会根据客户订单的要求，将其直接翻译成新产品开发项目的需求；有些非订单制企业，部分营销人员会根据竞争对手的动作和自己对于行业市场的观察，向研发团队提出对于新产品开发项目的思考。这些思考需要进行有效的收集和分析，但是这个集中分析和筛选的速度一

定要快。这些提供出来的来源一般是短期需求和紧急需求，可以每个月或者每双月组织一次集中的需求评审会议。

5. 一线研发人员、工艺人员的思考

研发设计和工艺人员在自己进行研发创新工作的过程中，也会产生一些新产品开发项目的思考，基本分为两种类型。

（1）产品的局部改进、质量改善等微创新层面的新技术或者新产品。无论他们是为了个人的晋升利益还是对于企业的衷心贡献，企业都需要对这些新产品源头信息进行收集、分析和整合。对于有利于企业发展的一切建议都应该有识别地鉴纳，企业可以为此形成一些管理机制。

（2）颠覆性的技术创新项目。此类项目往往在研发团队内部萌芽，有的时候能够带来产业的大变革，但是往往需要大规模投资和战略转向，需要企业最高层综合思考，去掉所有的不可能，剩下可能性。

6. 其他

其他的情况，请读者自行分析。

上述这些方面，应该由企业的战略规划部门、研发部门、市场部门联合制定相关制度，定期和不定期地组织系列活动。如果企业的管理水平偏低，导致上述这些活动无法顺利开展，那么针对具体的项目来说，就需要项目经理发动项目组成员，一起策划、组织和执行上述的一部分较为合适的活动。最低限度也需要项目经理（或研发人员）和产品经理（或市场营销人员）在高层、中层和基层中开展广泛的沟通和交流活动，争取项目来源的多元化和较高可靠性。

二、做好高层团队的创新务虚是首要条件

对于所有的研发项目来说，尤其对于全新产品、新解决方案和新产业来说，不要在项目一开始就进行实际研发工作，而是要先想清楚大致的方向，搞明白主要的风险，估算好项目的前途，也就是需要务虚。高层必须把这些看起来没那么准确的方向性内容和目标先行确定下来，这就是筛选项目的第一道关卡，这就是孟子所说的“有可为，有不可为”。实践表明，如果研发项目设计的大战略和大方向问题没有在一开始得到解决，研发项目的后期运行会很艰难，这

就是项目论证的重要作用。

高层团队的创新务虚会怎样组织呢？有下列几种方法。

1. 对于重大项目一般需要召开高规格的务虚讨论会

一般由产品规划部门组织召开高规格新产品方向讨论会。如果没有规划部门，则按顺序优先由市场部门、研发部门、科技管理部门召开新产品方向讨论会。与会的人员主要包括公司高层、相关内部专家、外部聘请的专家和学者。此类会议一般每年度召开 1—2 次。

如果以上部门都无法组织起来这个讨论会，则最终由项目经理组织召开这个会议，这是没办法的办法，本书后续都是这么处理的，不再累述。

会前。会议组织者应该将会议大致的目的说清楚，明确会议是完全务虚会（不要设定初始方向）还是非完全务虚会（设定初始方向），让与会者进行相关的准备，沟通和探知与会者的初步意识和设想。

会中。应该在欢乐和融洽的气氛中开展，不要搞得过于严肃，甚至可以在山间小溪、独立小岛、避暑胜地等风景旅游区进行务虚会，同时也有利于高层排除掉琐碎的管理问题干扰。

某公司战略务虚会议程（举例）

第一天议程

08:30-08:45 议程介绍和欢迎致辞

08:45-10:00 XX 院士 / 领导主题演讲

10:30-11:30 议题提出和讨论小组成型

13:00-16:00 议题自由讨论

16:00-17:00 小组个别沟通

18:00-21:00 鸡尾酒会（深入讨论环节）

第二天议程

08:30-10:30 形成小组公报

10:30-11:30 小组公报发布

13:00-16:00 集体活动（游览、参观等）

16:30 专家返回

务虚会议的主持人对会议的成功至关重要，他一般不能带有自身的倾向性意见，而是要在会前充分准备会议过程的基础上，根据会议过程中出现的情况进行适当的过程引导，保证会议开展的高质量。董事长和总经理在会议上应多听多问，少发表意见，仅在涉及公司战略范围界定等问题上发表意见即可。一定要做好保真式的会议记录。

会后。会议组织者 / 负责人组织对会议内容进行整理，形成技术和产品研发项目提议书，五日内发送至研发项目主管部门、战略规划部门等做进一步判断和裁决。上述重大项目一般包括新业务和新行业开发、新解决方案开发和全新迭代型产品开发等。

实践表明，对于重大项目来说，如果不进行战略务虚，就会造成高层团队人员对项目的内外部价值和范围达不成一致，在所有失败项目中，至少 50% 是因为这个原因。

2. 对重大项目一般都要进行哲学、伦理和法律审核

对于没有做过的重大项目，一般都要经过科技哲学的审核，如某国军队曾经对单兵喷气背包项目进行哲学审核，发现该新产品的空间运动控制是依靠手持喷气装置实现，这样就造成了士兵在空中机动时无法手持武器进行射击的情况，根本无法达到该产品研发的初衷，因此在该项目论证阶段就宣布不再开发。

同样的道理，在重大项目的务虚论证过程中，也要进行伦理道德和重大法律的审核，才能够提交项目组进行立项相关工作。

3. 对于非重大项目一般召开项目任务分配会议

所谓非重大项目一般包括衍生型项目和改进型项目，是由基础性项目发展而来，一般都已经经过公司级产品规划和技术规划工作的批准。因此，一般在每年年初召开项目任务分解会上进行任务分配即可。一般 70% 的项目一次立项评审通过，20% 的项目重复评审后立项通过，10% 的项目评审不通过而下马，这是最为科学和合适的项目评审管理结果。

三、做好充分而客观的内部评估是必要条件

对于那些全新的平台级产品开发项目、新产业开发项目和新解决方案级开发项目来说，虽然通过战略务虚会的讨论，可以进入下一阶段的项目开发，但

是这并不是说就可以不通过项目立项而直接进入产品开发，很多企业经常犯这样的管理错误。无论是董事长还是总经理等其他高层提出的项目需求，一定要进行评估和验证，对其证真或者证伪。行政命令代替不了科学分析和评估。

充分和客观的科学评估是通过市场和需求调研来完成的。这个源项目的市场和需求调研分为两个阶段：小调研和大调研。

1. 如何做好小调研

小调研就是耗费资源较少的调研。由于源项目很多，都采取跨部门团队进行需求调研是一种极大的资源浪费，因此，在源项目的情况没有特别清晰之前，就一定要进行小调研，待项目大致轮廓清晰后，再进行规模大一点的大调研。

小调研的参与者主要是研发人员和市场人员，说具体点主要是系统工程师／技术负责人和产品经理。小调研的主要内容就是看市场有没有前景、技术能不能搞定，并进行简单的财务费用和成本运算，得出初步的项目可行性分析报告。

所以，小调研的目的是证明“It is OK.”。

2. 如何做好大调研

如果小调研能够得出在市场和技术方面基本可行的结论，一般比较大的项目就需要进入需求调研的下一个阶段——大调研，也就是包含工艺、设备、测试、质量、生产、采购、服务、财务人员等在内的跨部门需求调研团队进行更为细致的调研。各个部门可以利用“炮火呼叫表”（如图 2-1 所示）探知自己部门所需要了解的项目内容，然后组织一个个多部门参加的调研小组，重点攻关各个调研难点。如某企业在大调研时，生产部门需要知道该新行业车间的防火通道设计方案，就组织了研发、工艺和生产专项调研小组，通过参观竞争对手的车间，获取了防火通道设计方案的相关需求。大调研的目的就是看看各个职能部门需要做哪些变革和改进才能满足新产业／新产业开发的要求，而对自己能不能够达到这一要求进行评估，这样的调研才是落地的调研。如果仅仅经过小调研就决定立项，那么对于比较复杂的项目，在项目中后期一定会出现各个职能部门无法满足新项目要求的情况，导致项目艰难进行甚至夭折。

所以，大调研的目的是证明“I can play.”。

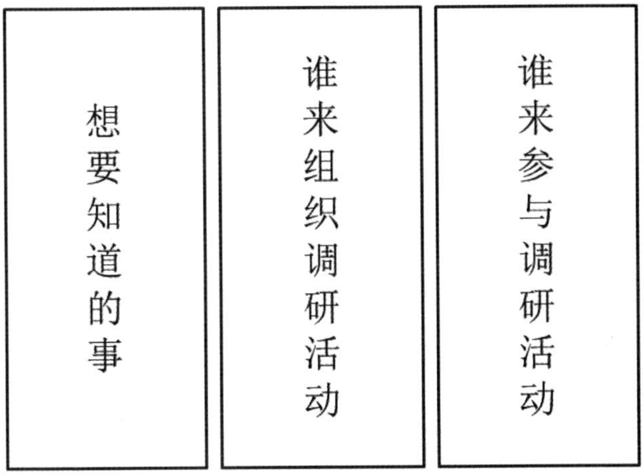

想要知道的事	谁来组织调研活动	谁来参与调研活动

图2-1　某公司“炮火呼叫表”案例

实践表明，只有通过这些心态空杯、观察仔细、分析客观的市场和需求调研，才能够充分对项目是否立项做出明确判断。调研人员要“揣着明白装糊涂”，不能专门找高层领导喜欢的数据和信息，而忽略其他客观的数据和信息，否则这种调研评估就成为儿戏，是最要不得的。

具体市场和需求调研（小调研和大调研）的方法见后续章节。

本章涉及的IPD工具

（1）最合理的项目立项结果——70%项目通过、20%项目重做、10%项目下马；

（2）源项目市场和需求调研评估的两个阶段——小调研和大调研；

（3）小调研的目的——证明项目的必要性；

（4）大调研的目的——证明项目的可行性。

第三章

没有市场前途的开发项目没有运作的意义

很多企业在进行新技术和新产品开发项目时，对于市场关注不够，尤其是一些高新技术企业，总是觉得只要技术搞定了，市场和客户一定没有问题。这是非常严重的“单纯技术思维”错误，违背了“产品研发是投资行为”的根本准则，不但取得项目市场成功的可能性大幅度降低，而且由于与市场实际脱节，其开发的产品也无法更为贴近客户需求和用户需求，实际在技术上也无法搞定。因此，无论是技术开发项目还是产品开发项目，都必须在项目开始时充分评估项目的市场前途，充分评估商业业务运作模式，充分研究和尊重渠道和品牌的力量。

在进行市场调研前，无论老产品线还是新产品线都应该重新审视（或者创立）使命、愿景和价值观，这是进行新产品开发和业务运营的根本，很多公司由于大型项目没有使命、愿景和价值观指导，导致公司各部门拧不成一股绳。使命、愿景和价值观的审视一般每 3 年进行一次，但是新产品线必须首先创立出使命、愿景和价值观，并得到产品线项目组的一致高度认可。

关于此部分内容，大家可参考企业文化类书籍。如果这一部分内容在企业 / 公司缺失了，项目经理可以在本项目组范围内，自行确定项目的使命、愿景和价值观。

一、市场调研应用三个模型：PESTEL、3C和5-POWER

对于所有项目来说，在进行需求调研之前，一定要先进行市场调研。哪怕再小的项目，虽然可以市场信息和需求信息一起调研，但一定要在信息层面将它们完全分开。有市场信息的地方，不一定需要新产品；有新产品需求的地方，市场不一定成规模。不重视市场信息，只重视需求信息是纯技术思维的又一种表现。三个模型的各个维度形成的问题加在一起，实际就是市场调研过程中，需要研究清楚的问题。

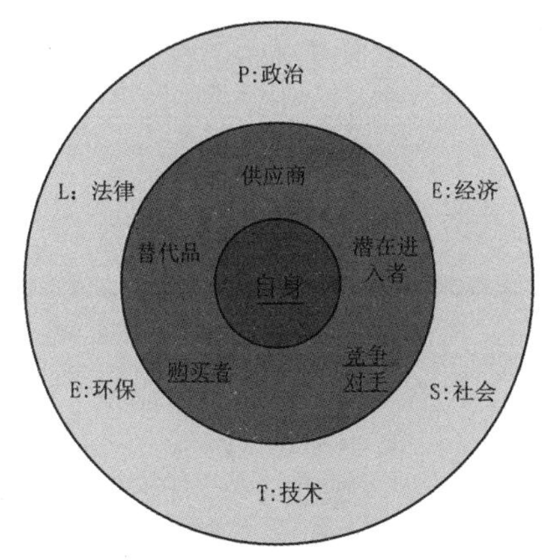

图3-1　PESTEL、3C和5-POWER关系分析图

市场信息调研分为宏观市场信息调研和微观市场信息调研，前者的主要工具是 PESTEL，后者的主要工具是 3C 和 5-POWER（其中购买者和竞争对手两个维度是 3C 和 5-POWER 都包含），如图 3-1 所示。

1. 市场宏观环境分析模型 PESTEL

在任何的项目开展之前都需要对项目所涉及的宏观市场进行调研，只不过对于新衍生项目和新改进项目的调研程度较浅而已。尤其对于复杂的大型项目，进行宏观市场分析是必要的，也是必须的。

PESTEL（从 STEP 模型优化而来）的六个宏观市场环境分析的维度 / 因素包括：P 代表政治因素（Political），是指对组织经营活动具有实际与潜在影响的政治力量和有关的政策、法律及法规等因素；E1 代表经济因素（Economic），是指组织外部的经济结构、产业布局、资源状况、经济发展水平以及未来的经济走势对经营活动的影响；S 代表社会因素（Social），是指组织经营活动中，所在社会中成员的历史发展、文化传统、价值观念、教育水平以及风俗习惯等影响因素；T 代表技术因素（Technological），不仅仅包括那些引起革命性变化的发明，还包括与企业生产有关的新技术、新工艺、新材料的出现和发展趋势以及应用前景；E2 代表环境因素（Environmental），是指一个组织的活动、产品或服务中能与社会环境、自然环境发生相互作用的要素；L代表法律法规因素（Legal），是指组织外部的法律、法规、司法状况和公民法律意识所组成的综合系统。

PESTEL工具具体的分析维度可参考表3-1（两种PESTEL英文翻译都是正确的）。项目组具体的调研工作就是去回答这些维度要素中，哪些关键性事件对本项目的开展具有关键性和重要性的影响，并通过紧迫性和重要性两个方面，将其识别出来。

表3-1　某企业PESTEL分析维度库（参考）

方向	维度	机会/威胁
政治 Politics	政治体制条件和变化趋势 战争和地区冲突 政党斗争 民族和宗教矛盾 大选形势 军队管理方式 外交变化趋势 政府的管制和管制解除 特种关税 政治地缘关系 财政和货币政策的变化 特殊的地方及行业规定 世界原油、货币及劳动力市场 进出口限制	……
经济 Economy	GDP变化情况和趋势预期 政府计划经济发展方向 股票和金融市场变化因素 投资热点变化情况分析 整体消费观和消费模式 劳动生产率水平 劳动力及资本输出 进出口因素 地区间的收入和消费习惯差别 财政政策 居民的消费趋向 通货膨胀率 货币市场利率 汇率变化情况 进出口关税	……

续表

方向	维度	机会/威胁
社会 Society	国家和企业市场人口的迁移和变化 风俗习惯 虚拟社会和现实社会 生活方式 公众道德观念 社会责任 价值观、审美观 地区性趣味和偏好评价 宗教禁忌 种族矛盾 疫情	……
技术 Technique	全球性行业技术发展热点 本行业相关的跨领域技术 未来技术预研的热点 可替代性技术发展情况	……
环境 Environment	本行业产品的安全、环境影响 上游零部件对相应产地的安全、环境影响 各区域政府、媒体、社会民众、利益相关者 对这种影响的态度和措施 特定时间阶段内，环保热点和发展趋势 环保产业的新发展带给本行业的机遇	……
法律 Legislation	世界性公约条款 基本法（宪法，民法） 劳动保护法 公司法和合同法 行业竞争法 环境保护法 消费者权益保护法 行业公约 相关授权专利 相关授权知识产权	……

2. 市场微观环境分析模型 3C 和 5-POWER

五力分析（5-POWER 分析或 5-Force 分析）的五个维度分别是供应商、购买者、潜在进入者、替代品和行业现有竞争者，3C 分析的三个维度分别是客户（Customer）、竞争对手（Competitors）、自身能力（Capability），后者中的客户和竞争对手两个维度与五力分析是重复的。这几个维度就是涉及市场微观环境分析的六个维度。

先来看一下影响产品开发微观环境的五种力量（五力分析）。

（1）供应商分析

五力分析之供应商分析一般由采购代表作为骨干力量，组织项目组相关成员共同分析，需要回答以下这些问题（根据每个企业实际情况，可以增加或者减少相关问题，下同，不再累述），看看哪些问题对本新产品开发项目具有比较大的影响：

关键零部件（包含材料）核心供应商的布局，其基本特征为独家、稀缺、长周期、质量要求高、成本高等；

关键 / 核心供应商所在行业的市场态势和技术发展趋势；

关键零部件 / 材料的历史发展轨迹、现状和趋势；

关键 / 核心供应商的企业发展战略；

关键 / 核心供应商产业集中度及其上游产业链布局；

关键 / 核心零部件（材料）成本控制情况；

更换关键 / 核心供应商可能会带来的成本消耗；

供应商新产品的平台化和模块化程度；

供应商的市场行为和动态；

供应商的业务数据和财务情况。

（2）购买者分析

五力分析之购买者分析一般由市场代表作为骨干力量，组织项目组相关成员共同分析，需要回答以下这些问题：

本企业产品主要的购买者都是谁？他们都有什么特征？

不同购买者在销售额中的占比分布情况是什么样子的？

本企业的种子客户和天使客户是谁？

客户为什么买我们的产品而不买其他竞争对手企业的产品？

客户为什么不买我们的产品而买其他竞争对手企业的产品？

购买者购买的动机是刚需还是非刚需的呢？

未来购买者可能更换供应商么？为什么？

集体采购工作是怎样安排的？

本企业能够给购买者带来什么样的价值？

购买者关于新产品主要的关注点有哪些？

购买者的市场行为和动态；

购买者的业务数据和财务情况。

（3）潜在进入者分析

五力分析之潜在进入者分析一般由市场代表作为骨干力量，组织项目组相关成员共同分析，需要回答以下这些问题：

有哪些可能进入行业的潜在竞争对手？（上游供应商的前向一体化、下游购买者的后向一体化、技术类似的相关企业、掌握颠覆性技术的新兴企业）

潜在进入者的优势和劣势有哪些？

潜在进入者的关键性资源有哪些？

潜在进入者的可能战略意图有哪些？

潜在进入者的市场行为和动态；

潜在进入者的业务数据和财务情况。

（4）替代品分析

五力分析之替代品分析（事实的而非假设的）一般由研发代表或系统工程师 SE 作为骨干力量，组织项目组相关成员共同分析，需要回答以下这些问题：

有哪些能够替代本公司产品的功能相似产品和技术？

有哪些能够替代本公司产品的技术升级性产品和技术？

有哪些能够替代本公司产品的跨行业 / 跨产业的产品和技术？

替代品在投资市场中的热度值是怎样的？

用户使用替代产品的更换成本？

替代产品技术成熟度、质量、成本是什么情况？

替代品生产企业的盈利能力如何、经营战略是什么？

替代品生产企业的经营业绩如何、趋势是什么？

替代品生产企业的市场行为及动态有哪些？

（5）竞争对手分析

五力分析之竞争对手分析一般由项目经理组织研发、市场、营销、售后、工艺、设备、生产、采购、质量、人力资源等各方代表，进行共同分析来找到打败竞争对手的方法，需要回答以下这些问题：

谁是主要的竞争者？谁是潜在的竞争参与者？谁能够在技术上替代我们的产品？

竞争对手们（主要指直接竞争对手，下同）的规模、资源、市场份额是什么情况？

竞争对手们提供的产品以及这些产品的定位是什么？他们如何为客户提供价值？

竞争对手们未来的战略目标是什么？

客户为什么从竞争对手那里购买或者不向其购买新产品？

竞争对手在哪些细分市场里有优势或劣势？

竞争对手的活动将如何影响本企业的战略设定和执行呢？

本企业如何能够从竞争对手手中赢得市场份额呢？

竞争对手对本企业的战略反应和态度。

在对影响产品开发的五种力量进行分析以后，还需要对影响本公司 / 本企业新产品运作的 3 种基本属性进行分析，这就是 3C 分析。

（1）市场详情分析

3C 分析中的购买者和竞争对手分析与五力分析中的内容是重叠的，但是在进行 3C 分析时，还需要对购买者群体，也就是整个市场的情况进行归纳和总结，包括以下几个方面：

市场正在或者可能产生什么发展变化？

上述变化中的哪些会影响到营销的选择？

每个细分市场吸引我们的因素是什么？（规模 / 增长 / 利润率 / 其他）

整个市场的需要和欲望是什么？

为了赢得客户需要设计什么样的产品包？

促使客户做出购买决定的关键因素是什么？

哪种形式的中间渠道（可能）对你来说很重要？为什么？

哪些渠道注定某企业会成为或继续作为竞争对手？

过去的市场总量和未来的市场总量如何？

（2）自我分析

实际在 3C 和五力分析中，最难的就是对自我的分析。自我分析需要的是客观和公正，既不能妄自菲薄地觉得自己不行，也不能妄自尊大地觉得自己很厉害而别人都不行。对自己企业（所有职能部门，包含人力资源部门）能认清多少，实际决定了自己企业的发展道路和最终能够达到的高度。

自我分析需要从以下这些方面进行分析：

本企业 / 产品线未来 3 年有什么样的战略目标？

本企业 / 产品线的财务状况是什么样子的？（变现能力比率、资产管理比率、负债比率、盈利能力比率、流动资金等）

本企业在行业所在的细分市场中已经或者将要有哪些产品？

本企业在行业中的市场地位、市场份额、技术地位和普遍客户口碑是什么样的？

本企业产品的优势和劣势是什么？

本企业曾经失去的关键客户是谁？为什么？

本企业曾经采用什么办法赢得关键性客户？

限制本企业发展的因素有哪些？

本企业各个职能部门与竞争对手相比的优势和劣势是什么？

本企业的运营模式准备做何种加强？

3. 如何编制好 PESTEL、3C 和五力文件

在分析市场宏观环境形势 PESTEL 和市场微观环境形势 3C、五力时，需要注意以下几个问题。

一是先在内部召开项目团队专家会议，研究清楚哪些是已知关键信息，哪些是需要知道但是暂时不知道的关键性和重要性信息，有的放矢地去进行针对性调研，这种方法对于新产品线和 IPD 推进初期的企业较为适合。这就需要项目组各个代表和主管领导（重要项目需要 IPMT 团队），通过专家会议集体讨论。在市场调研后，还需要再次举行专家会议最后确认各项信息。国内的大部分企业都应该应用这种“重点捕鱼”的方式。

二是先去进行广撒网式的全面调研，再回到企业里进行总结和归纳，这种做法适合于资源充足且 IPD 推进较为成熟的大型企业。在国内除了华为等大公司以外，很少企业采用此种方式。

三是对于全新的产品线，在很难调研到市场和需求信息时，应该采用与渠道企业或者伙伴企业联盟进行分析的方式。

四是对于不同类型和难度的产品开发项目，虽然不需要每个项目都进行上述市场宏观和微观形势分析，但是即使再简单的项目，也需要重新审视一下PESTEL、3C和五力的各个分析维度的对应结果。

所有上述内容都应该由项目组集体研讨出来，而不应该由单个人编写出来，否则会适得其反的。

二、市场调研方案设计：渠道选择、方法选择、干系人选择、人力资源选择、物资资料准备和计划安排

每个项目在市场信息调研和需求信息调研之前，都应该进行调研方案的设计，这种调研的准备阶段远比调研的执行阶段更重要。不进行调研方案设计，直接去做市场和需求调研，很容易造成调研不成功甚至失败，也就无法调研到足够和优质的信息。

每个产品开发项目都需要市场需求调研，它包括两个方面的内容：市场调研和需求调研。市场调研和需求调研的内容是不一样的，前者主要就是PESTEL、3C和五力，而后者则是$APPEALS八个需求维度（后续章节专题讲述）。由于几乎所有的企业都是市场调研和需求调研同步进行的，所以本章节所讲述的内容，都涉及市场调研和需求调研两个方面，后续章节不再累述。

那么，在需要调研的市场内容明确以后，市场信息调研和需求信息调研的方案设计，都应该包括哪些步骤和内容呢？

1. 渠道选择——从哪里进行调研（WHERE）

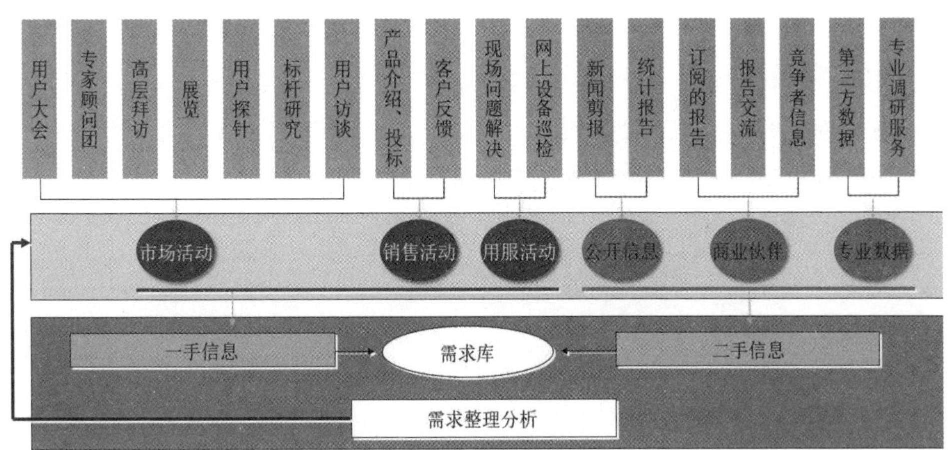

图3-2　市场和需求调研的18个渠道

如图 3-2 所示，目前，在世界上共存在至少 18 种市场需求调研渠道，也就是进行信息调研的场所或者地方。11 种一手渠道，需要本企业亲自调研信息，包括用户大会（或经销商大会）、专家顾问团、高层拜访、展览、用户探针（友好型和不友好型）、标杆研究、用户访谈、产品介绍与投标、客户反馈、现场问题解决、网上设备巡检等。7 种二手渠道，需要对别人研究过的信息进行再次研究，包括新闻剪报、统计报告、订阅的报告、报告交流、竞争者信息、第三方数据、专业调研服务等。

（1）用户大会

用户大会是指将重要和典型的用户 / 客户集中起来，使其在充分互动气氛下合理地表述对新产品的需求，有几种变形状态，包括经销商大会、用户论坛等多种线上和线下的形式。

（2）专家顾问团

专家顾问团是一种行业专家齐聚一堂共商需求信息的会议，特别适合中长期需求的调研，也可以用作外出需求调研前的内部研究之用。

（3）高层拜访

高层拜访是需求调研过程中经常使用的方法，主要分为公司领导拜访、营销领导拜访和研发领导拜访等三种形式。

（4）展览会

展览会不仅仅是企业展示自身实力和产品的舞台，也是对竞争对手进行需求调研的重要渠道。

（5）用户探针

友好型用户探针是企业派出人员到用户 / 客户实际工作和生活环境进行日常体验，以获取用户需求的过程。不鼓励不友好型用户探针。

（6）标杆和竞争对手研究

标杆企业和竞争对手企业的含义是不同的，前者是企业学习的榜样而短期内无法达到同样的高度；后者是正在市场上与企业直接竞争的对手，可以通过努力在短期内战胜它。

（7）用户访谈

用户访谈是最为基础的一种需求调研渠道。

（8）产品介绍和投标

产品介绍和投标渠道是在产品投标过程中，了解到的竞争对手产品的性能和非性能描述，以合法地拿到同竞争对手相争的标书为第一目的。

（9）客户反馈

客户反馈是客户在使用新产品时不断通过各种形式反馈问题和提出建议，分为改进型反馈和改善型反馈。

（10）现场问题解决

现场问题解决包括定期维护过程中的问题解决和偶然发生的问题现场解决两种形式。

（11）网上设备巡检

网上设备巡检渠道是指在客户不知晓的情况下，企业通过网络大数据将新产品运行的相关数据收集回来并进行分析的渠道。

（12）新闻剪报

新闻剪报不是新闻简报，它是指派专人对行业、标杆企业、竞争对手企业的各项新闻进行分析得出需求的方法。

（13）统计报告

统计报告包括国家级、省部级、行业等的月度、季度、年度统计报告。

（14）订阅的报告和文献

订阅的报告和文献包括专利公开文献、定期刊物、会议刊物等，需要派专人进行定期收集和整理。

（15）报告交流

无论在展览会上还是其他场合，总是存在一些行业精英发布的收费或免费使用的报告。

（16）竞争者信息

竞争者的信息可以是从共同的供应商处得来的信息，从共同的经销商处得来的信息，以及通过人员招聘等渠道得来的信息。

（17）第三方数据

第三方数据包括社会数据和研究机构的数据。

（18）专业调研服务

国内外均有一些专门的机构提供专门的调研服务，可以花费一定的费用去购买。

对于新产品开发的每个项目，都应该在信息调研时，根据项目面临的实际情况以及需要解决的主要项目管理问题与业务问题，选择至少 2 种一手渠道和 1 种二手渠道进行调研，但至多选择 3 种一手渠道和 2 种二手渠道进行调研。几种调研渠道互相配合，保证调研信息的全面和互相印证，又避免了投入过大而浪费资源和费用。

在这些调研渠道中，一般以一个调研渠道为主，其信息获取量占整个信息获取量的 50%。第二渠道的信息获取量占剩余 50% 信息获取量的 50%。以此类推，我们可以发现，调研渠道如果选用很多，对于需求信息数量的增加并没有明显作用。

2. 补充进行市场和产品规划（可能）

这里有一个大问题，就是补充规划的问题。IPD 体系推进较好的企业，由于有完善的 MM 市场和产品规划管理，问题不大，并不需要再次详细研究细分市场、细分市场排序等规划内容。但是对于 IPD 初学者或者未导入 IPD 的企业，则一般的新产品开发都可能会补充进行市场和产品规划，否则很难进行新产品开发项目的立项。

这些补充规划的内容可能包括以下几个方面。

（1）使命、愿景、价值观的解释甚至重塑。这部分内容对于新行业开发和新解决方案开发尤其重要，没有明确的使命、愿景、价值观，这些大规模的开发项目难以进行。

（2）战略目标的确定。对于新基础型产品以上的开发项目来说，高层一般要给予明确的战略目标，这些战略目标需要做到清晰、明确、可衡量，并在诸多高层人员中达成一致。这个实际是研发项目的价值管理和范围管理的内容，对于项目成功是至关重要的，实践表明，50% 的失败项目都是由于对研发项目的价值不清晰，而且项目范围不明确或者不断改变。

（3）对新产品进行产品路标的规划。这部分内容包括对新产品涉及的细分市场重新进行详细分析，研讨出本产品到底针对哪个细分市场，而对于不同的细分市场来说，客户和用户的需求是不一样的。对于本企业究竟用一款产品应对不同的细分市场，还是用几款产品应对不同的细分市场进行研讨和明确。对于本新产品的未来进化路标进行明确，可以有效减少产品开发过程中，由于高层领导着急而导致的中长期需求短期化的弊病，如图 3-3 所示。千万不要将调研的需求一股脑都用到一款产品上，否则很可能形成“万能产品”。这种所谓的“万能产品”由于根本不可能同时符合各个细分市场的需求，因而终将成为失败产品。

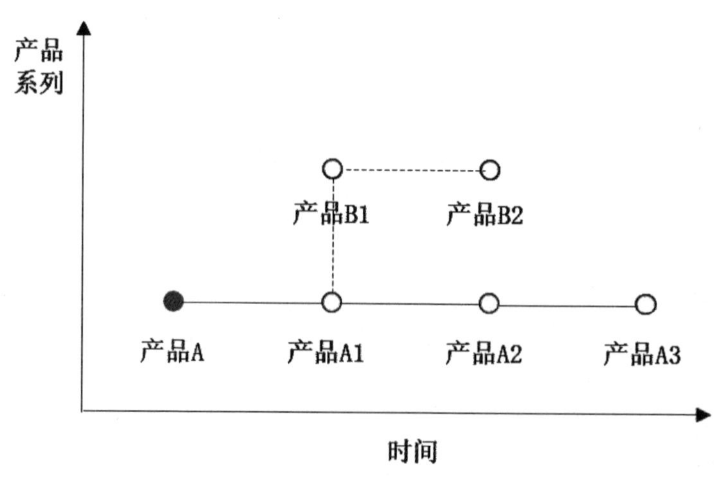

图3-3　某新产品路标规划示意图

这一部分内容比较复杂，需要提前应用 MM 市场与产品规划流程的部分内容——理解市场、市场细分、组合分析，其中理解市场部分本书将重点讲述，而市场细分（三维度七步法）和组合分析（SPAN 分析和 FAN 分析）的内容，请大家查阅相关参考文献。IPD 体系是一个容纳器，所涉及的方法论和内容是非常多的，读者朋友们应该养成多读书的习惯，作为企业高管和内部顾问，最好对 IPD 相关知识滚瓜烂熟，本书将起到串联这些方法论和知识的作用。

（4）上述产品路标不仅仅规划了新基础产品，也会同时规划出新衍生产品和新改进产品，可以一次性进行一个产品族 / 组的规划和立项，对于提升立项的质量和效率，有很大的好处。这就是所谓的“一次立项可以确定多个系列化项目”，也就是所谓立项要立大 Charter 的本质含义。

3. 方法选择——采用什么方法进行调研（HOW）

表3-2　美国IDEO公司的五十一张需求研究卡片

序号	卡片组	具体卡片
1	分析	人体测量分析、故障分析、典型用户、流程分析、认知任务分析、二手资料分析、前景预测、竞品研究、相似性图表/亲和图、历史研究、活动研究/行为分析、跨文化比较研究
2	观察	个人物品清单、快速民族志研究、典型的一天、行为地图、行为考古、时间轴录像、非参与式观察、向导式游览、如影随形/陪伴/跟随、定格照片研究、社交网络图
3	询问	文化探寻、极端用户访谈、画出体验过程、非焦点小组、五个为什么、问卷调查、叙述/出声思维、词汇联想、影像日记、拼图游戏、卡片归类、概念景观、驻外人员/地域专家、认知地图
4	尝试	场景测试、角色扮演、体验草模、快速随意的原型、移情工具、等比模型、情景故事、未来商业重心预测、身体风暴、非正式表演、行为取样、亲自试用、纸模、成为你的顾客

每次进行市场和需求调研活动时，都应该在每个渠道下，思考采用什么样的方法进行更为可靠的信息调研，而不仅仅采用访谈这种最基础的调研方法。大家可以选择上述 51 张卡片中记述的若干种方法，对应地在不同渠道下的需求方案设计和具体的调研活动中进行针对性地、举一反三地使用，如表 3-2

所示。

具体的卡片内容需要参见 IDEO 公司出版的文献资料，这里仅仅说明每种市场需求调研方法的定义。

（1）场景测试：给予新产品工作和生活的若干场景，请大家分享“看到了什么”“听到了什么”和“感受到什么”。

（2）人体测量分析：基于人机工程学原理，检查预想产品方案对人体各部分的适应性和有效性。

（3）个人物品清单：也叫作私囊，可以理解为个人可以携带的物品清单。

（4）文化探寻：对不同文化背景的人群和用户进行观点和行为举止的收集。

（5）角色扮演：让产品开发团队的人员扮演用户和客户等不同干系人。

（6）快速民族志研究：快速与客户干系人群体形成信任关系，使得双方对于市场和需求的理解达成一致。

（7）极端用户访谈：两种极端用户是需要访谈的，一种是一定会购买我公司产品的客户，他们愿意将所知所想告诉我们；另一种是一定不会购买我公司产品的客户，他们对我公司产品的某项功能或者体验深恶痛绝。

（8）典型的一天：也叫用户的一天，也就是全程记录客户 / 用户一天内对产品的使用、维护、丢弃等场景实况。

（9）行为地图：用户在一定时期内，在不同空间内，对本产品的态度和行为。用户在产品生命周期内活动分析就属于这种行为地图。

（10）体验草模：用能获得的材料快速做一个表达概念的草模（如 3D 打印一个草模）并使用它，以便洞察真实使用产品时的体验。

（11）快速随意的原型：用手边任何素材和材料快速表达出概念，以方便交流和评估。

（12）移情工具：让工程师能够认识到特殊用户的需求，如男设计师扮演一个孕妇去体验孕妇使用产品的不便之处。

（13）等比模型：使用等比缩小的模型去研究新产品的需求和解决方案。

（14）画出体验过程：将用户的感受和体验通过图表进行视觉化展现。

（15）非焦点小组：还有一种叫焦点小组，前者就是不同背景 / 来源的组员进行头脑风暴或创意，后者就是同一背景 / 来源的组员进行头脑风暴或创意。

（16）行为考古：从用户的表象中寻找用户购买和使用等行为的证据，如工作环境、着装风格、家居环境布置、物品摆设、人际关系等。

（17）时间轴录像：设置一个有时间记录功能的摄像设备去记录被观察者在特定空间内的行为动作。

（18）五个为什么：连续问用户五个为什么，以获得深度递进的答案。

（19）情景故事：通过一个角色丰富而情节全面的故事，描绘用户使用产品或者接受服务的场景。

（20）非参与式观察：在真实环境下，观察并记录用户的行为和使用情境，但不要对他们的活动产生干扰。这个方法与用户的一天不同，后者是需要调研人深度参与的。

（21）故障分析：绘制故障树，找出故障发生的原因，但不要理会超系统中的故障原因。

（22）未来商业重心预测：请受访谈者给出行业或者单个企业的未来商业规划，以便了解未来如何发展和维持客户关系。

（23）典型用户：对细分市场内的典型用户进行用户画像的绘制。

（24）流程分析：用信息流或者工作流的方式，表现一个系统中所有流程的步骤和环节。

（25）认知任务分析：了解客户 / 用户的感知层面、注意力层面和信息层面的需求，找到客户使用过程中的瓶颈和关注点。

（26）身体风暴：通过设置情况和扮演角色，从物理上寻找客户对产品使用的直观反应，尤其是应激反应。

（27）向导式游览：陪伴用户游览与项目相关的特定空间，分享他们的活动体验，如构建试验局后，与客户共创需求的活动就属于这种需求调研方法。

（28）二手资料分析：从报纸、杂志、论文、专利及其他合适的资料中，获取有根据的或者有价值的需求信息。

（29）前景预测：对宏观环境趋势、市场发展趋势、技术发展趋势进行头脑风暴，了解故事背后的故事。

（30）非正式表演：通过“非正式表演”的形式进行角色扮演，将在研究中的洞察、见解以及用户行为展示出来，和角色扮演的区别在于非正式表演主要用于集体行为，而角色扮演主要用于个人行为。

（31）行为取样：对产品使用的环境、工况、位置、场所等进行需求行为的分析。

（32）问卷调查：这是一种获得大样本调查数据的快捷方式，但是对于具体需求的调研具有局限性。

（33）如影随形／陪伴／跟随：跟随研究对象，观察以及理解他们的日常生活、互动规律、所处环境，这需要与客户打成一片，甚至穿上客户／用户的衣服去工作。

（34）竞品研究：收集、比较、评估竞争对手的产品。

（35）亲自试用：设计者使用自己设计的产品原型或者样机（最好设计者自己参与制造过程）。

（36）叙述／出声思维：让第三方人员完成一项特殊任务，或者让他们模拟完成某项流程，然后让第三方人员大声说出在这个过程中他们的所思——不需要多思考的第一反应。

（37）词汇联想：让用户对于各种设计概念和设计元素进行词汇联想，以便了解他们对于概念的感知和态度。

（38）纸模：通过草图、设计原型、数学模型等的研讨，分析用户／客户需求。

（39）定格照片研究：对客户／用户现场进行照片记录或者录像记录，回来后（不要在现场）对记录进行头脑风暴。

（40）影像日记：让潜在使用者通过笔纸、相机、手机等记录下他们对产品的印象以及活动，这是生活资料产品革命性创新的好方法。

（41）拼图游戏：让参与者从一堆图片中选择自己需要的，完成一个拼图或者一张照片，解释这幅拼图或者照片的意义，以及他们的选择动机。

（42）相似性图表／亲和图：识别各种不同问题间的联系，发现新的创新机会，可以用脑图来进行分析。

（43）卡片归类：将写有客户需求特征的大量卡片进行分类，反映客户需求的优先级。

（44）历史研究：对历史上存在的问题反馈进行分析研究。

（45）概念景观：通过素描和地图，理解客户／用户的心智模式。

（46）活动研究／行为分析：详细列举和描绘客户／用户在一个流程中所

有的任务、行动、对象、执行者以及彼此间的输入关系和输出关系。

（47）驻外人员 / 地域专家：从驻外人员处了解客户 / 用户的文化特征、生活和工作习惯、产品好恶和禁忌。

（48）认知地图：让客户 / 用户画出他们的认知。

（49）社交网络图：将客户 / 用户的社会关系画成图，找到产品口碑传播的路线。

（50）成为你的顾客：在难以了解用户需求的时候，想尽一切方法了解客户的需求。

（51）跨文化比较研究：通过个人的描述、叙述或者公开发行的报道、纪实文学、故事去揭示不同国家、不同民族或者不同文化群体之间的行为差异。

上述这 51 种市场需求调研的方法，有一些是比较类似或者说有互通性的，可以互相融合，混合使用，能解决问题的就是好方法，不要拘泥。市场信息调研和需求信息调研必须同步设定方案，因此，本部分内容在市场调研阶段不可忽略。

小结一下，每个研发项目的需求调研都要在 18 种渠道中选择 3—5 种渠道进行调研，每种渠道都要在 51 种方法中选择合适的需求调研的方法，这样的话，我们每一个项目需求调研的方法都会在这 918 种方法（18×51）中，选择不超过 5 种方法，难度不小，是真正考验市场代表 / 产品经理的时候。

4. 干系人选择——访谈什么样的人（OBJECT）

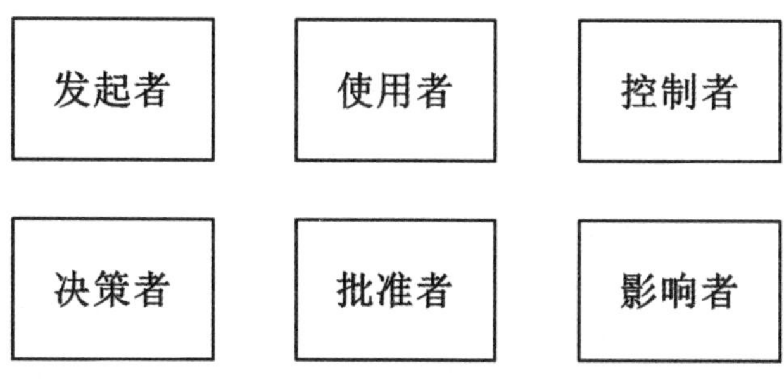

图3-4　研发项目的关键干系人

项目干系人就是积极参与项目实施或者在项目完成后其利益可能受积极或消极影响的个人或组织，如图 3-4 所示，项目的成功实际就是“完成满足主要干系人期望的所有需求和约束的集合”。

在不同的项目中，不同的项目干系人（发起者、使用者、控制者、决策者、批准者、影响者等）对于项目需求的贡献权重是不一样的，这个需要项目经理率领的项目团队认真把握。这里的项目是指客户/用户购买我公司产品的项目，不是指我公司开展的产品开发项目。

如何判断项目干系人呢？我们先得看看这些干系人的定义是什么。

发起者：提出购买产品以满足生产需求或者生活需求的人。

使用者：具体使用产品以满足实际生产工况或者生活场景需求的人。

控制者：推动和控制新产品购买全过程的人。

决策者：对是否购买产品、购买哪家产品进行最后拍板决策的人。

批准者：具体地执行是否购买产品、购买哪家产品决策过程的人。

影响者：虽然无法决策是否购买产品、购买哪家产品，但是能够对最后决策起到重要影响的人。

这里需要注意几个关键性问题，才能够判断到底访谈哪些关键干系人。

（1）必须对客户/用户的组织架构体系进行深入的了解。

（2）想方设法搞清楚不同干系人在客户组织中的话语权。

（3）应保证反对我公司产品的人决策地位较低。

（4）注意客户组织中的隐形决策人。

5. 人力资源选择——谁去执行调研任务（WHO）

在需求调研方案中，最重要的就是我公司调研人力资源以及他们的能力，也就是说调研资源比调研方法更重要。选择谁去调研需求，应该本着“谁合适，谁执行”的原则，企业中每个部门的人员都有可能根据调研计划进行调研工作，切不可因为部门工作更重要等原因，不派最合适的人参加市场需求调研，这是企业自废武功的表现。那么，怎么解决这个问题呢？

（1）产品经理（或需求经理）的定位

很多公司在推行 IPD 体系后，都容易犯一个错误，就是新建或者改建一个需求管理部门，由该部门的产品经理（或需求经理）们专门承担市场和需求的调研工作。这就牵涉到需求管理部门的真正职责问题。实践表明，由需求管理部门的产品经理专职承担市场和需求调研工作，实际是另外一种形式的“闭门造车”，与研发人员的“闭门造车”是一回事，也是把全公司的命运寄托在少数人手里的错误做法。产品经理真正要担任的是一名专业业务管理人员，承担需求调研的方案策划和组织工作，集合全公司的力量去进行信息调研，从演员走向导演（兼任演员）才是产品经理（或需求经理）的王道。

（2）调研原因和重要性的体现

实际的市场需求调研工作，面临最大的困难就是人员聚不齐，总是存在各种部门工作较忙等借口。这个问题的解决方法有以下几种：一是一定要使调研工作的原因、重要性与关联项目的战略重要性在高层中达成一致；二是选择一些傍晚或者周末的时间，进行内部项目组的讨论和分析工作，这样做能避免诸如车间现场问题的打扰。本质上说，只有 IPD 体系运作到一定程度，大量地减少了“部门墙”和“突发火灾性”工作后，才能够有效地将需求管理体系运营好。

不能因为组织调研工作较难，而把调研工作变成某单个人的工作，那样还不如让一把手亲自去调研效果好，实际上属于调研工作的一种倒退。

（3）人力资源和绩效制度的支撑

一般来说，一家公司中只有少数人员能够承担得起市场需求调研的重任。没错，市场和需求有效信息实际就是几句话，但是这几句话的重要性是比企业中其他所有话语都重要的，因此，只有最精锐的团队和团队成员才能做好市场需求调研。

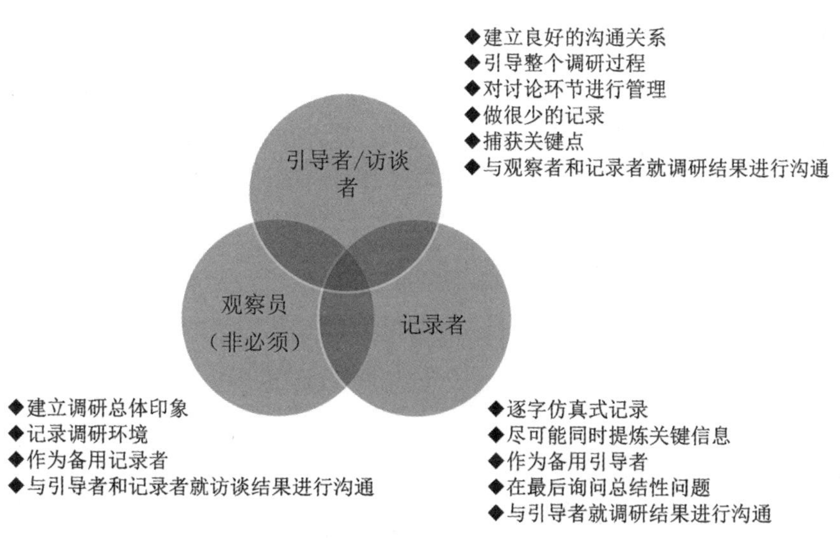

图3-5　调研访谈三人组

如图 3-5 所示，以用户访谈为例，说明市场需求调研的人员组成，其他调研方法的人力资源安排可据此类推。

调研访谈三人组，一般由访谈者、记录者和观察员组成。

访谈者一般由沟通能力较强、情商较高的人员担任，其作用是建立良好的访谈氛围，主要对受访者提出问题，并与受访者主动交流，捕捉关键点等。一般市场营销人员比较适合本角色。记录者一般由逻辑能力较强、技术功底深厚的人员担任，其作用是充分理解受访者的核心诉求，对整个交流过程进行保真式记录，补充一些访谈问题等。一般研发技术人员比较适合本角色。观察员一般是宏观观察能力比较强的人员，需要跳出调研访谈工作来看待整个项目需求，实际是三人小组里面调研水平最高的人。

市场需求调研人员的选择标准有哪些呢？

最重要的就是空杯的心态，用一句中国土话就是“揣着明白装糊涂”，即使你自己明确知道自己想要得到什么，但是当碰到对立信息时，一定要保证客观的心态，不要自以为是。第二重要的就是善于观察，善于明晰客户 / 用户的心理状态和真实意图，能对面临的事物和事情进行逻辑的推理和归纳。还有就是要善于提问，会启发受访者。市场需求调研人员最重要的素质就是倾听，不总是去推销自己的想法，能够注意倾听话外音，保证信息传递的准确和不失真。

怎么样能够让调研人员认真努力地进行市场信息和需求信息的调研呢？这对于很多企业都是一个巨大的问题。本书的写作目的是完整叙述一个新产品开发项目的开展过程，因此，只能对这个绩效激励进行大致的讲述，在后续著作中将专题讲解需求管理体系的建设。

在单个项目尤其是试点项目的需求调研过程中，绩效激励应该本着以下原则。

重激励、轻考核；

重团队激励、轻个人激励；

重集体讨论 PK，轻个人分任务评价；

重激发个人良心，轻物质重奖个人；

重非物质激励，轻物质激励；

重团队文化建设，轻重度流程规定。

6. 物资资料准备——准备什么样的调研工具、物资和费用（TOOL 和 HOW MUCH）

调研工作是需要工具的，比如笔记本、笔记本电脑、录音笔、翻译机、雨伞、汽车、噪声仪、卷尺等等。在进行调研的过程中，很多时候还需要准备奖品和礼品。这些奖品和礼品应该本着贴近工作实际、贴近客户 / 用户文化和地位实际、有特色而不昂贵、守法守则的原则，精心选择。

调研的花费是每次需要调研的重中之重，既不能因为花费不足而导致调研失败，也不能因为花费超限导致调研过度，这就需要在市场需求调研方案的设计过程中，进行充分评审。

7. 计划安排——什么时间去调研（WHEN）

调研计划的安排应该本着以下原则。

（1）整体计划要抓紧。调研工作是很辛苦的，其原因在于时间非常紧张，所有事情都要往前抢，否则就会来不及。

（2）抓住一切空余时间。调研工作本身的特点是要求全身心投入的，不可以同时去处理什么车间问题，否则这个“忙”字就会毁了调研工作，因此项目组集体讨论的重要环节一般都安排在晚间或者周末，不加班是不行的。

（3）巧妙利用路途时间。不要让旅途占用太多有用时间（如大白天坐一天火车），并在旅途中进行调研工作的演练、问题分析等等。

（4）客户时间需要抢。客户和用户都是很忙的，访谈人员要约时间，就要做到平常就与之建立起良好的关系，与客户 / 用户保持亲密和亲近，预估客户有效的空余时间，并且把调研与营销工作结合在一起。

（5）注意访谈团队成员的餐饮和住宿。餐饮是为了保持良好的体能和精神状态，要本着可口、卫生、特色的原则。住宿要力争安静，让访谈人员休息好，睡个好觉，这是一切工作的前提。

三、调研对象的关键点：竞争对手、客户和用户

市场和需求的调研工作有两种本质不同的目的，一个是比优，另一个是比烂。所谓比优就是力求所研发的新产品和新技术更加贴近市场中客户 / 用户的真实需求，以行业领先者的心态去努力调研实际情况；所谓比烂，是一种“不

好听”的说法，实际就是和竞争对手相比，只求总是比竞争对手稍微好一些。如图 3-6 所示，就是企业业务战略与比优、比烂之间的关系，说明了企业战略与调研目的 / 方法的本质关系。

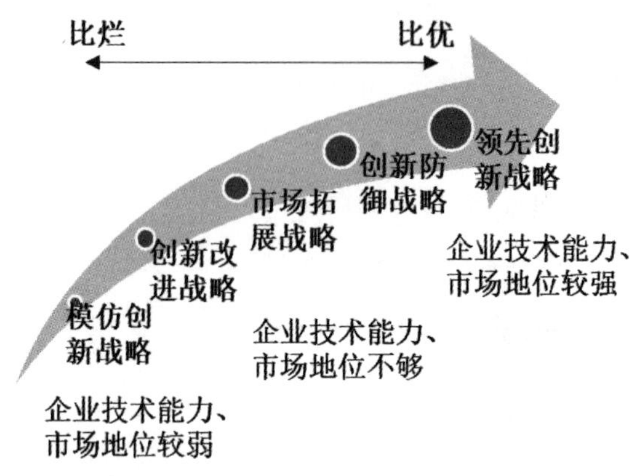

图3-6　企业战略与调研目的/方法的本质关系

“比优”的办法就是自己和自己比，去追求与客户 / 用户需求的接近，这就是要重点调研市场和客户的需求，关注中长期市场发展趋势和需求变化趋势，以关注未来为主，关注现有问题为辅，在破坏性技术或者破坏性营销方面不断追求卓越，一般需要不断优化业务运作模式，选择差异化为主的战略。

“比烂”的办法就是自己和竞争对手比，去追求比竞争对手更靠近客户 / 用户的需求，这就是要重点调研竞争对手的态势和动作，看住竞争对手，关注中短期市场发展趋势和需求变化趋势，以关注现有问题为主，关注未来为辅，一般不需要优化业务运作模式，选择低成本为主的战略，让本公司比竞争对手“稍微不烂一点”。

综上所述，在市场和需求调研时，一定要解决实际问题，不能搞“广撒网”式的调研——包括市场广撒网和技术广撒网，要以能支撑公司战略的执行和落地为最终目的。当然，如果读者所在公司有大几千亿的规模，可以打破上述结论，实际国内属于这种情况的目前只有华为公司一家，这就是为什么很多企业学习华为市场需求调研而很难学成的原因。

四、具体市场调研过程的经验和教训分享

具体的调研过程是很精彩的，下面就分享几个具体的模板和案例。

1. 苏州某公司市场需求调研方案案例

某公司市场需求调研方案案例（分享）

（1）调研目的

阐明本次调研在公司战略上的重要性，调研针对的大致细分市场／典型客户，并叙述属于证真式调研还是证伪式调研，服务于哪个项目的哪一种研发流程（预研、立项、开发、变形、配置等）。

（2）调研的渠道选择

A. 内部调研的渠道和方法

阐明在公司内部如何调研市场和需求信息，如何整理现有信息珍珠，如何把这些珍珠串起来（开会、线上征集、线下征集）。

B. 外部调研的渠道

根据本次调研特点，从十八种调研渠道里面选取3—5种外部调研渠道。

C. 外部调研的方法

针对每个选定的渠道，从51张卡片中选取若干种调研方法。

阐明各种调研方法如何设置、如何使用、如何准备物资和工具。

（3）调研对象及其问题清单

A. 调研对象A：

调研对象的姓名、岗位、特点；

针对调研对象的调研问题清单：从PESTEL、3C、5力、$APPEALS等维度展开调研问题，要有针对性，不要泛泛而谈。

B. 调研对象B：

C. 调研对象C：

（4）调研计划

注明调研行程和住宿信息；

注明调研议程和人员；

注明内部总结会议时间。

（5）调研过程费用

（略）

这个案例的关键之处就在于它实际并不是一份文件，而是若干份文件，也就是每次出去进行需求调研前都要在项目组内认真讨论和分析，做出有针对性的方案。这家苏州公司为了一个新行业开发项目，加班加点，竟然准备了22份调研方案和调研问题清单，调研出来的结论非常令人信服，有效地支撑了高层的决策。

2. 台州某企业的调研生意经

调研是费钱的吗？在台州某企业的中高层心目中不是这样认为的。

该公司曾经准备研发一款海水养殖用水泵，用来满足海参、多宝鱼等经济性海产品的养殖需求。在项目开始时，研发人员认为从网络上搜索到了海参、多宝鱼的养殖产量每年都在快速上涨，应该有很大的市场需求。

为验证这个市场需求的真实性（也就是证真），该公司组织了由市场和研发人员组成的联合调研小组，从鸭绿江口沿着我国沿海线向南，一直到福建，重点是辽宁、山东、福建等海水养殖大省，沿路调研海水养殖实际情况，这种调研方法俗称“扫街”。

实际情况是虽然海水养殖的需求量不断提高，但是在养殖过程中更换了一种更加环保的养殖方式，水泵的使用量不但不再上升，反而在下降。这个调研的结果呈交公司高层以后，高层果断决定终止研发该产品。调研过程花费了几千元，但是没有去研发一个注定失败的项目，公司省下了几百万人民币的研发费用，这是多美的一桩生意经呀！

3. 杭州某企业的内部调研专家会议

杭州某公司是一家生产户外家具的国际化公司，它有一个风景如画的设计小镇，专门用于各项研发活动的开展。

还记得那是一个国外用椅子产品的内部调研专家会议。这次会议召开在大规模外部调研之前，公司项目组各个成员席地而坐，共同探讨关于新产品开发项目的市场和技术预期，把自己关于该产品的思考贡献出来，对外出进行市场和需求调研的方案、计划、重点进行了集体讨论，最终决定派遣一名产品经理和一名研发人员赴美国进行调研，最终的调研结果令中高层非常满意，充分反映了市场情况和客户需求情况。

五、市场调研的过程实际是高层与中基层达成一致的过程

市场调研的过程中应该持续与高层保持沟通，并与各个高层和中层达成最终的一致，这是项目需求输入的根源保障。

1. 市场调研报告的主要内容

在进行宏观和微观的市场调研工作以后，一定要整理出一份市场形势调研报告，一般包括如下内容。

（1）总体市场形势

总体市场形势就是从宏观角度看待，整个行业和市场发展的大趋势，这个趋势受何种关键因素影响，为各个企业带来什么样的挑战。

（2）各竞争对手应对策略

行业里各个标杆企业和与本公司形成直接竞争关系的企业都是如何应对整个市场发展趋势的。各个相关友商企业未来几年的市场策略、研发策略、生产策略、供应链策略、人力资源策略等都是什么样子的。

（3）对我公司的启示

上述内容对我公司未来几年的发展有什么启示，包括市场策略启示、研发策略启示、供应链策略启示、人力资源策略启示等。

（4）建议公司采取的应对措施

是否建议公司在总体愿景和战略目标上进行调整（包括公司级、产品线级、产品级），项目组对实现上述目标的具体工作建议是什么。

2. 持续与高层保持沟通

市场调研的结果是很容易不被高层认可的，这在市场和需求调研过程中是一个大问题，甚至是调研工作的大害，其主要表现如下。

（1）高层对于市场和需求已经有了自己的理解和思考，实际对于市场和需求是有强烈心理预期的。

（2）当调研小组的结论超越高层思维的范围时，也就是调研的结果是高层没有想到过的内容时，高层就会对调研结果产生怀疑。

（3）当调研小组的结论没有超越高层思维的范围时，也就是调研的结果没

有超出高层所料时，高层就会觉得调研效果不好，调研人员素质不行。

那么，怎么解决上述问题呢？

那就是要在调研方案的设计过程中，让高层和各部门中层之间达成一致；在调研过程的关键节点，邀请高层参与调研过程；在调研结果的分析过程中，由中高层一起对调研到的原始信息进行分析和整理。这才是需求调研需要解决的主要问题之一。所谓高层主要指 IPMT 团队，尤其是高层团队中的董事长、总经理、总裁、营销副总和研发副总。这个沟通过程可以是临时召开的会议。如今在很多企业都通过建立规范性的 CDP 流程（项目任务书开发流程）来进行上述这些工作，并以 CDR1 评审会（市场分析评审会）形式来固定召开沟通会。

最后，不同等级的研发项目，所需要的调研强度是不同的，只有那些最重要的 10% ～ 20% 的项目才采用重点调研的策略，而对于占项目总数的 50% ～ 70% 的改进型项目则不需要采用重点调研的策略，请读者根据实际情况对流程进行适当裁剪。

本章涉及的IPD工具

（1）宏观市场调研的维度——PESTEL；

（2）微观市场调研的维度——3C、五力；

（3）调研方案设计六部曲——渠道选择、方法选择、干系人选择、人力资源选择、物资资料准备、计划安排（含费用）；

（4）市场需求调研的十八种渠道——11 种一手渠道和 7 种二手渠道；

（5）市场需求调研的五十一种方法——IDEO 的 51 张卡片；

（6）市场需求调研小组的组成——访谈者、记录者、观察员。

第四章

准确需求的收集是产品开发成功的“敲门砖”

在调研市场信息的同时，一般也需要同步调研新产品的需求信息。这里有两种情况，一种是市场信息对新产品开发较为有利，那么就需要同步调研需求信息，不要搞两次调研，这是大忌；另一种是市场信息对新产品开发较为不利，那么就没有继续调研需求信息的必要了。

市场调研的目的是支撑商业决策，而需求调研的目的是服务于新产品的产品包设计，因此准确的需求信息对于产品开发成功也是十分必要的。无论对于何种复杂度和类型的产品开发，需求信息都是必须要搞准确的，相关调研工作在任何的项目中都是不可以裁剪和取消的。

一、每家公司的各个产品线需求维度都是不同的

要做好需求调研和需求分析工作，最重要的就是要搞清楚谁在什么时候调研什么内容。谁在什么时候调研的问题第三章已经讲过，本小节就是要搞清楚需求调研的内容，就是搞清楚每家公司的各个产品线的 $APPEALS 子维度。如图 4-1 所示是某企业需求调研和分析的 $APPEALS 模型，是各个行业通用的，没有一家企业能够有例外情况而不适合应用该模型。本章节所说的需求维度不同不是指 $APPEALS 八个维度有所不同，而是八个维度下面具体的子维度在每家公司的各个产品线上是不同的，而且各个维度和各个子维度在不同产品线上的重要性也是不一样的。

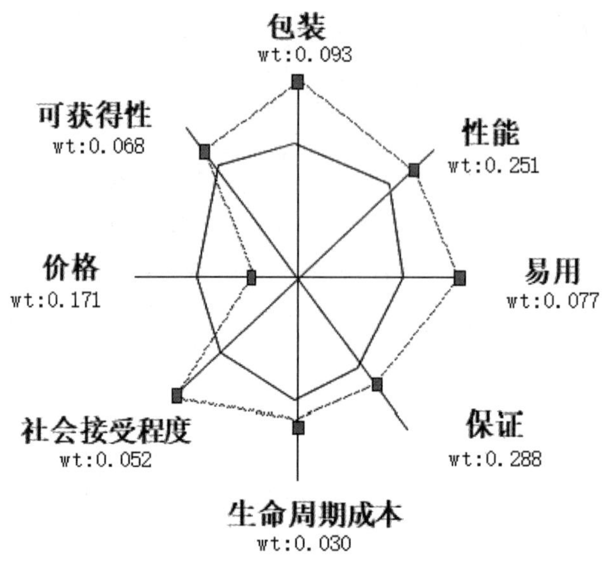

图4-1　需求的八个维度

1. $APPEALS 各个维度的定义

（1）价格＄（Price），该要素反映了客户对一个满意的产品／服务所希望承担的价格，也包括一些商务条款的需求。

（2）可获得性 A（Availability），反映了客户对于容易和有效购买过程的需求，也包括对于容易和有效售后服务的需求。

（3）包装 P（Packaging），该要素描述了客户所期望的产品外形、外观等视觉方面的需求。

（4）性能 P（Performance），该要素描述了新产品本身的性能和功能特性。

（5）易用 E（Ease of use），该要素描述了新产品满足用户需求的人性化和易用性特征。

（6）保证 A（Assurances），该要素反映了客户／用户对于新产品可靠性、安全性、兼容性、冗余性方面的需求，即让客户和用户放心使用的质量需求等。

（7）生命周期成本 L（Life cycle costs），该要素反映了客户／用户在产品全生命周期内的成本花费，包括从产品购买到产品报废或停止使用所支出的所有费用。

（8）社会接受程度 S（Social acceptance），该要素反映了社会其他人员对客户／用户使用产品的一些舆论和看法。

表4-1　某企业M产品线$APPEALS各个子维度定义（举例）

	维度	主要内容（部分）
$（Price）	价格	原料成本、人工费用、管理费用、技术转让费、生产费用、库存消耗、废料费用、可接受售价等
A（Availability）	可获得性	行销工作、销售行为、分仓库、分销渠道、交货期、广告、订购过程等
P（Packaging）	包装	外包装样式、外观尺寸、风格、颜色、包装物质量、物流运输、销售界面等
P（Performance）	性能	速度、力、黏度、容量、精确度、热量、功率、功能等
E（Ease of use）	易用	安装、使用、维修、回收、人机功效、显示、文档等
A（Assurances）	保证	可靠性、可用性、安全性、冗余性、稳定性、完整性等
L（Life cycle costs）	生命周期成本	寿命、无故障工作时间、调整校对费用、备件费用、服务费等
S（Social acceptance）	社会接受程度	风俗、习惯、民族文化、环境、法律、法规、保密、品牌、责任担当等

2. 每家企业每条产品线 $APPEALS 子维度应该怎样确定

$APPEALS 子维度对于每条产品线（包含很多个产品型号）都是不一样的，这就需要把这些子维度在需求调研之前就明确出来，为调研问题清单的制作打下基础。这就需要召开一个 $APPEALS 子维度研讨会。

（1）子维度的研讨会分为两个阶段，第一个阶段是对需求子维度本身进行研讨，第二阶段是对哪些子维度能够给出需求特性数据和解释，而哪些子维度无法给出需求特性数据和解释进行研讨，会后去调研那些归属于“停车场”（暂无答案）的问题就是研讨会的最终目的。

（2）子维度的研讨会需要项目组（或 RMT 需求管理团队）全体成员共同参加，包括项目经理、产品经理（或市场代表）、服务代表、生产代表、采购代表、质量代表、财务代表、PQA（产品过程质量保障工程师）、工艺代表、设备代表等核心组和扩展组代表。

（3）整个项目组的讨论过程可以采用“世界咖啡”或者“艺廊街”等方法，请大家自行阅读团队引导技术方面的图书文献。

3. $APPEALS 模型的引申用法

$APPEALS 模型并不是简简单单的需求调研和分析模型，它还有很多引申的用法，对于整个研发管理过程都是十分重要的。

（1）$APPEALS 模型实际是质量标准模型。所谓质量标准是指两个方面，一个是产品质量符合国际、国家、行业、企业等的标准文件要求，另一个就是产品质量要符合市场和客户的需求和要求。后者就是通过 $APPEALS 模型来推导出客户 / 用户真实的质量标准的。

（2）$APPEALS 模型实际是产品规划和技术规划工作的根源。如图 4-1 所示的模型叫作蜘蛛图或者雷达图，黑色实线代表我公司 $APPEALS 八个维度的打分，黑色虚线代表主要竞争对手 $APPEALS 八个维度的打分，互有高低。产品规划和技术规划的目的就是去弥补我公司与竞争对手之间在某个 $APPEALS 维度上的差距（追随战略），或者弥补我公司与最终客户 / 用户之间在某个 $APPEALS 维度上的差距（领先战略）。

（3）$APPEALS 模型实际是产品包各项内容的体现。产品研发的最终目的是给客户 / 用户提供满意的产品包。产品包中的内容不仅仅包含功能性的产品要素，也包含情感性的产品要素，产品包是一个完整的系统而不是只有某个核心物理产品。这都可以通过 $APPEALS 模型来进行理解，并在设计产品包过程中进行扫描。

二、功能性需求和情感性需求

针对图 4-2 所示的产品包内容，可以发现满足客户 / 用户需求的产品包，不仅仅包含物理形态的核心产品，也包含非物理形态的有形产品、附加产品和情感产品。这就说明 \$APPEALS 模型的各个子维度里面不仅仅有功能性需求，也含有相当数量的情感性需求。

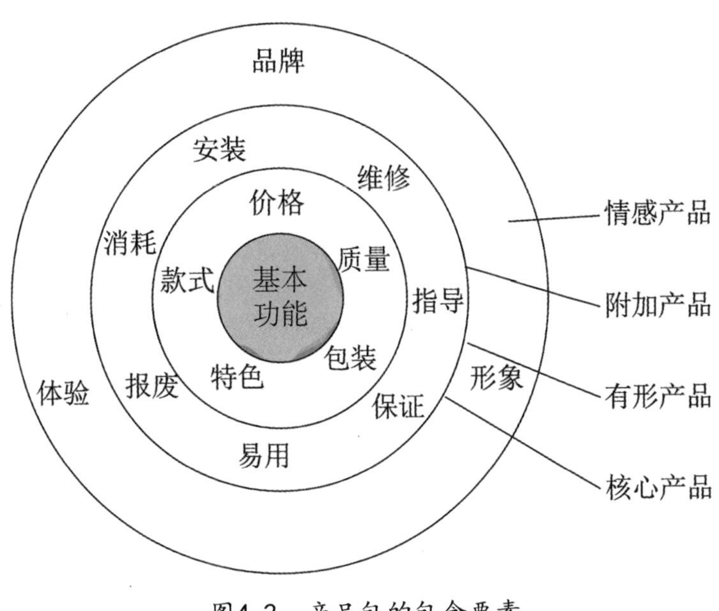

图4-2 产品包的包含要素

1. 两种需求的比例

研究功能性需求和情感性需求（含非功能性需求）的比例问题，就是研究不同类型产品进行开发时 IPD 流程和方法论的适配问题，具有非常重大的实际意义。

一般来说，功能性需求比例比较大的新产品往往是 B2B 型产品，也就是以满足客户 / 用户的生产资料需求为主的产品，在需求调研的过程中要多关注客户 / 用户对产品性能指标、安全性、可靠性等方面的需求，以新技术的实施为主要目的，满足客户 / 用户的各项需求，如盾构机、工程机械、电池材料等产品。此类项目的 IPD 之轴是研发部门，也就是以研发部门作为桥头堡推进 IPD 体系。

而情感性需求比例比较大的新产品往往是 B2C 型产品，也就是以满足客户 / 用户的生活资料需求为主的产品，在需求调研的过程中要多关注客户 / 用户对产品外观、品牌、易用性、舒适性等方面的需求，以新营销方法的实施为主要目的，满足客户 / 用户的各项需求，如床、橱柜、毛巾、牙膏等产品。此类项目的 IPD 之轴一部分企业是市场部门，也就是以市场和品牌部门作为桥头堡推进 IPD 体系；还有一部分企业的 IPD 之轴仍然是研发部门。当然，万事都有例外，请大家碰到具体问题时，具体分析采用哪一种 IPD 之轴。

2. 两种需求的调研方法不同

功能性需求的调研多采用对客户 / 用户需求进行现场调研等调研方法，因为这些需求都是由于技术相对较复杂而客户 / 用户缺乏解决思路而产生的需求，看起来难度大，但对于我公司行业内人士来说，相对简单，如飞机、火炮等产品。以功能性需求为主的产品开发，突破点超过 50% 在于破坏性技术。

情感性需求的调研多采用在我公司内部进行模拟和角色扮演等调研方法，因为这些需求都是建立在技术相对简单而客户 / 用户普遍具有解决思路基础上的需求，看起来难度小，但对于我公司行业内人士来说，相对难以解决，如矿泉水、肥皂等产品。以情感性需求为主的产品开发，突破点超过 50% 在于破坏性营销。

三、长、中、短期需求的分析和分配

在调研到足够数量和质量的需求信息后，下一步就是要进行需求分析，包括需求的整理、过滤、分类、分级，争取把精华需求信息留下，把糟粕需求信息筛掉。

1. 需求分析如何进行

表4-2　需求分析的方法集

序号	方法名称	方法描述	特点
1	KANO模型法	根据满意度和执行度，将需求分级为兴奋需求A、满意需求S、基本需求B	容易找出兴奋需求，形成产品的卖点和亮点，对于B2C业务效果较好
2	四象限法	根据重要性和紧迫性，将需求信息分别布置在四个象限中	对于接下来进行需求分发较为有利，尤其在需求信息数量较多的情况下
3	贴点分级法	通过小组成员贴点投票的形式，确定需求的级别	简单、易于操作，适合团队讨论，变更管理方便

续表

序号	方法名称	方法描述	特点
4	成对比较法	将一个一个信息成对进行对比，选择两者之间的优先级，然后推广至所有需求	在需求信息数量较少时操作较为方便
5	Delphi法	一种对需求信息按照几个评分标准进行打分的办法	在客户群体较为稳定时可以采用
6	AHP法	也称为层次比较法，其核心就是对需求进行量化后的比较分析和计算	对于量化性需求信息效果较好，对于非量化性需求信息操作较为不便
7	价值工程法	利用V=F/C公式，根据需求带来的成本与价值做相应的布置	适合颗粒度较大的需求信息，且成本控制效果好

如表 4-2 所示，需求信息的分析方法有很多种，企业可以根据自己的实际情况去选用。本书仅详细列举贴点分级法（也叫贴点法）的分析过程。

（1）需求的整理

在原始的需求信息收集回来以后，首先就需要将所有的信息进行整理，原则就是将类似的需求进行整合，将从属的需求进行归类，保障需求信息的颗粒度相对统一，不要出现有的需求信息颗粒度大而有的需求信息颗粒度小的问题。其次，就是要通过项目团队（或 RAT 需求分析团队）的会议，将原始需求信息转化成特性需求信息，供后续需求管理流程使用。

表4-3　某企业特性需求信息分析卡（案例）

需求编号：	需求类型：（在进行评审时填写） （功能/情感）——$ A1 P1 P2 E A2 L S
需求来源： 需求提供者信息：姓名　　年龄　　学历　　岗位/职位 需求提供者干系人地位：发起者、控制者、影响者、使用者、决策者、批准者、其他 需求提供者背景：	
需求存在的场景或者工况：	

续表

原始需求描述：（不加修饰的）	
需求特性描述：（以数据为基础进行描述，以形象描述为辅）	
竞争对手需求处理方案：（技术、非技术）	
需求等级：（A/B/C）	需求分析者：
处理方式：（采纳/不采纳/重新调研）	需求审批人：

对于接纳的需求信息，可以将每一条的特性描述写在一张便利贴上，供后续贴点法使用。

注意此时的接纳与不接纳只允许通过以下这些标准来衡量，包括完整性、正确性、一致性、可测试性、真实性等，不可以对需求信息内容进行评价。

（2）需求的分析理解过程

整理完毕的需求需要项目组的核心人员，尤其是技术负责人和市场代表进行认认真真的需求分析，最后做到对需求真实发生的场景 / 工况和机理了然于心，并将分析结果记录在文件里，供后续项目组对需求信息进一步过滤、分类。

那么，如何对原始的需求信息进行分析呢？下面就讲述几种常用的、简单的方法，至于一些复杂的方法，读者可以自行阅读其他图书了解。

A. 正面攀梯和反面攀梯

所谓正面攀梯，实际就是“五个为什么”或者“七个为什么”，通过不断地去探索事物本来的面目，说明需求发生的因果链条，直到无法找到需求发生的新根源。正面攀梯的尽头可以是以下两个方面：一是无法再找到新的“为什么”来更深一步地解释需求，二是需求发生的原因，被归结为超系统事件，是我们不可以掌握和影响的事件。

所谓反面攀梯，实际就是“五个为什么不”或者“七个为什么不”，过程与正面攀梯类似。

B. 情境唤起

所谓情境唤起，就是需求分析人员通过冥想，将客户 / 用户需求发生的情境想象出来，并表达出来。情境唤起很容易“想多了”或者“想偏了”，是需要将场景化的内容与客户 / 用户进行验证的。

C. 假设某物或状态缺失

我们在进行需求分析的时候，可以假设服务于客户的系统（不含超系统）中，某一个组成部分缺失，或者某一种配置的状态缺失，会造成什么样的后果。将需求和问题发生的条件推向极限，从缺失的部分和配置状态出发，看看系统在极限情况下是什么样子的，最终找到需求发生的根本原因。

D. 时光倒流对比

在进行需求分析的时候，可以假设时光倒流，也就是如果回到从前，客户/用户会不会能避免错误，我们研发和技术人员会不会仍然像以前那么处理，以便找出需求发生的真实原因。

（3）需求的过滤和分类

需求的过滤包括需求的粗滤和精滤两个步骤。对于明确接纳和重新调研后接纳的需求，应该组织需求评审会议进行过滤，这个需求评审会是一种两级评审会，由 RAT 或者项目组组成低级别评审会，将所有的需求信息通过贴点法进行需求的过滤和分类。

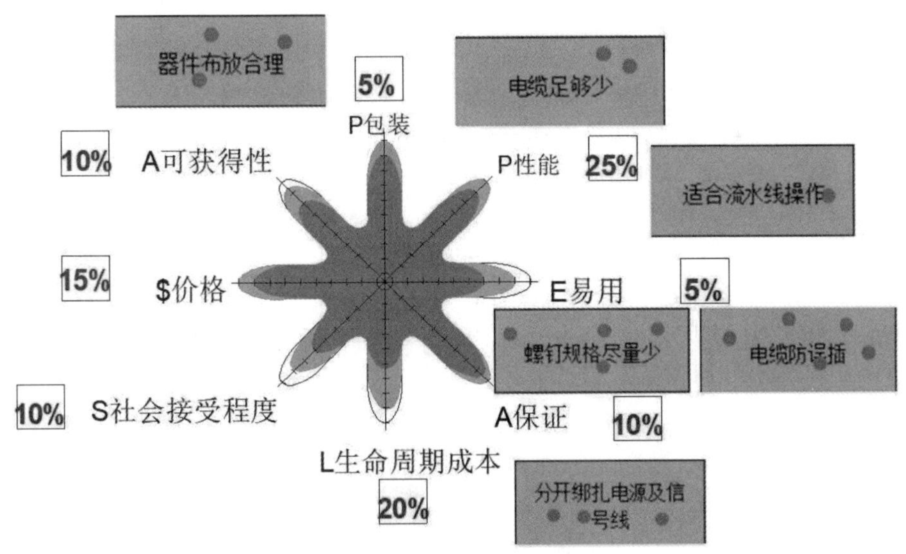

图4-3 贴点分级法示意图

如图 4-3 所示，贴点法规定每位投票人员允许投需求信息总数一半的选票（红点），初步选出需求的排序：红点多的需求信息就是级别高的需求信息，红点少的需求信息就是级别低的需求信息，红点特别少的需求信息尤其是没有红点的需求信息应该准备舍弃。如果在需求分类时出现 $APPEALS 的某个维度需求很少甚至没有，就要思考是否需要补充需求调研了。

项目组或者 RAT 并没有需求分级的最后决策权。最后的精滤决定权在公司级 / 产品线级的 TRG 会议或技术委员会会议，其最终决定需求的等级和需求检验的标准。

（4）需求的分级

需求的等级有很多种分法，笔者根据自己辅导项目的多年经验，为顺利做好需求的管理工作，尤其是需求变更的管理工作，特推出如表 4-4 所示的需求等级划分和管理方法，各个企业也可以根据自己的特点选用其他的需求等级划分和管理方法（如 KANO 模型等）。

表4-4　需求等级划分和管理方法

需求等级	等级描述	变更决策者	举例说明
核心需求A	如果该项需求完不成，则产品完全偏离原定轨道，产品失败	IPMT	第五代隐身战斗机的“隐身”功能需求
重要需求B	如果该项需求完不成，则产品在客户处的使用将受大幅度影响，严重影响产品成功	LPDT	第五代隐身战斗机的销售价格需求
一般需求C	如果该项需求完不成，则产品价值无法进一步提高，但不太影响产品成功	SE	第五代隐身战斗机的方便型登机梯把手需求

对于一般的项目来说，需求信息中的 A 类需求（包括外部需求和内部需求）不超过 6 项，否则会因为 A 类需求过多，而使得新产品开发进程拖沓冗长。当 A 类需求大于 6 项时，可以把项目做迭代拆分处理。

如表 4-5 所示是某企业需求评审会议的评审要素表。需求评审会议是需求管理流程中唯一的一个 TR 技术评审节点（在规划流程和日常需求管理流程中叫作 ORR 需求评审会，在项目开发流程中叫作 CDR2 需求分析评审会）。

OR 需求管理流程没有 DCP 决策评审节点，不可以直接将需求转化成项目内容进行决策。需求评审会议就是对需求收集和分析所得的需求信息结果进行评审，对每条需求信息给出采纳（本项目采纳、其他项目采纳、后续项目采纳）、补充调研、不采纳（伪需求、非战略、做不出来）等三种结论。只有本项目采纳的需求，经过评审后才能正式进入项目立项和开发的各个阶段。

表4-5　某企业需求评审要素表（举例）

评价维度	评价项目	需求1	需求2
完整性	所描述的需求是否记录了需求的来源和提供者？		
	所描述的需求是否记录了需求发生的场景和工况？		
	所描述的需求是否记录了需求期望的实现和交付时间？		
	所描述的功能性需求是否明确了原理、规格、技术参数和质量属性？		
	所描述的非功能性需求（含情感性需求）是否准确定性？		
	所描述的需求是否完整记录在OA系统中？编号是否准确？是否经过初步审批？		
正确性	所描述的需求是否表达了客户和用户的真实需要？		
	对于所描述的需求，是否清楚竞争对手是如何应对的？		
	对开发和设计工作的约束是否正确？		
	对用户任务或者操作流程的描述是否正确？		
	需求是否清楚明确且没有歧义？		
一致性	所描述的需求是否与公司的战略一致？		
	所描述的需求是否与本产品的定位一致？		
	对于所描述的需求与原设想内容的差距，是否清楚描述了原因？		

续表

评价维度	评价项目	需求1	需求2
科学性	所描述的需求是否清晰并可通过有效的方式验证？（评审、原型、测试）		
	是否说明了需求的验收方式、验收人员要求和验收依据？		
	每条需求对于公司的价值和客户的价值是否分析清楚？		
	每条需求是否已经经过一定的验证而能保证准确性？		
结论	对每条需求是否采纳的结论是什么？（采纳、补充调研、不采纳）		
	对已采纳需求的等级判断是什么？（A/B/C）		
	是否评为优秀需求信息？		

上表中的非功能性需求和情感性需求的从属关系在每家公司是不一样的，有的公司非功能性需求包含情感性需求，有的公司情感性需求就是非功能性需求，有的公司情感性需求和非功能性需求分开处理，请大家自行选择。

2. 需求如何分配

在进行需求分析评审会议的会中或者会后，一般都需要将需求信息按照产品或技术研发项目进行分配（小颗粒度需求）或者提出分配建议（大颗粒度需求）。每年度主要的需求分配（大颗粒度需求）都集中在MM市场与产品规划流程中进行，但是还有一部分需求需要在规划流程以外进行分配（小颗粒度需求）。

需求分配的原则包括以下几个方面。

（1）不可将所有需求都分配到同一款产品上形成万能产品，万能产品一般都是失败产品。

（2）应该根据市场整体形势和竞争对手的发展态势，分批分期地将需求赋予不同的新产品。

（3）分配需求时，应充分考虑到细分市场的不同情况。

（4）分配需求时，也需要考虑到企业内部的技术能力现状和未来所能达到的高度。

3. 内部需求在立项之前如何处理

在立项之前的需求调研中需不需要调研内部需求呢？这些内部需求就是DFX需求，包括可制造性需求、可采购性需求、可测试性需求、可服务性需求，等等。

答案就是必须调研但不是主要调研对象。

（1）只有在内部需求对项目的立项产生比较大的影响时，才需要进行内部需求调研，颗粒度要大。

（2）当内部需求与外部需求发生冲突时，判定的标准一般就是看哪条需求是符合公司战略和利益的，通常倾向于支持外部需求。

（3）如果内部需求中的A类需求大于2项，则一般需要提前进行技术预研和产品预研。

本章涉及的IPD工具

（1）需求调研和分析的八个维度——$APPEALS；

（2）需求价值分类——功能性需求和情感性需求（含非功能性需求）；

（3）需求分析方法——KANO模型法、四象限法、贴点分级法、成对比较法、Delphi法、AHP法、价值工程法。

第五章

产品立项前需要进行关键技术可行性研究

产品立项的前两个阶段是市场分析和需求分析，那么产品立项的第三个阶段就是关键技术可行性研究了。这里的主要内容包括两个：一个是技术可行性研究，包括外观可行性、技术原理可行性、工艺可行性、设备和生产线可行性、测试和检验可行性、专利和标准化可行性等等，其中的技术原理可行性还包含结构可行性、软件可行性、硬件可行性等等；另一个是关键性技术可行性研究。本阶段的关键技术可行性研究一定属于关键性技术，因为在立项之前是不可能将技术方案细节充分考虑的，这样就要求大家只考虑大的技术原理，而少去考虑小的技术细节，避免钻入牛角尖。

关键技术可行性研究是一项系统工程，需要用系统工程原理去分析和解决问题。这里不再赘述。如果有需要，大家可以看一些系统工程的书籍，比如钱学森先生的著作。

一、需求分解与识别关键性技术的方法

需求包括两大方面的三个内容，一个方面是外部需求，包括市场客户 / 用户需求、认证 / 标准约束两个内容；另一个方面是内部需求。在进行每一个研发项目时，都需要把收集来的需求进行整理和分析，形成需求包。

在进入方案设计的环节时，需要系统工程师 SE（又称系统架构师、总体设计师等）将已分配完毕的需求进行分解，供后续各个研发主体设计方案时当作输入源头使用。

1. 需求分解和初步技术方案设计方法

那么，怎样将需求包进行分解并形成初步技术方案呢？这个技术方案能够回答我司能做，“I can play”即可，不需要做得很详细。

（1）需求包的分解一般根据专业技术科目来进行分解

企业中的研发部门一般有两种组织形式，一种是按照专业类别进行分工，俗称“大而全”；另一种是按照细分市场 / 典型大客户进行分工，实际其部门内部也是按照专业类别进行分工，俗称“小而全”。因此，需求分解一定是根据技术科目进行分解的，理想状态就是专业技术科目与分系统 / 子系统一一对应，这样需求信息在转化成整体技术参数、外观方案后，就会直接转化成各个分系统和子系统的技术要求，不产生设计争议和设计干涉，能够直接进行分系统和子系统技术方案设计。

对于技术人员来说，最喜欢听到就是诸如“这是结构设计的事情”“那是液压设计的事情”，等等，但是总是有一些需求信息分解时，无法把需求信息与分系统 / 子系统一一对应，这是需求分解时面临的主要困难和问题。

（2）如何进行具体的需求分解和方案设计

客户 / 用户在提出需求时，一般是根据某种场景和工况的某项功能、性能、体验来提出的。这些客户 / 用户提出的功能、性能、体验很多时候是我司一个技术科目团队（专业小组或专业工程师）无法满足的，需要几个技术科目团队来共同完成设计方案来满足客户 / 用户需求。

系统工程师 SE 在分解上述多技术科目需求时，一般需要将几个专业技术科目的主要工程师召集在一起，共同商讨如何满足每一条客户 / 用户需求。讨论的过程一般采用总—分—总的形式。系统工程师 SE 需要有自己的解决方案思路，不能简简单单地将需求扔出去了事。

首先，这个需求分解和技术方案研讨会需要明确产品的整体技术参数、大致外观和主要组成系统。整体技术参数的确定一部分来自市场和客户需求，还有一部分来自技术方案的补充完整，这时候需要各个分系统 / 子系统工程师一起完善技术参数的完整性，包括分系统 / 子系统的主要参数完整性。完成的标准就是能够满足客户 / 用户的核心需求和重要需求。

其次，各个分系统 / 子系统工程师，识别各自小系统内部的关键技术问题。这些技术问题主要包括以下几类：分系统 / 子系统主要技术方案（初步）、需要安排专人攻关的技术难题、新技术的引进、新材料的验证、新试验的实践等，一般都具有一定的难度，需要研发人员重点关注。

最后，各个分系统/子系统工程师将所执行的需求分解及关键技术设计任务结果，集中汇报给系统工程师 SE。全小组集中解决小系统之间的设计矛盾和设计空白，形成最后的需求分解和初步关键技术方案。

（3）如何处理各个技术科目之间的设计矛盾

如果有的专业技术科目工程师出现为难情绪，认为无法完成分解而来的技术工作，就需要由系统工程师 SE 组织相关人员对设计矛盾进行处理了。

设计矛盾一般的表现形式有三种：第一种叫作“摆不平”问题，就是一个需求需要由几个技术科目工程师来完成，对于这个工作权重和设计方案各部门权重达不成一致；第二种叫作“占空间”问题，就是本子系统的设计需要占用其他子系统的设计空间；第三种叫作“求帮忙”问题，就是本子系统的设计需要其他子系统进行一些设计调整。

“摆不平”问题的处理方法：一是遵循“谁使用，谁负责主要问题”的设计原则；二是遵循“谁难度大，谁负责主要问题”的设计原则；三是遵循“谁花费时间长，谁负责主要问题”的设计原则；四是遵循“谁成本高，谁负责主要问题”的设计原则。综合以上四种处理方法，对各个技术科目的设计重要权重和工作量进行分配。这里面有很多特殊情况，如果出现矛盾无法调节的现象，需要报请 TRG 技术专家委员会裁决。

“占空间”问题的处理方法：这种问题一般都可以友好协商解决。如果无法友好协商解决，存在无法调和的设计空间干涉，可以采取两种技术合二为一的方法，例如把手机听筒做成接收天线的方法。实在没办法时，也可以向总体设计 SE 要空间。

“求帮忙”问题的处理方法：这种问题是指让别的子系统工程师帮个忙，一般容易解决。如果无法解决，那就应该把问题上升到项目经理那里，通过团队文化建设的方法加以友好解决。

（4）需求分解对于组织和团队的职责影响

在“摆不平”“占空间”和“求帮忙”三种设计矛盾解决的过程中，可能会遇到需要分系统/子系统重新划分工作范围的组织问题，对于某些重要而复杂的产品开发而言是比较麻烦的。比如，某企业需要在液压阀上安装电子开关，如果设计联络单无法解决，就需要对组织和团队的职责进行重新划分。

对团队职责进行重新划分是短期的办法，主要针对企业零星产品设计进行临时调整。这种方法实质就是在小 IPD 产品开发流程中，将某某第三层次外围组设计工程师临时调配到其他第二层次扩展组（或核心组）代表的项目管理之下，例如将某某电气工程师的项目上级，从电气子系统代表调整为液压子系统代表。

对组织职责进行重新划分是长期的办法，主要针对企业产品设计思路进行整体转型。这个时候，企业可能要求在上述案例中的某某电气工程师，在组织上调整到液压设计办公室工作，其职能部门领导发生了根本变化。

上述两种方法，要根据实际情况进行机动灵活处理。

（5）需求分解时的成本分配问题

成本是技术方案的重要组成部分，因为不同的成本实际代表了不同的技术方案，因此进行需求分解时，还需要将产品总的成本分解到各个分系统 / 子系统设计方案中。

在进行成本分配时，仍然遵循“总—分—总”的分配过程。首先，由系统工程师 SE 形成一个成本分配的总体思路，这个总体思路与系统工程师 SE 头脑中的初步技术方案是匹配的，要求系统工程师对所有的技术门类 / 科目具有足够的底蕴和修为。其次，各个分系统 / 子系统工程师计算各自小系统的成本。最后，在系统工程师 SE 处对新产品总体成本进行汇总，既包括 GA 点成本或者第一批次批量产品成本，必要时也包括后续 3—5 年的降本方案。

成本设计时，一般遵循价值工程原理，通过价值工程公式“V=F/C”（价值 = 功能 / 成本）来实现成本设计。当某个小系统成本设计偏高时，由系统工程师根据偏高原因，及时进行各个小系统间的成本设计平衡。

（6）需求分配的过程运作

表5-1 需求分配控制表（举例）

需求编号	需求内容（简要）	需求解决方案	需求执行承担方（按责任大小次序）	设计工作计划	需求等级	目前状态
1	叉车起升重物时，有声音提示	起升阀门连接电气开关，连接语音模块	液压组、电气组、结构组	XXXX	B	OPEN
2	……	……	……	……	……	……
3	……	……	……	……	……	……
4	……	……	……	……	……	……

如表 5-1 所示是某企业的一个真实的需求分配控制表案例，各个公司可以根据实际情况，对上述表格进行补充和优化。

需求分配过程同时也是产品技术方案的研讨过程，这个过程的有效性需要依靠需求分配会议的过程设计来保证，这也是 IPD 管理体系要求的那样：“以过程的确定性应对结果的不确定”。这个会议的过程设计，有以下几个要点。

要点 1：需求分配会议属于专家技术会议，需要小规模系统工程和大规模系统工程相关的人员一起参加和共创。小规模系统工程包括各个技术专业和技术门类，参加人员既包含各个设计类工程师（如外观工程师、结构工程师、软件工程师等），也包括各个中试类工程师（如工艺工程师、测试工程师等）和辅助类工程师（如专利工程师、标准化工程师等）。大规模系统工程包括各个泛技术专业和非技术门类，参加人员是泛技术专业工程师（如采购工程师、生产工程师、售前工程师、售后工程师等）和非技术专业人员（如销售业务员、财务专员、项目管理专员等）。

要点 2：无论来自哪个部门的人员，都通过引导过程，以平等的身份参加到整个需求分配和方案讨论之中。不允许有职位高和职位低之分，不允许有所谓专家和非专家之分，不允许批评人，不允许贬低人，不允许说“你的方法就不行”之类的话。这个需要项目经理和 PQA 产品质量保证工程师的积极引导和规范。

要点 3：整个研讨会秉承的原则是“集体讨论，分开执行”，也就是所有的总体方案和分系统 / 子系统方案的关键内容都应该由整体会议参加者共创出来，然后由各个工程师根据共创出来的要点进行更为细致的分项专业工作，最后再进行有机整合。这实际上是 IPD 体系和流程运作的精髓，如果做不到这一点，IPD 流程就会变成“形似而神不似”。

要点 4：整个会议可以采取一些团队激励的措施和一些 PK 打怪升级的措施，使得会议更为高效和有趣。

2. 需求接口矛盾的处理方法

需求接口也叫技术系统接口（有时候简称系统接口），是指各个分系统 / 子系统之间的接口，是比较容易出现设计干涉或者设计空白事件的。这些设计干涉或者设计空白事件，统称为需求接口矛盾、设计矛盾或者系统矛盾。

这些设计接口包括机械接口、电力接口、信息接口、软件接口、物料接口等多种接口，它们的矛盾处理方式如下。

（1）机械接口的处理方法

机械接口是指两种或者两种以上的小系统通过机械结构实现接口互联互通的一种接口方式。一般由系统工程师 SE 给出相关的接口形状和尺寸要求，几个小系统的工程师在设计上注意接口协调即可。

（2）电力接口的处理方法

电力接口也称强电接口，是电压超过 24V 的电力线路之间的接口。这种接口在设计时，需要总体电气系统工程师（电气 SE）给出整体电力系统原理总图，并与产品系统工程师 SE 达成一致意见，由各个电气系统工程师根据电气系统原理总图进行小系统设计。

（3）信息接口的处理方法

信息接口也称弱电接口，是电压小于等于 24V 的信息线路之间的接口，也包括光信号。信息接口的处理方式与电力接口的处理方式差不多，在此基础上，还需要对电磁兼容性进行综合评估并做出最后的信息通信系统原理（布置）图。

（4）软件接口的处理方法

软件系统的开发很依赖于工程师的个人能力，因此系统架构师 SE、各个子系统软件设计师需要在软件编程能力上达到同一水平线。系统架构师和各位工程师首先需要对软件功能和工作流程形成统一意见，然后各个软件工程师进行单独开发，并保持在短时间的固定周期内互联互通，不断找出兼容性问题，提交系统架构师组织统一处理。

（5）物料接口的处理方法

物料接口的处理需要研究两个小系统之间物料传递过程的损失、泄漏、污染等问题，一般需要由研发工程师、工艺工程师或者质量工程师作为专项课题进行研究和处理，属于产品研发项目的一个子项目。

有些接口形式比较复杂，是由若干种类和数量的接口混合在一起的。这些混合接口的处理方法需要综合相关接口形式的特点，形成综合的处理方法。有的文献把人机交互的界面也作为一种接口形式来维护和处理，实质是系统工程师对总体技术方案的一种维护和平衡，是一种系统工程的综合接口维护方法。

二、关键性技术的初步方案设计是一项系统工程

初步技术方案是一项系统工程，而并不仅仅是结构设计或者某一技术科目的技术方案，这是很多国内企业研发工作中常常忽略的一件重要的事情。前面章节讲解了关键性技术初步方案设计的主要办法，本小节则重点讲解下关键性技术初步方案设计的系统工程内容以及内容之间的逻辑。

1. 关键性技术初步方案设计的主要内容

在新产品开发过程中，每个企业都需要研发技术人员在立项、概念和计划三个阶段，按照颗粒度从粗到细，分别提交一份逐渐细致的技术方案，由 TRG 技术评审专家组进行评审，但是这些技术方案本身经常出现以下问题：一是打眼一看，这个方案就是设计人员编写的，基本上只体现了设计方面的技术，而不是系统性的技术方案；二是技术方案中所体现的工艺、工装、测试等方面的技术评审内容较少，对后期新产品的实现有影响，甚至是致命的影响；三是部分技术方案可能会有偏离原始需求的现象，未来可能导致市场和客户对于新产品的不满甚至愤怒。

出现这些问题的主要原因就是新产品的各级技术方案没有站在系统工程的角度全面思考，经常把一些应该在技术方案中考虑的要素忽略掉。

那么这些技术要素都有哪些呢？

（1）需求的符合度

每次的技术方案评审会上都需要对现有方案的需求符合度进行评审，保证技术方案既不减少对原始需求的符合和满足，也不会过多地出现一些臆想的需求，而导致“画蛇添足”。

（2）新产品的总体方案

总体方案包括这个新产品的总体组成、基本功能、尺寸、分系统接口等要素，有的公司称之为产品规格。即使是在分系统／子系统方案评审时，也不要忽略掉总体方案的内容，防止总体方案和分系统／子系统方案脱节。

（3）新产品的外观

很多实体型新产品或者数据型新产品都需要对产品的外观和界面进行外观设计评审，特别是 B2C 和 B2B（弱）的行业更是要强调外观设计的重要性。

（4）关键技术方案

关键技术方案就是分系统／子系统中关键的、对于新产品技术成功具有重大作用的技术和零部件的技术方案，它们往往需要着重进行叙述和评审。在分系统评审时，还应该包括分系统的总体技术方案。

（5）工艺方案

工艺方案也就是新产品从研发到生产的过程中，如何进行工程实现的过程开发方案，包括工艺路线、工装、模具、夹具、刀具、量具、生产线、设备等内容的技术方案内容。在很多行业，工艺方案的重要性在一些技术评审点上甚至要超过设计方案的重要性。

（6）测试和检验方案

测试和检验方案就是在样机、小批量测试过程中的测试方案，以及在批量生产时候的检验方案，如果缺少相关技术和工具需要如何应对等内容。

（7）新材料的应用方案

（8）关键外购部件选型情况（包含一些交期的信息）

（9）专利和标准化的实施方案

专利和标准化实施方案，也可以称作知识产权工作方案，可以包括一些进攻性防守措施，例如申请专利和标准，以限制竞争对手；也可以包括一些防守性方案，例如如何规避竞争对手的专利和行业标准等。

（10）新产品成本（主要指 GA 点的成本）构成表

这是技术方案非常重要的一个环节。

（11）技术上可能遇到的风险及相应的规避措施

（12）相关文档链接

上述这些技术要素需要根据行业和企业的不同，合理地在技术方案设计时进行叙述，并且应该是在系统工程师SE组织下进行设计，各个分 / 子技术门类 / 科目 / 小系统技术人员都要参与其中，这样的技术方案就会考虑到涉及新产品技术和质量的方方面面，对于新产品的成功具有非常重要的意义。

2. 关键性技术初步方案设计的注意事项

包括关键性技术初步方案在内的新产品技术方案设计，在设计时都需要注意哪些方面呢？

（1）一定不要只有项目经理或者系统工程师SE来编写这些内容，那样不但不是一种进步，反而给项目经理或者系统工程师SE带来巨大的撰写工作压力，实际是一种管理倒退行为。

（2）真正的技术方案应该是项目组各位代表齐心合力，非研发代表积极贡献意见，TRG专家提前参与和投入其中的一种集体智慧的结晶。

（3）如果承担某项内容的工程师能力出现短板现象，整个技术方案就会因为“木桶原理”而质量下降，因此，撰写技术方案的人员应该是技术骨干人员并应该不断地提升自己的技术能力水平。

（4）每周在一定的时间内，所有项目组成员集中工作是一种好方法。

（5）如果是技术难度或者系统整合难度比较大的项目，应该把样品 / 样机模型搭建起来，作为设计和测试的载体，持续进行研发工作。

本章所述的技术方案需要在研发职能内部进行评审，才可以提交给CDT项目任务书开发团队，这个内部评审甚至可以上升到公司级层面，成为评审会（技术可行性评审会）。

本章涉及的IPD工具

（1）需求分解和初步技术方案设计的过程：总—分—总；

（2）需求分解的依据——按照技术科目进行分解；

（3）新产品技术方案设计的若干方面——需求的符合度、新产品的总体方案、新产品的外观、关键技术方案、工艺方案、测试和检验方案、新材料的应用方案、关键外购部件选型情况、专利和标准化的实施方案、新产品成本构成表、技术上可能遇到的风险及相应的规避措施。

第六章

各个职能部门在产品立项时是开发者而非旁观者或参与者

在进行了市场调研、需求调研和关键技术可行性分析后，就正式步入研发项目立项的第四个阶段，也是最后一个阶段——职能部门策略和资源匹配。在这个阶段，研发项目组的所有成员，包括项目经理、各个职能部门（功能部门）代表、项目组辅助人员都应该策划出本职能/岗位运作本项目的初步策略，对各个职能部门的项目相关工作进行资源承诺，最终由整个项目组一起形成项目任务书（有的企业称之为立项报告、初步商业计划书或者初步业务计划书，简称 O/SBP）。

运作本阶段流程的诀窍在于项目任务书是集体完成的，而不应该只由项目经理等少数人完成，否则就大错特错了。在我国的有些企业，看起来走的是 IPD 流程（立项阶段的流程称为 CDP 流程），但是实质上，只是项目经理和研发人员等少数人在按照 IPD 流程的要求填写交付件模板，和其他非研发项目组成员没关系，那就不但不是 IPD 流程，而且是严重的反 IPD 流程，是必须予以反对的。

那么，怎样才能够让项目组（CDT 立项项目组或 PDT 产品开发项目组）集体地、有效地、高质量地完成项目任务书呢？

（1）项目经理（或产品经理）自己需要有运作整个项目、整个产品全过程的思路和能力，不能够仅仅做一个材料收集员，收集各个职能代表的作业，而是要能够指导各个职能部门代表的关键工作逻辑。

（2）应该充分调动各个职能部门代表的工作积极性，鼓励大家打破原有管理制度和业务框架对新研发项目的禁锢。固步自封地不愿意自己变革自己，那么公司就只能做一些改进类或者改善类项目，做不了新基础、新解决方案和新

行业 / 新产品开发项目。

（3）应该发挥集体智慧的力量，由项目组集体对各个职能部门的工作关键点进行研究并达成共识，然后根据专业的人做专业的事的原则，由各个职能部门代表将基本工作要点带回本部门去，进行相关方案设计、策略设计、资源和能力匹配、工作执行和评估等工作。

（4）对立项报告中的技术问题应该随时和 TRG 评审专家成员保持联系，请专家们帮忙解决技术问题，而不是等着专家在 TR 技术评审会上给出建议；对立项报告中的业务问题，应该向 IPMT 高层团队成员尤其是 IPMT 主任、公司高管等多请示、勤汇报，不要等到 DCP 决策评审会上“挨批评”。

在进行各个职能的 IPD 工作时，可能会遇到一些流程活动，无法由某个职能部门代表独立完成，而需要其他职能部门代表的帮助。这是非常正常的一件事情，其根本原因在于 IPD 管理体系和流程没有真正建立起来。怨天尤人是没用的，根本的解决方法就是把 IPD 体系和流程落地，把 IPD 流程、子流程、孙流程、使能流程推广和落地，这是个大工程。

但是不能说，IPD 没成功之前，我们就什么都不做，这是不对的。公司的各个职能部门要加强沟通，在项目经理的率领下，按照“谁使用，谁负责”的原则，做好各项跨部门共同开发工作，不要因为内部的不协调而影响了客户的利益。

关于 IPD 体系及流程如何落地，请参看《落地才是硬道理——企业实施 IPD 研发管理体系方法》一书，本书仅对如何操作 IPD 体系和流程（无论读者所在公司是否已经导入小 IPD 产品开发流程体系）做具体项目进行讲解。

一、商业模式设计和更新是涉及各个职能部门的大事

商业模式的设计创新 / 更新是新基础及以上规模产品开发项目的首要工作，是各个职能部门新业务工作的总纲领，是复杂项目的头等大事。由于新衍生和新改进项目是依托原有商业模式进行的，所以不经常拿出来讨论，仅做修补和优化。

商业模式设计分为两个步骤的内容，第一个是 SWOT 分析，第二个是商业模式和盈利模式设计。

1. SWOT 分析

表6-1　产生项目策略的SWOT分析工具

内部条件 / 外部环境	优势列表（S）	劣势列表（W）
机会列表（O）	（SO战略） （利用优势，抓住机会）	（WO战略） （利用机会，克服劣势）
威胁列表（T）	（ST战略） （利用优势，减少威胁）	（WT战略） （克服劣势，将威胁最小化）

如表 6-1 所示，SWOT 分析法，又称态势分析法，就是在充分调研市场信息的基础上，通过对公司 / 产品线 / 产品族 / 产品开发项目所面临的优势、劣势、机会和威胁等加以综合评估与分析得出结论，形成公司 / 产品线 / 产品族 / 产品开发项目的各项业务策略。

SWOT 分析是一种被广大企业所应用的通用工具，它通过内部资源、外部环境有机结合来清晰地确定被分析对象的优势和劣势，了解对象所面临的机会和威胁，从而在整体业务战略与各个职能部门策略两个层面，评估和分析出实现战略目标所需的各项工作策略。

它的整个分析步骤如下。

（1）整理优势和劣势的各项内容

优势和劣势是根据本企业 / 本公司各项管理工作和业务工作的实际表现来进行态势分析的，是对公司内部各项工作的一种客观的评价。这就需要在市场信息调研中，从业务和管理两个方面搞清楚针对主要竞争对手而言，公司的优势有哪些，劣势有哪些。这里不需要研究很多个竞争对手，就只需要研究直接关系着我们三年内战略的那一个竞争对手即可。这里的部分优势内容和劣势内容可能会出现重复的现象，这个是正常的。

优势和劣势的各自内容一般都不超过 4 项（简单项目）或 6 项（复杂项目）。

（2）整理机会和威胁的各项内容

机会和威胁是就外部市场情况对我公司的影响态势进行分析，是由外而内的。所谓机会就是当我公司积极应对时，可能产生积极态势的信息内容。所谓威胁就是当我公司不积极应对时，可能产生消极态势的信息内容。有一些机会和威胁的内容是难以区分清楚的，这个并不影响 SWOT 分析的结果，实际上这些内容放在机会或者威胁之中都是可以的。

机会和威胁的各自内容一般都不超过 4 项（简单项目）或 6 项（复杂项目）。

（3）形成 SO、WO、ST 和 WT 战略

随后将优势点和机会点两两配对，形成 SO 战略关键点；将劣势点和机会点两两配对，形成 WO 战略关键点；将优势点和威胁点两两配对，形成 ST 战略关键点；将劣势点和威胁点两两配对，形成 WT 战略关键点。

SO 战略、WO 战略、ST 战略和 WT 战略的各自内容一般都不超过 4 项（简单项目）或 6 项（复杂项目）。

（4）对得出的各条战略和策略表述进行清理

上述这些战略控制点是分成两个层次的。一种是公司级 / 产品线 / 项目级的总体战略层面，以团队整体的形式，形成具有凝聚力的全面策略；另一种是各个职能部门级别的分项策略层面，指导各个职能部门在实际工作中如何履行研发项目战略所交代的具体执行动作。这就需要对这两个层次的战略和策略进行系统性的清理，整理成规范的报告形式，最好将这些内容画成逻辑关系图。

2. 初步商业模式设计

对于新基础、新解决方案和新产业 / 新行业开发类型的产品开发项目来说，商业模式的开发和创新是项目取得成功的先决条件，因为这些类型的项目已经脱离了原有产品线（老产品线）的商业模式 / 业务模式范畴，用原来的业务运作方法和过程在 90% 的情况下都是不行的。如果不对复杂产品的商业模式进行重新设计和创新，上述这些类型项目的失败率将要达到 89.9%——涉及新产品的九大部门，就只有研发部门与商业模式关联度不大。遗憾的是，在我国，绝大多数企业都忽略了复杂项目的商业模式创新，导致巨额的项目费用丢进了太平洋里。

商业模式（又称业务模式）理论模型有图 6-1 和图 6-2 两种形式。图 6-1 所示的四象限法比较适合于成熟产品线的产品开发；图 6-2 所示的九宫格法比较适合于新产品线的产品开发。虽然很多研发人员对这部分内容比较陌生，甚至是十分惊讶的，但需要强调的是，这就是复杂新产品开发流程中一个非常重要的环节。

客户选择和价值定位	价值获取和盈利模式
哪些是我们的客户？哪些不是？ 我们能提供给客户什么样的独特价值？	采用哪种利润模型？ 如何获取利润？
我们的战略控制点是什么？ 如何保护我方利润流？	我们欲售出什么样的产品、服务和方案？ 哪些自己做？哪些通过合作完成？
战略控制点	业务范围

图6-1　商业模式“四象限法”（老产品线）

重要伙伴	关键业务	价值主张	客户关系	客户细分
我们主要的合作伙伴/供应商是谁？ 他们能提供给我们什么核心资源？	要实现核心价值，我们需要开展哪些关键业务？ **核心资源** 要实现核心价值和关键业务，我们需要有哪些核心资源？	客户为什么会购买我们的产品或服务？ 我们的产品或服务解决了顾客的什么根本问题？	我们怎样能够留住老顾客和获取新客户？ **渠道通路** 我们通过什么方式让顾客了解和认同我们的品牌和故事？	谁会是你的客户？他们的特征是什么？ 其中最重要的客户是谁？他们为什么是我们最重要的客户？

成本结构	收入来源
我们的成本一共有哪些？最主要的成本是什么？ 哪些核心资源与关键业务在总成本中比重是最大的？	我们的持续、稳定的收入来自什么？ 哪些关键业务是你最大的收入来源？有什么障碍？

图6-2　商业模式“九宫格法”（新产品线）

下面就以“九宫格法”说明商业模式是如何设计的（来自《商业模式新生代》一书）。

（1）选择本产品线／项目的基础盈利模式，作为商业模式开发的先导步骤

《发现利润区》一书中提到了二十一种商业盈利模式，如表 6-2 所示。各个企业在新项目开发立项之前就应该明确新产品的业务盈利模式 / 商业盈利模式，这个模式可以是二十一种盈利模式的某一个，也可以是某几个盈利模式结合在一起的混合模式。

表6-2　二十一种盈利模式

序号	大类	模式名称	案例
1	产品和解决方案	产品金字塔模式	SWATCH手表 （TISSOT、OMEGA等）
2		速度模式	INTEL芯片
3		卖座大片模式	电影《战狼》
4		基础产品模式	打印机 复印机
5		新产品利润模式	苹果手机
6		客户解决方案模式	抽油烟机控制板
7	关键业务	多种成分系统	电影院
8		价值链定位	链家地产
9		售后利润	奥德4S店
10	核心资源	利润乘数	迪斯尼 小米家居
11		行业标准	欧洲3C认证
12		品牌模式	小罐茶
13		相对市场份额	亨通光纤
14		大额交易	俄罗斯天然气
15		经验曲线	晋亿紧固件
16	价值主张	专业化	九阳豆浆机 小熊煮蛋器
17		创业家	安然纳米、安利

续表

序号	大类	模式名称	案例
18	渠道	区域领先	星巴克
19		配电盘	淘宝网 世纪佳缘 百合网
20	成本	低成本业务设计	春秋航空 如家酒店 二元店
21		周期利润	黑龙江省雪乡旅游区 春节对联大集 月饼礼盒

*有的文献中，盈利模式的种类超过二十一种，请读者自行阅读和理解。

（2）按顺序研讨九宫格中的内容

在进行九宫格的内容讨论之前，一定要明确新产品的战略定位，如形象型（技术领先而销售不重要）、利润型（获取最大商业利润）、歼击型（与竞争对手拼杀）、批量型（市场占有率是最重要的）中的单独一个。千万不要试图开发万能产品，让新产品承担几个战略定位，完成几个战略目的，这是一定会失败的。

步骤1：客户细分。

客户细分就是明确本产品线/本产品面对或者针对的都是哪些细分市场，这些细分市场及其主要客户的特征是什么，如果有可能，可以明确到具体客户（单位）的名单。读者朋友可以选择大众市场（价值主张、渠道通路和客户关系全都聚集于一个大范围的客户群组，客户具有大致相同的需求和问题）、利基市场（价值主张、渠道通路和客户关系都针对某一利基市场的特定需求定制）、区隔化市场（客户需求略有不同，细分群体之间的市场区隔有所不同，所提供的价值主张也略有不同）、多元化市场（经营业务多样化，以完全不同的价值主张迎合完全不同需求的客户细分群体）、多边市场（服务于两个或更多的相互依存的客户细分群体）等多种细分市场形式。

一般来说，细分的市场不能超过 6 个（最好小于等于 3 个），如果细分市场过多会导致产品线 / 产品的研发顾此失彼，难以满足所有客户 / 用户需求，加大了平台和模块化开发难度，且开发时间和成本都会显著增加。市场 / 客户细分是一个非常有挑战性的重要工作，重大项目开发时需要专门应对，属于市场和产品规划的工作范围，本书不再详细叙述。

步骤 2：价值主张。

价值主张就是从我公司主观角度看待客户 / 用户为什么会购买我公司的产品而感到满意，我公司到底给客户 / 用户提供了什么样的不同的产品或者服务而使其满意。这里包含 6 个战略方面的内容，包括营销为主的三种战略——低成本营销战略、差异化营销战略、低成本差异化营销战略，也包括产品为主的三种战略——低成本产品战略、差异化产品战略、低成本差异化产品战略。

在明确不同的产品战略基础上，选择新颖（产品或服务满足客户 / 用户从未感受和体验过的全新需求）、性能（改善产品和服务性能是传统意义上创造价值的普遍方法）、定制（以满足个别客户或客户细分群体的特定需求来创造价值）、贴心（通过帮助客户把某些事情做好而创造价值）、设计（产品因优秀的设计脱颖而出）、品牌（客户可以通过使用和显示某一特定品牌而发现价值）、价格（以更低的价格提供同质化的价值，满足价格敏感客户细分群体）、低使用成本（帮助客户削减成本是创造价值的重要方法）、低风险（帮助客户抑制风险也可以创造客户价值）、可达性（把产品和服务提供给以前接触不到的客户）、便利性（使事情更方便或产品易于使用也可以创造可观的价值）等等。

一般来说，针对所选择价值的主张数量，每个产品线 / 产品不得超过 3 个，否则就有吹牛之嫌。如果您感觉自己公司的产品完美无缺、优点太多，那实际是十分危险的认识，可能是您公司调研不充分、对市场了解不清晰和盲目自大的反映，因此，本书所讲的九宫格模型会限制您企业产品开发工作所设想的价值主张数量。

步骤 3：渠道通路。

销售渠道是指新产品从制造商向客户 / 用户转移过程中所经过的一切取得所有权的商业组织和个人的各个环节连接起来形成的通道，一般分为自有渠道和合作伙伴渠道。进行渠道通路的研究是设计出本产品线/新产品的销售渠道，在某些情况下，这是新产品开发过程中的重中之重。无论是直接渠道（包含自有线上渠道和自有线下渠道）还是非自有渠道（合作伙伴线上渠道、合作伙伴线下渠道、批发商），都需要评估和衡量渠道的成熟度——认知阶段、评估阶段、购买阶段、传递阶段、售后阶段。根据我公司的能力和所处于的行业地位，综合选择渠道通路，尽快地、尽量全面地让客户接受我公司产品的品牌、故事和价值主张。一个产品的渠道通路可以由一个或者几个组成。

步骤 4：客户关系。

客观关系要的就是想方设法让客户 / 用户和我公司之间有种心动的感觉、忠诚的纽带，这就需要我公司设计一个与客户 / 用户保持良好关系的方法。其方法可以包括呼叫中心、电子邮件、短信平台、微信平台（普通微信或企业微信）、自助服务、专用客户助理、社区、论坛、线下粉丝活动等方法中的一种或者几种。

步骤 5：收入来源。

收入来源实际就是上面所述的 21 种商业盈利方式的具体体现。在进行九宫格设计时，需要各位项目组成员突破思维限制，勇于探索新的盈利模式，在传统的收入来源基础上，不断地将盈利模式推向更加新颖、更加有效的境地。这些收入来源可以包括资产销售（实体产品所有权）、使用收费（一次性特定服务收费）、订阅收费（重复性使用收费）、租赁收费（暂时性使用权授权）、授权收费（知识产权授权使用）、中介收费（中介服务佣金）、广告收费（广告宣传服务费用）。

步骤 6：核心资源。

核心资源就是完成本产品的开发所需要的核心资源，包括实体资产（包括生产设施、不动产、IT 系统、销售网点和分销网络等）、知识财产（包括品牌、专有知识、专利和版权、合作关系和客户数据库等）、人力资源（包括技术人才、管理人才、营销人才、技工等）、金融资产（包括现金、信贷额度、股票期权池等）。

步骤 7：关键业务。

关键业务就是明确我公司本产品线 / 产品运营过程的关键职能部门 / 功能部门，并对其进行一定的组织调整和实行绩效激励政策作为支持。

步骤 8：重要伙伴。

很多时候，新产品的开发和推广都需要很给力的重要伙伴，前者主要是指重要的供应商、试验授权中心、咨询机构，后者主要是指重要的经销商或者代理商。我公司为了本产品的成功可以考虑与这些重要伙伴建立诸如战略联盟、战略合作、合资入股等等合作关系，其目的就是为了降低新品开发和运营风险，优化商业运行环境，扩展业务并提高自身能力。

步骤 9：成本结构。

成本结构就是新产品各个系统所占的成本比重，尤其对于最大成本比重的系统需要重点关注。

（3）进行商业模式文档梳理

在对九宫格的内容完成研讨以后，还需要对九宫格中关键点进行详细的解释，并用文字和图片将关键点的来龙去脉阐述清楚。这个关键点一定是项目面临的瓶颈点或者卡脖子点，一般不超过 3 项（需要客观评价），否则新产品开发项目是很难成功的。对于商业模式的设计，要在 PDCP 之前锁定，后期是不允许更改的，如果需要更改，则需要重新立项。

无论是“四象限”还是“九宫格”，都应该是项目组集体研讨出来的，这是最为关键的事情。有的公司把中国传统文化中的“三十六计”作为项目总体策略的制定依据，也产生了比较不错的效果。

二、营销4P策略的制定方法

在整理完毕创新产品商业业务运作模式以后，就需要对各个职能领域是否能够完成涉及新产品开发的相关工作进行策略和资源上的准备，这就是 4W2H（WHY/WHAT/WHO/WHEN/HOW/HOW MUCH）中的 HOW（HOW TO DO）。

下面本书就逐一介绍在立项阶段各个职能部门如何评估和准备相关的资源和策略，先从所有企业的业务的经营龙头开始，这就是营销职能领域的工作。

营销工作实际是两种工作的合集，一种是“营”，也就是市场工作，相当于营销工作的组织、管理和策划工作，属于参谋部性质；另一种是“销”，也就是销售工作，是执行市场职能策略，实施具体销售的工作，属于步兵连队的性质，二者在工作方法、人员素质模型等方面是有很大不同的。可惜，目前我国大部分企业忽略市场工作，让市场部门变成了一个打杂部门，这是不对的。

新产品开发过程中的营销职能领域策略准备的主要模型就是 4P+2（产品、

价格、渠道、促销、订单履行、客户服务)，由于此时项目还没有正式立项，还处于立项评估阶段，因此，只需要准备大致的、初始的营销策略即可。由于IPD新产品开发主要涉及的是市场方面工作，所以把营销策略称为市场策略更准确，这个初始市场策略应该由市场代表MKTPDT（或产品经理）组织营销部门内部的人员进行研讨后得出。

下面所述的各项策略都是初步的策略,还需要在概念阶段进行优化和细化。

1. 产品策略

产品策略是指在新产品导入期、成长期、成熟期、衰退期等四个阶段中，对以下内容进行设定，由市场代表和研发代表共同研讨出来。

（1）新产品的卖点有哪些？其中最为核心的卖点是什么？

（2）当前和潜在的产品包/解决方案有哪些？

（3）产品包/解决方案与主要竞争对手之间的差距有哪些？

（4）当前和未来的产品命名（包括绰号）策略是什么？

（5）当前和未来的产品识别（要素、规则、传递）如何体现？

（6）建议的产品路标和技术路标是什么？

（7）建议制定开发基础架构的策略（平台）是什么？

（8）我公司应该在产品延伸、产品包装、产品性能、产品质量、产品间合并销售等方面进行怎样的准备？

2. 价格策略

价格策略是指在新产品导入期、成长期、成熟期、衰退期等四个阶段中，对以下内容进行设定。IPD体系中一般都应用市场定价法，而很少采用成本定价法。

（1）确定定价策略和计划。

（2）确定产品成本红线。

（3）确定特有条款和保修策略、计划。

（4）明确价格条款——出厂价、零售价、调拨价、FOB、CIF、财务成本摊销等。

（5）明确促销、激励相关策略所涉及的费用。

3. 渠道策略

渠道策略是指在新产品导入期、成长期、成熟期、衰退期等四个阶段中，对以下内容进行设定。

（1）分析分销可选方案和成本。

（2）评审市场 / 细分市场特性，并分析对分销的要求和影响。

（3）评审产品包 / 解决方案特性，并分析对分销的要求和影响。

（4）评估当前分销策略和计划。

（5）确定渠道运作原则。

（6）确定分销的财务原则及其影响。

（7）确定分销策略和计划，包括渠道覆盖、渠道更换、分销集成、OEM、销售队伍与分支机构等。

4. 促销策略

促销策略是指在新产品导入期、成长期、成熟期、衰退期等四个阶段中，对以下内容进行设定。

（1）确定促销的对象和目标。

（2）制定总体的宣传策略。

（3）制定品牌策略（品牌要素提炼、宣传规划）等。

（4）确定产品宣传的主题及关键信息。

（5）明确品牌价值、品牌定位、品牌故事梗概、广告策略、代言人选择策略、市场宣传阵地、促销费用等内容。

（6）促销费用的归集和评审。

5. 订单履行策略（不分阶段）

（1）分析当前的订单履行状况及差距。

（2）分析各产品包、分销等对订单履行的要求。

（3）制定订单履行策略，包括信息可获得方式、产品交付模式、产品交付周期、产品库存水平、可能的分仓库、产品退回相关策略等。

6. 客户服务（不分阶段）

本部分内容在下一小节详细阐述。

7. 初始销量预测

对新产品在导入期、成长期、成熟期和衰退期的销量进行预测，立项阶段允许的误差是 ±20% 之内。

在进行 4P+2 营销和服务策略制定的过程中应该注意以下几个方面：一是市场代表（或称营销代表）所制定的策略必须经过营销部门讨论并在内部先行达成

一致，得到营销副总和总监的认可和资源承诺；二是所制定的策略应由市场代表（或称营销代表）在外地营销分支机构中进行讨论并在两个级别之间达成一致意见，得到地方营销分支机构负责人的认可和资源承诺；三是所制定的营销和服务策略要与公司的营销战略和服务战略保持相对一致；四是如果新的项目所制定的营销策略与公司营销战略具有比较大的不同，就需要高层决策是对营销战略进行更改还是成立新的分公司（或事业部）来单独执行新的营销战略，当然这样的项目需要有战略意义，销售额和利润额池塘比较大，具有稳定的中长期前景。

三、售前和售后服务策略的制定方法

售前工作就是在顾客未接触新产品之前，我公司所开展的刺激顾客购买欲望、评估客户需求、预定技术方案等一系列服务工作。售后工作就是在商品出售以后，我公司所提供的各种服务活动，包括安装、调试、维护、维修、使用培训、问题呼叫、备件准备与销售等工作，有的公司还包括二次销售工作。从上述定义可以看出，无论售前还是售后，其工作的本质都是服务。

下面就以售后服务为例，说明售后服务在立项阶段所需要制定的初始售后服务策略的主要内容，这个初始售后服务策略应该由售后服务代表 CSPDT 组织售后服务部门内部的骨干人员进行研讨后得出。下面所述的各项策略都是初步的策略，还需要在概念阶段进行优化和细化。

1. 售后战略和策略的一致性

新产品的售后服务策略与其他各个职能部门策略的性质是不一样的。对一家公司、一个企业的售后服务策略来说，首先这些策略要符合国家“三包政策”等相应的法律法规要求，不能违反国家相关的法律条例；其次，这些策略要符合公司 / 企业对外界用户宣布的售后服务承诺。因此，每一项新设计和创新的售后服务策略都应该进行与公司服务战略之间的一致性检查。显然，项目组所制定的售后服务策略的要求高于公司售后服务战略承诺是可以的，但是低于公司售后服务战略承诺是坚决不行的。

2. 售后服务工作策略（含安装、维修、维护等）

这个具体的工作策略就是售后服务部门在新产品销售以后，具体工作开展的思路和策略，包括小批量产品提前供货的服务策略、批量产品正常供货的服务策略、停止销售后正常维修与维护的服务策略。

具体包括以下内容。

（1）安装。安装工作的策略就是安装的流程、方法、人员（含着装、礼仪）、工具、及时性、安全事项等方面具体的工作策略和相关方案，并计算单个产品的安装费用，提交给财务代表。

（2）维修。维修工作的策略就是维修的流程、方法、人员（含着装、礼仪）、工具、及时性、备件、维修收费、回厂维修、赔付、安全事项等方面具体的工作策略和相关方案，并计算出保修期内单个产品的维修费用，提交给财务代表。

（3）维护。维护工作是定期开展的工作，需要设计出维护的种类、方法、频次、费用等方面具体的工作策略和相关方案，并计算保期内单个产品的维护费用，提交给财务代表。

3. 售后服务人力资源策略

售后服务的人力资源策略包括各项售后服务工作的人员安排、人员培训、人员招聘等事项的策略。其中的人员招聘要说明招聘对象的性别、学历、技能要求等情况，并计算出他的工资和年收入，提交项目组。

4. 售后服务专用工具策略

售后服务的专用工具包括专用工具清单、专用工具成本，说明新增的专用工具购买或者自己制造的技术要求。在本阶段，能够明确大致的简单策略即可。

5. 内部培训和外部培训策略

售后内部培训是指项目组将新产品与服务相关的技术知识向内部售后服务人员（含合作伙伴服务人员）进行培训。售后服务外部培训是指内部售后服务人员向客户和用户培训产品使用、简单维护和简单维修的相关技术知识。

培训策略和计划就是包括上述两个方面培训任务的时间、地点、培训老师、培训费用等事项的培训工作策略和计划。在本阶段，能够明确初始的简单策略即可。

6. 培训资料制作策略

服务培训资料分为内部服务培训资料和外部服务培训资料。前者一般由研发和服务代表合作制作，以电子文件、图片、视频为主。后者一般由服务代表和具体片区的服务工程师制作，以电子文件、图片、视频为主，而且在形式上可以更加灵活。近些年，诸如二维码、抖音、公众号等渠道越来越多地应用到对外培训的工作中。在本阶段，能够明确初始的简单策略和方向即可。

7. 备件的准备和销售策略

备件（含低值易耗品）的准备有几个目的：一是为了正常安装过程和非正常安装过程做准备；二是为了定期和不定期（如质量万里行）的维护做准备；三是为了保修期内维修做准备；四是为了保修期外维修和销售做准备；五是为了停产后长期服务和销售做准备。

备件的准备策略包括备件种类、备件清单（尤其是易损件清单）、备件仓库安排、备件销售价格等内容，本阶段制定简单策略即可。

8. 400 呼叫业务策略

运作 400 呼叫业务的公司和企业，还应该制定 400 呼叫的工作策略，包括人员、话术、问题树搭建、问题转移流程等方面。

9. 服务成本

计算服务过程中产生的成本费用，也就是要计算保修期内的成本费用，作为本项目涉及的费用或者成本。同时，还要计算保修期外，备件销售收入，作为整个项目的盈利来处理（单独备件销售公司可灵活处置）。

上述所有的策略文件都需要在所在领域内部进行评审，并得到所在部门最高领导的认可和承诺。

四、研发和工艺策略的制定方法

很多企业在推行 IPD 体系时非常容易犯的一个错误就是把研发策略和新产品技术方案混为一谈，前者实际是研发工作应该怎么组织，归属于研发 HOW TO DO 的范畴；后者实际是研发技术方案是什么，归属于研发 WHAT 的范畴，完全不是一回事。前者即为本节讲述的内容，包括研发工作的三大组成部分：研发工作、工艺（中试）工作、研发辅助工作。

本书把工艺领域放在研发领域一起进行讲解，请工艺领域从属于生产领域的企业，根据自身情况，自行调整下列策略内容，本书不再赘述。下面所述的各项策略都是初步的策略，还需要在概念阶段进行优化和细化。

1. 研发工作策略的制定

研发工作的策略主要包括与项目研发工作相关的用人策略、用软件工具策略、用硬件工具策略、研发采购策略、研发场地策略、对外合作策略、研发控制策略等内容。

（1）研发策略中的“人”

用人策略就是指准备在新产品开发项目中用哪些人，这些人的计划和工作量如何安排，采用何种绩效和激励措施，在何时何地何种情况下增加何种人力资源，人力资源的风险如何管控。

（2）研发策略中的“机”

这里包括软件和硬件，前者的策略就是使用哪些软件，是否需要购买新软件；后者的策略就是使用哪些硬件设备，是否需要购买新硬件设备用于原理实验、样机／样品和小批量性能试验、样品／样机零部件制作和装配等工作环节。

（3）研发策略中的“料”

研发采购和批量采购（含小批量采购）具有非常不同的特点，研发采购的采购数量可能较少，同型号的采购品采购次数可能较少，甚至就是一次采购，这就给研发采购带来很大的挑战。研发采购策略制定时，需要明确某物料的采购数量、采购次数、采购厂家、采购费用、与批量采购的关系等策略。

（4）研发策略中的“法”

这部分内容包括对外合作策略和研发控制策略，也就是如何管理项目研发工作。

对外合作策略是指与外部设计机构或者测试机构如何合作，包括合作机构名称、合作内容、合作方式、合作费用、合作风险等。

研发控制策略包括对研发内部进行以下管理策略设计：一是对研发每个节点的控制策略，对各研发节点都在以下管理方式上进行选择——不管理、职能领导签字、职能部门评审、项目经理签字、项目经理评审、TRG 评审、IPMT 评审等多个层次的管控方式；二是对研发工作的各项会议进行管理控制——项目例会的频次和规则、公司级 TR 以及研发内部 Sub-TR 的召开规则和计划等；三是对研发工作涉及的研发技术人员进行激励等关键条款，此非必须项。

（5）研发策略中的“环”

这个研发环境主要指是否需要新增或者改建相关的研发、试验场地，以及增加和改建的具体方案、费用等。

在制定上述研发策略时，不仅要考虑到本项目，也应该考虑到这些策略对其他研发项目的影响，考虑到研发相关人员、设备和工具的平台化公用策略。

2. 工艺工作策略的制定

工艺工作包括工艺开发、工装和工具开发、生产线及设备开发、刀具开发、量具开发、检具开发、模具开发、排产等内容。工艺工作的相关策略就是进行这些工艺工作所涉及的人、机、料、法、环等五个方面如何做好相关方案和资源准备。由于工艺开发本质还是一个产品开发过程，因此，其主要策略内容与前面所述的研发工作基本一致。

3. 试验、试制等工作策略的制定

试验工作就是进行单元 / 零部件测试、样品 / 样机原理和性能测试、小批量产品相关工艺和生产测试等工作。试制是一种生产制造工作，其目的就是试着生产制造出需要进行测试和试验的单元 / 零部件、样品 / 样机、小批量产品，并在此过程中发现研发设计工作的问题 BUG。这些工作也涉及人、机、料、法、环等五个方面的策略。

4. 专利和标准化策略的制定

专利和标准化是重大项目中非常重要的一环，包括专利标准化防守和专利标准化进攻，前者的策略需要说明如何规避专利和标准化的风险，后者的策略需要说明我公司在专利和标准化方面可以有哪些作为。

5. 研发过程的技术风险总结

研发过程的技术风险就是上述所有研发单元所面临风险的总和，并不仅仅是设计方面的风险，也包括外观、工艺、测试、试制、新物料、新器件、BOM、专利、标准化等方面的技术风险。

五、生产工作策略的制定方法

初始的生产策略是项目立项时非常重要的评估内容。再好的新产品创意和设计，如果制造不出来，也没有任何的意义。我们在项目立项之前，就一定要进行涉及生产工作的人、机、料、法、环等五个方面初始策略的制定，并在后续小 IPD 流程的各个阶段不断完善。生产领域的初始策略由生产代表 MNFPDT 组织职能部门内部扩展组成员集体讨论得出，不可以由项目经理或者研发代表代劳，绝对不可以。

制定生产工作策略的主要目的是能够将新产品做出来，而不是局限于我公司目前只能制造什么，这是指导思想问题。关于生产领域的测试工作，本书放在质量领域中进行讲解。

下面所述的各项策略都是初步的策略，还需要在概念阶段进行优化和细化。

1. 生产领域“人”的策略

（1）生产领域人员的招聘策略，包括为了本项目新招聘人员的学历、职称、年龄、经验、能力水平和数量要求，还有招聘的时间和人员来源地点等内容。

（2）生产领域人员的培养和培训策略，包括为了本项目相关生产人员需要接受哪些知识和技能培训，在何时何地进行上述培训，培训的师资力量和教材如何安排等内容。

（3）生产领域人员（尤其工人）的工时定额规则。

（4）生产领域可用产能匹配的情况和相关策略。

2. 生产领域“机”的策略

（1）生产线及其配套设备策略，包括新生产线 / 设备的研发制造策略、改造策略、购买策略等内容。所谓的新生产线 / 设备的研发制造策略和改造策略的重点内容是将生产线 / 设备作为新产品来看待，完成设备产品的需求调研、初步关键技术分析、确定相关职能部门支撑策略等内容。新生产线 / 设备的购买策略包括购买厂家、关键技术性能和结构要求、购买方式、购买费用、售后服务保障等内容。

（2）生产线及设备的校正 / 校准方案，包括如何通过校正和校准保证设备的良好状态。

（3）生产线 / 设备性能限制测试方案，就是对关键设备进行生产策略的相关方案制定，保证生产线和设备的可靠性和稳定。

（4）本项目对生产线 / 设备的改变，对其他产品正常生产活动的影响评估。

3. 生产领域“料”的策略（入库前、仓库储存中归采购领域管理，出库后归生产领域管理）

（1）物料转运方案，也就物料和零部件从仓库到生产线、半成品从一个车间到另一个车间的转运过程，包括转运载具、包装要求、防护要求、运转过程注意事项等内容。

（2）物料预装配方案，就是将原始物料和零件组装成单个独立装配部件所需要的过程及注意事项等内容。

（3）物料安全与环保方案，前者包括物料储藏和转运过程中的防水、防火、防腐蚀等预防措施和方案，后者就是如何避免物料储藏和转运过程中对自然环境可能造成的损害。

（4）物料再加工方案，就是对原始物料或者返厂物料零件进行再次加工的方案，分为返修和再生两个方面的内容。

4. 生产领域“法”的策略

所谓“法”就是工艺，大部分策略内容可以见上文所述的工艺研发策略。生产领域的“法”主要是指工艺管理执行的相关策略，属于工艺研发的后续工作内容和在生产领域中的执行落地内容，包括低值易耗品定额、废品与废料的处理方法、工艺卡片与生产操作规程设计策略、生产节拍控制策略、现场问题处理与反馈机制、工装 / 夹具 / 模具维护方法、工装 / 夹具 / 模具使用方法、生产现场管理策略（含“5S”和“6S”）、检具量具的使用与维护检测过程规程、测试点恢复方法等内容。

5. 生产领域“环”的策略

生产领域“环”的策略包括厂房限制及优化方案、环境限制及优化方案、生产私密性方案、车间布置图（水、电、气、机、工具、消防等）等内容。如果需要新建厂房，则还应该包括新建厂房或者试验室的图纸及其相关软装费用、硬装费用、建筑工人工资等内容。

必要时，还需要研讨出生产工作后续的关键和重要风险及管控措施。

在进行生产策略的制定过程中，对于中小项目来说，一般采用能通用就通用的原则，只有那些重大的战略项目才会在生产领域建设一些新的能力。上述所有的策略文件都需要在所在领域内部进行评审，并得到所在部门最高领导的认可和承诺。

六、供应链采购工作策略的制定方法

初始的采购（供应）策略是项目立项时非常重要的评估内容。再好的新产品创意和设计，如果采购部门无法采购到足质和足量的原材料和零部件，也是没有任何意义的。我们在项目立项之前，就一定要进行涉及采购工作的各个方面初始策略的制定，并在后续小 IPD 流程的各个阶段不断完善。采购领域的初始策略由采购代表 PROPDT 组织职能部门内部的扩展组成员集体讨论得出，不可以由项目经理或者研发代表代劳，绝对不可以。

对于整个采购工作来说，应该追求更优秀的优选率——在一个产品 BOM 中优选物料和所有物料数量的比例，追求更优秀的替代率——具有相同性能参数并可完全相互替代的物料数目占所有物料的比例，追求更优秀的复用率——复用物料编码占所有物料编码的比例。

本阶段只针对能识别出来的关键物料和零部件进行研究。下面所述的各项策略都是初步的策略，还需要在概念阶段进行优化和细化。

1. 供应商开发策略

实际对于新产品来说，具有相当比例的所需新物料和新零部件，现有的合格供应商无法有效供应。大部分新产品开发的过程都会引入新的供应商，这就是供应商开发工作。关于供应商开发工作的策略是新产品开发工作的重要内容，其主要内容如下。

（1）建立采购专家团负责对该项目的供应商进行开发，人员一般来自研发、质量、采购、工艺等部门。

（2）对供应商开发的范围、标准体系进行初步设定。

（3）对新供应商开发的计划进行设定，包括寻源计划、审厂计划、决策计划等关键时间节点。

（4）重点关注新供应商和潜在供应商的新产品研发能力、生产能力、质量水平和成本控制能力。

（5）应尽快把新供应商纳入合格供应商管理体系内，如果新供应商的资质和能力无法达到公司要求，就要果断放弃这个新的供应商企业。

2. 新物料采购质量策略

新物料采购质量策略是指对已经能够识别出来的关键零部件和关键物料的功能保证、寿命要求、稳定性和可靠性，按照关键物料 BOM 清单内容逐一进行设定。

3. 新物料采购价格策略

采购价格的组成包括采购管理成本、采购过程消耗成本、验收成本、运输及搬运成本、物料自身成本等内容的初始关键设定。

4. 新物料采购时间初步设定

采购时间是指从开始采购物料至物料检验入库所花费的时间，一般包括处理订购单时间、供应商制造物料时间或提供物料时间、运输交货时间、检验入库时间、库后处理时间等内容。

新物料、新零部件、新器件的采购问题俗称“缺件”，是新产品研发样机和小批量产品过程中的“大害”，这就是我们大家所共知的长周期物料供应问题。解决长周期物料供应问题，就要尽早明确长周期物料的各项情况，通过计划倒推，尽早进行采购，甚至部分关键零部件需要早期设计。如表 6-3 所示是某公司长周期物料管理表的案例，请各位读者根据本公司情况自行优化。

表6-3　某公司长周期物料管理表（案例）

序号	物料名称	规格型号	是否新物料		供应商名称	是否为现有供应商		采购周期	询价信息	物料需求预计日期	备注
			是	否		是	否				
1	……	……	……		……	……		……	……	……	
2	……										
3	……										
4	……										
5	……										

5. 新物料采购风险总结

在进行上述采购管理和供应链开发工作的过程中，总结可能会遇到的采购和供应问题，对可能遇到的风险进行总结，并制定应对这些风险的预案。

上述所有的策略文件都需要在所在领域内部进行评审，并得到所在部门最高领导的认可和承诺。

七、质量工作的优先考虑因素

初始的新产品质量控制策略是项目立项时非常重要的评估内容。项目质量工作的使命就是保证项目按照既定轨道，按照满足市场需求和客户需求的路线推进，通过不断地干预和控制，以保证新产品的质量，其内容由研发过程质量和生产结果质量两部分构成。前者是由产品质量保证工程师 PQA 负责的，后者是由质量代表 QCPDT 组织职能部门内部扩展组成员集体讨论得出。上述两个内容不可以由项目经理或者研发代表代劳，绝对不可以。

关于质量部门的组织架构问题，请参看《落地才是硬道理——企业实施 IPD 研发管理体系方法》一书的相关章节，这是个非常重要的大问题，需要专题讨论。

下面所述的各项策略都是初步的策略，还需要在概念阶段进行优化和细化。

1. 质量代表 QCPDT 负责的结果质量工作策略

IPD 质量管理一般按照菲利浦•克劳士比先生的理论开展质量工作，包括“质量就是符合要求，而不是好”“质量不是检验出来的”“零缺陷”等理论，总之就是认为“质量就是与需求的一致性”。

质量领域的工作策略，可以包括以下内容。

（1）明确本项目质量工作的核心理念，在成本、质量、时间三角形上明确给出基本工作策略，可以三者都抓，但是不可以三者都要硬。

（2）设定质量目标，明确质量控制点和质量控制方法。这个内容属于质量人员专业知识，本书不再累述。

（3）测试工作策略是质量工作策略的重头戏，主要包括下列内容。

测试标准的明确：决定采用哪些国家标准 / 行业标准 / 企业标准，如何制定外部需求转化而来的标准，标准开发方案和计划是什么。

总体测试大纲、具体测试方案和计划，以及各个子系统测试大纲、具体测试方案和计划。

需要新增测试设备和仪器的相关关键信息，如名称、型号、厂家建议、自制建议、成本等。

测试工作策略还包括测试人员的培训和招聘、测试过程的安全保证措施、测试过程中注意事项等内容。

上述内容都应该由质量代表和测试代表在研发代表的参与下，按照“谁使用，谁负责”的原则制定出来。如果读者所在公司的质量代表无法胜任这项工作，应该迅速提升品质代表的水平，使其尽快达到项目的要求。有的公司用项目经理承担质量代表的职责，是不可取的。

2. PQA 负责的过程质量工作策略

PQA 是产品质量保证工程师的简称，是 IPD 体系中一个特殊的存在。建设有专业的 PQA 团队和人员是 IPD 体系不同于其他研发管理体系的特征之一。IPD 体系中的 PQA 岗位和角色是一种混合型存在，也就是说 PQA 对于企业来说是一个岗位，而对于 IPD 流程来说是一个角色，它应该同时具有以下这些职能和作用，因此就需要在项目开展过程中制定以下 PQA 工作策略。

（1）教师——过程培训工作策略

教师角色对于 PQA 来说是一个基础角色，也就是需要 PQA 做好 IPD 及其他相关管理知识的培训和宣导工作。无论是对于企业各职能部门还是在项目组内部，都应该根据所在单位实际情况，不断进行 IPD 综合知识和 IPD 各分专业知识的培训，增强大家执行 IPD 流程的意识。这些培训可以包括公开培训、单独辅导、参观交流等内容。

（2）警察——过程管控工作策略

过程管控的实际就是对 IPD 流程涉及的各个节点进行管控，管控的方式可以包括公司级评审、公司级审签、项目组内评审、项目组内审签、职能部门评审、职能部门领导审签、书面确认、不管控等多种管控方式。在立项阶段，PQA 应该将关键的项目控制点和控制方法确定下来，并给出流程符合度目标。

（3）法官——会议管控工作策略

这里的法官实际是评审会议组织者和过程控制者的角色。所谓会议管控工作策略就是说明需要召开哪些评审会议——包括减少和新增哪些会议，会议召开需要聘请哪些关键的评审专家，会议召开的形式是办公室会议还是现场会议等。

（4）律师——沟通工作策略

沟通是研发项目管理成功的法宝之一，项目沟通策略包括与高层沟通策略、与各职能部门主管领导沟通策略、团队内部沟通策略。沟通的方式包括一对一、小范围、项目例会的形式，需要确定沟通频次和沟通方式，并做好风险管理预案。

（5）政委——团队建设工作策略

不做好团队建设，PDT 项目组团队就会变成一盘散沙，再好的流程也会不畅通。团队建设工作策略的主要内容包括建设方式、集体活动内容和频率。在我国，很容易把团建活动变成集体聚餐，这个是最为基础的活动，但是我们完全可以开展更为有趣和有效的活动，例如茶话会、拓展训练、读书会、IPD 之星评审、IPD 之歌等活动。关于团队建设的内容将在后续章节展开叙述。

（6）引导者

引导是 PQA 的工作方法，也就是最著名的那句话："用过程的确定性应对结果的不确定"。具体的引导工作如何开展，请参见相关书籍，总之就是一句话：PQA 管理的是研发过程，用研发过程的完美，驱动研发结果的正确。

至于 PQA 和质量代表 QCPDT 之间的关系，实际是企业实施 IPD 体系过程中，面临的一个非常巨大的问题，其关系是否梳理清楚，实际代表着企业对 IPD 体系的理解程度。国内除华为等通信类企业将 PQA 和 QCPDT 合二为一之外，大部分企业都会将二者分别安排在不同的职能部门。

上述所有的策略文件都需要在所在领域内部进行评审，并得到所在部门最高领导的认可和承诺。

八、财务和成本工作是那条捆花的"金丝带"

财务和成本工作是研发技术类工作和非研发业务类工作间的纽带，是那条捆花的"金丝带"（来自约翰・巴特莱特语），是决策项目是否应该立项的最重要环节，没有之一。专业的人做专业的事，项目相关财务工作应该由财务代表 FPDT 组织职能部门内部扩展组成员集体讨论得出，不可以由项目经理或者研发代表代劳，绝对不可以。

由于立项阶段对项目的一些细节实际无法得知，因此允许财务和成本数据的偏差达到 ±30%。

1. 新项目研发费用计算方法

表6-4　某企业研发项目费用明细表（案例）

研发投入预算表							
单位：万元							
序号	构成项目	预算总金额	分阶段投入金额				
			概念	计划	开发	验证	上市
一	人员人工费用						
1	直接从事研发活动人员工资薪金						
2	直接从事研发活动人员五险一金						
3	外聘研发人员劳务费						
二	直接投入费用小计						
1	研发活动直接消耗材料费用						
2	研发活动直接消耗燃料费用						
3	研发活动直接消耗动力费用						
4	中间实验和产品试制模具、工艺装备开发及制造费						
5	不构成固定资产的样品、样机及一般测试手段购置费						
6	试制产品的检验费						
7	用于研发活动的仪器、设备的运行维护、调整、检验、维修等费用						
8	通过经营租赁方式租入的用于研发活动的仪器、设备租赁费						
三	折旧费用						
1	用于研发活动的仪器折旧费						
2	用于研发活动的设备折旧费						

续表

序号	构成项目	预算总金额	分阶段投入金额				
			概念	计划	开发	验证	上市
四	无形资产摊销小计						
1	用于研发活动的软件摊销费用						
2	用于研发活动的专利权摊销费用						
3	用于研发活动的非专利技术（包括专有技术、许可证、设计和计算方法等）的摊销费用						
五	新产品设计费用小计						
1	新产品设计费						
2	新工艺规程制定费						
3	勘探开发的现场试验费						
六	其他费用小计						
1	图书资料费、资料翻译费、专家咨询费、高新科技研发保险费						
2	研发成果的检索、分析、评议、论证、鉴定、评审、评估、验收费						
3	知识产权申请费、注册费、代理费						
4	职工福利费、补充养老保险费、补充医疗保险费						
5	差旅费、会议费						
七	委托外部机构或个人进行研发活动所发生的费用						
1	委托境外机构或个人进行研发活动所发生的费用（包含存在关联方的研发）						
——	合计费用						

如表 6-4 所示进行研发项目费用预算工作时，需要注意以下事项。

（1）需要各个职能代表积极配合，提供必要的数据给财务代表，否则财务代表就会“巧妇难为无米之炊”。

（2）每家企业对于研发项目费用的计算方式是不一样的，需要每家企业进行制度上的明确。

（3）新产品设计费用中极其关键的一项就是设计评审费，其中需要各个企业明确由高层参与的 DCP 商业决策评审会议和 TR 技术评审会议的费用。这个费用是很惊人的，一定要从制度上进行规则确定。

（4）某些企业除了直接费用外，还有间接费用，需要严格控制间接费用的比例，保证财务预算的合规性。

（5）研发费用的发生范围需要有一个界定，也就是界定哪些人员属于研发人员，有的公司只包含研发部门人员，这是不对的。一般来说，项目所涉及的人员，包括项目核心组、扩展组和一部分外围组（一般只包含研发外围组）人员。

（6）个别项目由于其特殊性可以将一小部分项目组外费用作为研发费用，但比例一般非常小。

（7）研发费用一般还应该包括项目前期投入费用，但一般不包括生命周期阶段的项目推广费用，特殊情况除外（如部分企业的第一批次量产评审 TR7 所发生的费用）。

2. 新项目产品成本计算方法

新产品成本一般是指新产品在 GA 点时的成本，可以简单认为就是第一批次量产时单个产品的成本。在样品和小批量生产时生产的新产品，其成本是要高于这个 GA 点产品成本的，而后续持续生产的生命周期阶段，刨除通货膨胀和大宗物资价格飙升原因，成本都会持续下降的。

新项目产品成本计算方法有两个，一个是成本累加法，另一个是成本对比法，前者应用于全新产品，后者应用于改进型产品。成本累加法在新产品成本计算时，经常遇到某些零部件无法预测真实成本价格的问题，这就需要加入一定的估算值，立项阶段一般允许财务成本数据偏差 ±30%。成本对比法一般比较准确。

新项目产品成本计算时，应该由财务代表主导，根据每个公司不同的成本计算方法进行计算（如有的公司把人工费归为成本，有的公司把人工费归为期间费用），而各个研发类代表必须认真参与其中，共同得出结论。

3. 新项目经济效益分析过程注意事项

表6-5 某企业经济效益分析明细表（部分案例）

序号	项目	内容	计算方法
1	预计销售量（台）		
2	销售收入（万元）		
3	产品预估单位制造成本（万元）		
4	产品销售成本（万元）		＝1×3
5	毛利总额（万元）		＝2-4
6	预计资金占压期限（年）		
7	设定资金成本率		参照国资委EVA考核中资本成本率制定
8	变动财务费用（万元）		＝4×6×7
9	变动销售费用率		参照公司综合销售费用率
10	变动销售费用（万元）		＝2×9
11	预计销售推广费用		指投放的广告及宣传活动费用，PDT市场代表预测
12	利润额（万元）		＝5-8-10-11
13	弥补已投入研发费用（万元）		以预计研发投入总额为限
14	增量利润贡献（万元）		＝12-13
15	累计增量利润贡献		
16	毛利率		＝5/2
17	投资回收期		单位：年

如表 6-5 所示，进行企业经济效益分析工作时，需要注意以下事项。

（1）市场代表 / 产品经理必须提供经过科学评估，相对准确的关于未来 3—5 年的销售预测数据，这个数据允许的偏差不超过正负 20%。

（2）不同的企业可以采取不同的销售费用计算方法，包括定值法、比例法、定值比例混合法，并且一定要与企业的财务制度保持一致。

（3）一般的企业都只计算静态投资回收期，仅跨国大型企业计算动态投资回收期。当投资回收期超过企业文件规定时，一般判定该项目不盈利。

（4）不同企业的毛利率计算方法不同，不可以直接进行毛利率的对比。

（5）企业可以根据自己的实际情况，决定是否进行财务敏感性分析。

上述所有的策略文件都需要在所在领域内部进行评审，并得到所在部门最高领导的认可和承诺，如果相关的财务制度还没有建立，一方面请财务副总组织人力抓紧制定并通过公司级评审，另一方面，可以采取一些临时性的做法，但是后者必须得到财务一把手的认可。

九、大型项目普遍涉及人力资源管理问题

理论上说，项目人力资源的管理属于项目管理的内容，不应该出现在这一章节。但是本书在这一章节就提前阐述这个问题，并且把它列为立项项目策略中非常重要的一环，目的就是告诉大家实际在研发项目管理中，通过搞定人来搞定事，是最重要的管理手段，尤其对于大型复杂项目更是这样。项目人力资源管理结果的主要体现就是项目人力资源管理表，如果有 IT 信息化系统支持，就会更为容易地生成该表格，如表 6-6 所示，但项目人力资源的工作远非表格所能完全展现。

表6-6　某公司研发项目人力资源管理表

序号	角色	姓名	项目工作时间	项目时间投入比例	换算有效时间	换算项目费用	备注
1	PROPDT	陈先生	100天	10%	10人/天	0.66万元	
2	MKTPDT	李总	120天	50%	60人/天	20.12万元	
3	MNFPDT	……	……	……	……	……	……
4	PQA	……	……	……	……	……	
5	SE	……	……	……	……	……	
6	……	……	……	……	……	……	……
合计	PDT	全体成员	……	……	……	……	……

项目涉及的人力资源管理包括以下四个方面。

1. 角色职责分配

很多人认为角色职责应该由企业已经制定的产品开发流程所规定，如小IPD产品开发流程。这种想法是一种放弃管理的想法，对于项目经理尤其不可取，非常容易造成项目运作的机械性。无论是否已经拥有了能够运行的小IPD产品开发流程，项目经理都需要对项目组各个角色的职责进行分配。分配的时候把小IPD产品开发流程作为主要的依据即可。

分配的内容主要包括以下几项。

（1）每个项目都存在一些没有包含在公司流程内的工作，一般把这个现象叫作流程空白，需要项目经理安排最合适的人员接受这些工作任务。

（2）每个项目都存在一些流程工作之间有矛盾的地方，一般把这个现象叫作流程干涉，需要项目经理安排最合适的人员从事这些工作。

（3）每个项目都有一些非流程规定的工作内容，这就需要进行一些适当的安排。

（4）甚至可以将一些已明确角色的工作，临时调整给更适合的人员来做，当然这需要友好协商。

2. 人员配置计划

人员配置的计划不是单独存在的，而是与角色职责分配工作并行开展的，甚至有的企业为此专门制定了管理流程。人员配置是供需双方互动的结果，项目经理既不能强行向职能部门索要，职能部门也不能强行把人员派给项目组。

怎么解决这个矛盾呢？最根本的方法就是做好公司战略规划，包括市场规划、产品规划、技术规划、职能部门工作规划，让人力资源已经得到准备。如果没有这些规划，那么就需要高层IPMT团队明确项目的优先级，给出项目人员安排的一些规则，给项目经理一定的权限，挑选自己相对满意的代表。

项目在不同阶段需要的代表可能会有所变化，最好是预计之内的变化，如果超出预计，则需要在工作交接的过程中，严格把关，保证后任代表与前任代表在项目内容上的完美交接。

3. 工作计划制订

工作计划制订时，就会把项目涉及人员的计划一并安排完毕，让项目组成员知道后续自己的任务和时间安排并调整好自己的时间，否则就会出现职能部门和项目组抢代表人的现象。计划安排时，要注意周末、晚间的时间安排，在不违反劳动法的前提下，这些时间对于项目来说是研讨和例会的黄金时间。

所有的工作计划都不是项目经理单独制定的，而是要由项目组所有成员一起制订，需要所有项目组人员的共同认可。

4. 团队建设

后续章节着重讲解，这里不再累述。

十、项目管理的策略及流程裁剪方法

项目管理策略分为管人策略和管事策略两个方面，前者是指如何管理好项目里的人员，后者是指做好项目计划、项目风险和项目沟通。不同性格的项目经理可以有不同的管人策略，但是管事策略基本都是差不多的。项目管理策略是项目经理的主要本事，是判断项目经理水平的主要依据。

1. 管人策略

管理的本质就是管人，管人的本质就是沟通，因此所谓的管人策略就是沟通策略，它包含三个层次：一对一沟通、小范围沟通和集体（大范围）沟通。

（1）一对一沟通策略

一对一沟通的策略就是要针对每个项目人进行沟通的独特策略，包括对于高层的一对一沟通、对于中层的一对一沟通、对于基层的一对一沟通等三种类型。对于每位需要沟通的对象，要明确他们在项目中的地位是属于支持者、中立者还是反对者，明确他们的需求和要求是什么，明确他们是什么样的性格特征，明确他们对于项目的权利、影响力和贡献有多大等。然后，根据以上各种情况，决定一对一沟通的形式、频次、工具、道具和沟通目的，形成干系人沟通管理表并实施。

（2）小范围沟通策略

小范围沟通的典型形式就是项目例会，这是 IPD 管理体系实施成功的法宝。项目例会的根本目的就是项目组集体工作，把相互之间的工作分配清楚，把工作之间的接口协调清楚，把关键问题和议题讨论清楚。这就需要明确项目例会的开展形式、频次、议题、人员范围和激励形式，一般在 PDCP 计划阶段决策评审前，要保证按时举行周例会或者双周例会；在 PDCP 计划阶段决策评审后，要保证按时举行双周例会或者月度例会。相关内容在后面章节会详细讲解，这是十分重要的事情。

（3）集体（大范围）沟通策略

集体形式的大沟通包括：A 公司级 / 产品线级评审会（如 DCP 商业决策评审会和 TR 技术评审会）、B 公司级 / 产品线级项目内容讨论会或研讨会、C 公司级项目例会（如 IPMT 集成组合管理团队月度例会）。A 型会议和 C 型会议都是由公司 / 产品线组织的，只需要项目经理和项目组按照公司制度和规定参加即可。对 B 型会议来说，项目经理要考虑在关键的时候进行公司级别的集体沟通，并明确沟通的形式。一般来说，B 型会议只有到关键时候才能使用。

2. 管事策略

（1）项目计划策略（流程裁剪）

项目计划策略主要是指项目流程的裁剪策略，这个裁剪规则就是“兼顾质量和效率，分类分级进行”，任何公司都是一样的规则。

很多企业在导入 IPD 流程的时候，不做裁剪，结果导致一些简单的项目走了复杂流程，一些人员批评 IPD 流程是形式主义。这个问题主要是由于企业 IPD 推进人员（如 PQA、内部顾问）不懂 IPD 流程裁剪造成的。IPD 流程裁剪的本质就是对于不同的项目类型进行流程适配。一般说来，一个公司只有大约 10% 的重大开发项目走的是 IPD 全流程，而剩下的 90% 项目根据不同的级别走 IPD 全流程的裁剪流程，也就是裁剪掉一些 DCP 和 TR 评审点的 IPD 流程，具体的规则应该由公司 IPD 推进办公室发布相关制度进行确定。

小 IPD 产品开发流程的裁剪管理是个很大的问题，对于那些没有真正搞清楚 IPD 是什么的企业，裁剪的错误执行可能带来对于 IPD 体系落地灾难性的影响。实际所谓的流程裁剪最根本的对象是 DCP 点和 TR 点，而“裁剪”这个词本身就是不太贴切的，实质上无论是复杂的还是简单的产品开发项目，都没有裁剪掉任何一个 DCP 点和 TR 点，只不过是由于一些阶段和步骤在大版本中做过或者内容过于简单导致评审点合并而已，所应该执行的流程活动没有一个是能够缺失的。

上述的 IPD 流程裁剪的结果就是每个项目的工作计划，各个项目经理和 PQA 应该根据项目的实际情况，在不违背公司流程裁剪制度的情况下，对项目计划进行灵活订制，包括对于一些流程活动增加、减少、前提、后推、加强控制、减弱控制等，最后实现以最合适的流程和计划运作整个项目，既不会因为流程过于烦琐造成项目计划拖沓，也不会因为流程过于简化造成项目质量降低。

这个项目订制计划的审批者为 IPMT 主任。

（2）项目风险管理策略

表6-7　某公司项目风险管理表（案例）

序号	风险分类	风险内容	影响度	发生频率	风险等级	应对方案	负责人	是否关闭
1	人力资源	项目SE有离职倾向	高	中	高	任命副SE，随时准备接班	项目经理	CLOSE
2	采购	弹簧供应商质量不稳定	中	中	中	寻找弹簧第二供方	采购代表	OPEN
3	技术	后视镜盲区问题	中	低	低	CAE介入	CAE	OPEN
4	……	……	……	……	……	……	……	……

项目的风险管理就是对项目风险进行定期识别、评估、监控的管理策略，一般的管理体现在如表 6-7 所示的项目风险管理表中，需要整个项目组集思广益，管理好项目的风险，不使其变成项目面临的问题和困难，把风险扼杀在摇篮之中。每个项目在立项等 DCP 会议之前都应该充分总结各种类型的项目风险并进行管控。

经过上述工作策略的制定以后，就可以形成项目任务书或者立项报告，报请 IPMT 团队在 Charter DCP 评审会上进行评审了。

某企业项目任务书（立项报告）模板

1 综述

1.1 项目概述

1.2 市场机遇

1.3 项目战略符合度

2 市场机会分析和策略

2.1 市场概况

2.2 目标市场及典型客户

2.3 市场竞争概况

2.4 初始市场策略

3 对公司的影响分析

3.1 技术影响

3.2 业务影响

3.3 业务关系

4 产品初始概念

4.1 目前我公司开发或市场销售版本情况

4.2 产品需求/特性及其优先级定义

4.3 市场需求分析

4.4 独特的公司内部需求

4.5 技术需求和对策（概念）

5 生产初始策略

5.1 生产人员培训初始策略

5.2 生产资源配置初始策略

6 采购初始策略

6.1 供应商开发初始策略

6.2 长周期物料供应初始策略

7 研发初始策略

7.1 研发工作资源安排

7.2 研发工具及物料准备

8 质量目标和控制初始策略

8.1 质量目标

8.2 产品质量控制策略

8.3 测试工作初始策略

9 财务情况概述

9.1 项目投资预算

9.2 成本分析

9.3 项目盈利情况分析

9.4 敏感性分析

10 售后服务初始策略

11 项目进度和资源安排

11.1 项目进度

11.2 资源安排

12 合作开发事宜说明

13 项目风险控制表

14 项目组建议

15 文档链接

本章涉及的IPD工具

（1）新产品开发态势分析工具——SWOT（优势／劣势／机会／威胁）；

（2）新产品开发的六个方面——4W2H（WHY/WHAT/WHO/WHEN/HOW/HOW MUCH）；

（3）新产品商业业务模式——“九宫格”模型和“四象限”模型；

（4）新产品盈利模型——二十一种业务盈利模式；

（5）研发领域工作策略的三大组成部分：研发工作、工艺（中试）工作、研发辅助工作；

（6）生产领域工作策略模型——人、机、料、法、环；

（7）质量领域的两大工作——过程质量和结果质量；

（8）财务领域工作模型——研发费用、产品成本、经济效益；

（9）研发项目人力资源工作四大方面：角色职责分配、人员配置计划、工作计划制订、团队建设；

（10）项目流程裁剪的规则——兼顾质量和效率，分类分级进行。

第七章

立项决策评审是企业的头等大事

企业运营管理之中最大的事情是什么呢？既不是一次大客户营销活动，也不是生产领域的关键问题处理，而是公司重大研发项目的立项决策。企业最怕立项失误，也就是确立了错误的项目或者没有确立正确的项目，而这些失误可能导致企业经营遭受重大挫折。

研发项目的立项是企业的头等大事，需要对项目任务书的内容进行公司级/产品线级 DCP 商业决策评审，决策是否立项。如果一家企业对于立项决策评审不重视，一些高层总觉得还有更为重要的事，那么这家公司就会频繁出现立项失误、产品开发成功率低等现象，就会形成企业管理运营上的重大错误。

一、如何保证高层对立项工作的重视

虽然在研发管理问题调研访谈的过程中，企业的高层、中层和基层都会提出很多管理问题和业务问题，希望能够尽快得以彻底解决。但是人都是懒惰的，当需要大家努力奋斗地来进行研发管理变革时，经常就会出现所谓“忙”现象，就可以堂而皇之地不参加 IPD 相关培训和研讨，尤其高层就可能因为“忙”而没有按规定参加立项决策评审（Charter DCP），最后导致立项评审的失效，他不会说是自己的问题，却会埋怨 IPD 体系流程不好。

这种企业高层对立项工作不重视的案例很多，其本质就是高层在企业管理上的思想懒惰……埋怨高层从来都是没什么用的，也不会有好的结果，关键是要去解决这个问题。

1. 企业高层思想的转变

立项是 IPD 各个相关流程评审节点中，最为重要的一个。首先认识到这一点的应该是公司 / 企业的掌舵人——董事长、总裁、总经理，如果一把手认识不到这个问题，那么其他人是不会认识到这一问题的。任何企业 IPD 的推进都是一把手工程，是企业面临的重大变革，而不能仅仅认为 IPD 由下面人搞搞就好了、IPD 就是一个流程……

IPD 体系的上限是由公司 / 企业一把手的思想意识决定的。如果一把手无法认识到 DCP 决策评审尤其立项决策评审的重要性，那么就需要引入具有相当思想高度和理论高度的专家（含高层领导的好朋友），通过摆事实和讲道理进行思想上的劝导。当企业一把手明确了 IPD 体系推进的重要性和立项决策评审的重要性，其他的中高层参与度就不是问题了。

2. 企业高层相关制度的固化

只是思想上的转变是绝对不够的，毕竟高层领导的“忙”是客观存在的。这就需要企业管理者及时地对高层思想的转变进行制度上的规定，可以包含以下几个制度固化的方法。

（1）制定高层与会原则文件，进行不断宣贯和平面宣传张贴，如将“DCP 决策评审是公司高层的头等大事”之类的宣传标语张贴在公司醒目的办公场所和高层办公室之内。

（2）规定每个月的固定日期作为 DCP 决策评审会议的召开日期，并且规定在当天，高层领导不得召开其他会议，不得进行外出商务和出差活动。

（3）对于违反上述规定没有及时参加 DCP 会议的高层进行惩罚，如现金惩罚、通报批评等。对于没有高层 IPMT 全体人员参加的 DCP 评审会议，按照取消处理，其延期产生的损失由未到会议的高层人员承担。当然，一般都会允许有不超过 25% 的高层人员派出自己的特派员参加 DCP 会议，但是高层应提前与特派员进行充分沟通，特派员的决策意见代表高层人员本人，且高层人员不得更改其特派员的决策。

3. 项目经理的沟通

项目经理不能幻想公司 / 企业把一切的流程、规章、制度都建立到位，无论有没有落地效果良好的 IPD 管理体系，都应该以积极的态度应对高层中存在的管理问题去解决这些问题。埋怨除了浪费自己的心情外，毫无意义。

对于项目经理来说，其主要工作就是排计划（50%时间）、辨风险（25%时间）、搞沟通（25%时间），尤其是沟通工作，就是与上级沟通以争取资源、与平级沟通以争取合作、与下级沟通以争取同心协力。项目经理就要多与各个高层沟通汇报，多让他们了解项目实际情况，多去争取他们的资源支持，多让他们有参与感和成就感。

4. PQA 的推进

PQA 的日常的工作中，要做好变革推进工作，多做正能量宣传，包括优秀案例、优秀人员的宣传；走出去，请进来，多与管理水平优秀的标杆企业交流经验；要做好警示教育工作，与违反 IPD 流程造成的损失坚决斗争，予以曝光。高层是需要被管理的，他们的时间有限，你不去争取就会被别人争取去，因此就要组织多种 IPD 推进活动，让高层多参与。每参与一次活动，高层对于 IPD 的理解就会更深一步，距离我们 IPD 落地的成功就会进一步，这个需要长期不懈的努力，也是 PQA 价值的重要体现。

二、立项过程中普遍存在的补充规划工作情况

理论上说，立项流程（CDP 流程）是产品规划和技术规划所规定项目的立项流程，但是由于我国 90% 的企业都存在规划不落地甚至无规划的现象，导致实质上在新研发项目立项的时候，一般都会存在补充规划的情况。虽然说，这个补充规划是不应当的，尤其那些无规划而偶然出现的项目，实质上成功率一定不会高，但是无可奈何，我们 PDT 项目组还是需要去补充进行产品规划，检查新项目与企业战略规划的一致性情况。这部分问题怎么处理呢？

让我们来回顾一下 MM 市场与产品规划流程的六个阶段，它们是理解市场、市场细分、组合分析、细分市场业务策略、整合公司 / 产品线业务计划、管理绩效并评估。项目立项的四个阶段中，第一个阶段市场调研评估和第二个阶段需求调研评估，其方法论和工具（PESTEL、3C、5 力、SWOT、九宫格等）实际属于 MM 流程的第一个阶段——理解市场；第三个阶段技术可行性分析和第四个阶段各个职能领域策略，其方法论和工具实际上是小 IPD 产品开发流程概念阶段的预演。所谓的补充规划实际发生在立项流程的第一个阶段市场调研评估中，其主要内容大致如下。

1. 进行市场细分（三维度七步法）

如果对一个新产品的市场情况无法在理解市场阶段观察清楚，或者需要在整个市场中选取一个最优细分市场执行新产品开发任务（在一个大池塘中搞清楚所有的鱼群位置，选取一条最大的鱼进行捕获）的时候，就需要进行市场细分和组合分析了。

（1）审视市场细分的框架“运作规则”，也就是根据公司 / 企业使命、愿景、价值观的陈述内容，同时依据高层在市场和产品发展方向上的指示，明确哪些细分市场肯定不涉及，也就是肯定不做什么产品。

（2）明确谁（Who）在我们的市场中购买产品，也就是明确在整个市场中购买我们和竞争对手产品的购买者（客户和用户）都有哪些，同时搞清楚客户和用户之间的信息传递渠道（市场地图）。

（3）明确购买者都购买了什么（What），也就是搞清楚购买者到底通过什么途径（Where）、在什么时间（When），购买了什么产品或者将要购买什么产品（What）。

（4）将谁（Who）和什么（What）组合成一个购买矩阵，搞清楚谁购买了什么。

（5）搞清楚购买者为什么（Why）在我们的市场里购买，也就是列出客户追求的关键利益，重点关注他们试图实现什么，在这里我们只选择影响他们购买的关键因素是什么。

（6）最终选定初步的细分市场，明确哪些细分市场是我们选择的，哪些细分市场我们不去选择，并说明选择和不选择的原因。

（7）根据独特性、重要性、可衡量性、持久性、可识别性等五个方面对已初步选定的细分市场进行验证，最终确定我公司所选择细分市场的清单。

2. 进行组合分析

组合分析就是战略地位分析（SPAN 分析），补充规划时一般不进行财务分析（FAN 分析）。SAPN 分析的本质就是通过对细分市场的市场吸引力和竞争地位进行分析，以得出各个细分市场的战略地位，对细分市场的重要性进行排序。对于已选的细分市场，按照优先级排序，分别明确它们哪些是明星市场、金牛市场、问题市场或者瘦狗市场，根据产品定位的规定，选择这些特定细分市场的大致策略。

3. 特定细分市场策略设计

特定细分市场策略设计就是对所选定的某个或者某几个特定的细分市场制定 4P+2 的策略，也就是细分市场的产品策略、价格策略、渠道策略、促销策略、订单履行策略和客户服务策略。此处工作的内容与立项阶段的市场初步策略制定工作是一样的，只是需要明确独特的细分市场策略，并在立项流程的第一阶段市场评估阶段就提前做好此项工作。

4. 制定产品路标规划（一般在 3—5 年内）

根据细分市场和组合分析的结果，并根据每条需求信息的紧迫性和技术可行性，决定分几期来实现调研回来的整个需求包，这就是产品路标。产品路标是解决高层急于在一款新产品上实现所有需求的好方法，是不断提出新产品，持续取得市场竞争优势的妙招。

有的读者看到本书重点强调了两遍“补规划”问题，可能会感觉到疑惑。实际在立项流程中进行补充规划是 IPD 试点项目成功的关键因素和杀手锏。当然，在包含需求管理OR和市场产品规划管理MM在内的大IPD体系建设成功以后，在产品开发项目里进行补充规划的现象会消失 90% 左右。

三、平台化设计和模块化设计从这里开始

平台化开发的本质实际上就是根据既定产品规划，按照“探索一代、预研一代、开发一代、生产一代”的方法，逐代进行开发的模式。每代产品（包含技术）可视作一个产品平台（技术平台），争取做到在成熟平台上不断衍生和改良产品，实现产品研发的平台化。模块化开发就是将产品分成不同的功能模块、几何模块、逻辑模块等，按照互相替换、各自开发的办法，将复杂产品的开发简单化，以增强工作分工的高质量并提升产品开发效率的工作方法。

很多企业都梦想着实现平台化开发和模块化开发，但是总是做不好这项工作，其本质就是不知道未来新产品的功能、几何形状和逻辑，就无法实现现有产品与未来产品的平台分布和功能模块安排。

在新研发项目立项的时候，虽然无法彻底解决平台化 / 模块化工作受产品规划 / 技术规划影响的问题，但是也可以初步地解决一部分平台化开发和模块化开发工作面临的问题。

1. 从小立项（小 charter）到大立项（大 charter）

广大企业在进行研发项目立项的时候，大部分采用一次立项评审会（Charter DCP）评审一个研发项目的做法（俗称小 charter），这是一种在 IPD 体系流程推进初期比较正确的做法。但是当 IPD 体系推进一段时间以后，每个项目立项时都走一遍立项流程，实际对公司 / 企业高层的时间和精力消耗是很大的，容易造成 IPD 推进过程中大家怨言增多，影响 IPD 体系的落地。

解决方案一：在立项流程之前的逻辑空间内，做好产品规划和技术规划，大幅度减少偶然出现的研发项目。有的公司会在规划流程和立项流程之间加一个研发路线图确认流程（Road Map 流程），通过小型调研后的便捷决策流程，解决立项项目偏多的问题。

解决方案二：即本小节所说的大立项（大 charter），也就是在一次立项评审会上决策评审多个相关的项目、子项目，可以包括一个产品族涉及的全系列大版本（V 版本，Version 版本）、中版本（R 版本，Release 版本）、小版本（C 版本，Change 版本），也可以包括支撑本项目推进的子项目、孙项目、镜像项目。可以把这些相关项目的市场一次性调研清楚，把相关研发计划一次性排列清楚，不需要再召开一个一个小 charter 评审会，减少高层时间和精力投入，提高项目运作的质量和效率。

2. 提前识别关键技术单独开发

在进行立项流程第三阶段关键技术可行性分析时，有的时候可以识别出暂时无法快速开发出来的大难度技术或者需要其他单位联合开发的关键性零部件、关键新材料，这时候就可以采取单独立项技术开发项目、材料开发项目、零部件开发项目的方法，提前地作为单独模块进行关键性技术开发，不使其影响到正常的产品开发主项目计划。

3. 从“骨头”到“肉”的开发顺序

产品开发从来都是先开发“骨头”后开发“肉”的，也就是将新产品的主体部分和主要功能首先开发出来，然后再根据项目开发计划有步骤地开发辅助功能或者配置模块。例如在内燃叉车的开发过程中，一般都是把主要的基础功能开发出来，预留好后续各种配置模块的接口（包括信息接口、安装接口、空间位置等），在主产品平台开发完毕后，按计划开发各种功能配置模块，如平移式货叉、LED 大灯、冷暖空调等功能模块。

四、立项评审的过程设计是重中之重

立项评审会议并不是单指开会的那个会议，而是包括会前、会中、会后三位一体的 DCP 评审会(英文翻译为 Decision Check Point，决策检查点)，因此，把会前、会中、会后这个 DCP 会议“三部曲”的过程都做好了，才能认为我们开了一个圆满成功的 DCP 会议。

无论企业有没有规范的 DCP 决策评审会议管理体系，作为项目经理和 PQA 不能心生埋怨，而是应该在自己的控制范围内，积极地应对 DCP 会议的过程。那么怎么设计这个立项评审会议 Charter DCP 的过程呢？

1. 会前阶段

会前阶段的奥秘就在于做好评审材料的预审，也就是在会前就和各位 IPMT 高层对评审材料进行充分沟通，并将已识别的问题尽快地在 DCP 会前讨论和整改完毕，保证评审会议上会材料的高质量，降低评审过程中对于关键疑惑问题的争论，防止会议中出现“令人惊讶的事情”。

（1）DCP 会议用评审材料的小组讨论会，也就是所谓的 PDTR（PDT Review，PDT 层面评审会），对业务计划书 / 项目任务书等的基本内容在 PDT 核心组和扩展组代表中达成一致的意见，防止出现各个职能领域代表对评审材料的不一致意见。PDTR 会议由项目经理 LPDT 主持召开，PQA 需要在会议过程中严格把关质量风险。

（2）各职能领域对于所负责 DCP 评审材料部分的内部预先评审，也就是所谓的 XR（X Review，职能层面评审会），职能部门高层和专家对本职能领域派出的 XX 代表组织承担的业务计划书 / 项目任务书中关于本职能领域部分的内容进行预先的评审。

（3）DCP 评审材料系列沟通会，也就是将评审材料与 IPMT 主任 / 主席和各个 IPMT 委员（普遍是企业和产品线的各位高层）进行预审的沟通会，充分听取各位高层的意见和建议，保证能够照顾到各个关键干系人的意见和建议。这个沟通会中如果发现部分高层的意见具有较大的分歧，则需要再次召开小范围的高层讨论会解决问题。

2. 会中阶段

会中阶段的主持者是 PQA（部分企业是 IPMT 执行秘书），需要对整个评审过程进行严密控制，防止出现会议混乱的现象。

（1）严格根据会议流程进行主持引导，严格控制好每个环节的时间，必要时加以提醒甚至更改和缩短会议流程，如图 7-1 所示。

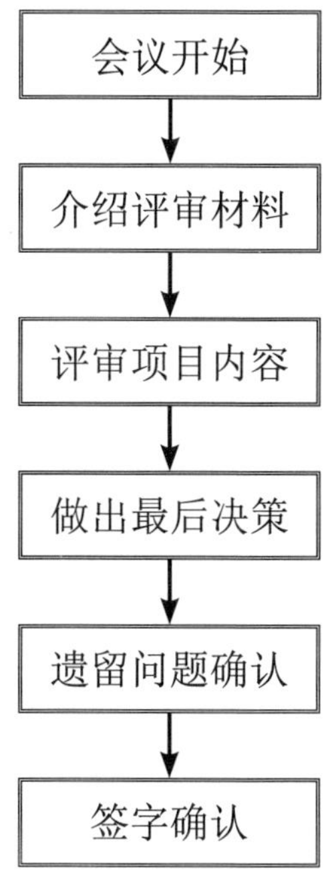

图7-1　某企业立项DCP会议流程（举例）

（2）会议前，PQA 要明确好评审过程中高层发表意见的顺序：一是避免“话霸”强迫别人意志，因此“话霸”们的发言一般放在发言顺序靠后的位置；二是避免一把手、二把手依靠其行政权威压制不同意见，因此“老板们”的发言一般放在发言顺序靠后的位置；三是遵从由外而内的原则，靠近外部需求较近的职能部门副总先发言，如市场、销售、研发，靠近外部需求较远的职能部门副总后发言，如生产、采购、财务等；四是公司能力较弱的职能部门副总后发言。为了完成这个任务，可以提前把 DCP 会议现场的座位固定安排好，执行严格的就坐规定。

（3）一定要提前制定好会议过程的注意事项，必要时，以警示标语的形式在会场体现（每家公司可以选取最重要的几条），PQA 在会议过程中，应该主要注意此类问题的发生，如表 7-1 所示。

表7-1　某公司DCP会议注意事项（节选）

序号	内容
1	把话放到桌面上
2	永远尊重并正直地对待彼此
3	倡导团队协作
4	一个声音说话
5	恪守团队承诺
6	做到准备、在场、参与的一贯性
7	鼓励不同的观点
8	IPMT必须将参加DCP会议作为头等大事来看待
9	当无法出席或通过电话或视频参加会议的时候，允许每位IPMT成员指定一名专门的代表来代表他们（但总数不得超过25%）
10	IPMT成员的代表享有与IPMT成员一样的权力，IPMT成员不能改变他们的代表的立场
11	若按照安排的会议时间过了10分钟后，到场的IPMT成员不及总数的100%，取消会议并重新安排
12	至少要在预定的DCP会议开始一周前，将所有做出投资决策所需的文档交到IPMT成员手中
13	若汇报人或赞助人无法在安排的时间出席会议，将取消或重新安排DCP会议
14	若与会人员未做好相应的会议准备工作，IPMT 主任可以终止DCP会议
15	当一位或多位IPMT成员没有做好相应准备时，IPMT主任应该终止会议
16	每个汇报都必须包括提供给IPMT的明确建议
17	必须执行题外话每个“不许超过5分钟”的准则
18	当所需的资源无法获得时，IPMT不能批准项目

DCP 评审会议应该按照评审要素表的规定严格做好自检和评审工作，IPMT 高层应该根据评审要素表的内容进行评审，会上必须给出项目继续 GO、项目终止 NO GO、项目重新定向 Redirect 三者中的唯一一个结论。

表7-2　某公司立项评审要素表（节选）

评审要素	评审内容	评审结论	备注
WHY	目标市场是否科学细分？		
	细分市场典型客户的需求特点是否明确？		
	细分市场容量有多大？		
	产品发展趋势和生命周期是否明确？对应市场增长率有多少是否明确？		
	有没有科学的竞品分析报告？标杆对手的优劣势是否明确？		
	核心需求、产品卖点、产品核心竞争力是否明确？		
	目标产品利润有多少？价格定位是什么？大概目标售价是多少？这些信息是否明确？		
	初步预估的销售额和台数是否明确？		
	是否符合公司产品战略？		
WHAT	项目里关键技术、工艺是否可实现？		
	客户核心需求是否已转化为实际表述？		
	初始产品包需求是否明确？		
	产品初步外观是否新颖？		
WHO	是否已经任命合适的项目经理及组建PDT团队来进行下一步项目开发工作？		
WHEN	是否确定项目计划尤其关键里程碑计划？		
	概念阶段工作计划和资源需求计划是否已经制订？		
HOW	现在生产资源能否满足项目需求？如不满足是否有解决方案？		
	现有供方是否能够满足？不满足时怎么办？		
	是否有海外采购件或超长交期件？确认方案。		
	现有测试仪器和条件是否满足？　如不满足是否有解决方案？		

续表

评审要素	评审内容	评审结论	备注
	是否已经制定了切实可行的营销方案？		
	专利和标准化方案是否制定？		
HOW MUCH	产品预估成本和售价是否具有竞争力？		
	产品毛利率是否符合公司目标，是否具有竞争力？产品利润与公司目标利润差距有多少？是否能接受？		
	编制的研发预算是否完整和可靠？		
	盈利预测是否达到公司预期？		

3. 会后阶段

DCP 会议以后需要对决策的结论进行跟踪和执行，需要专门的人员定期检查和督促，不要出现决策无人执行的场面，这样会削弱 DCP 会议的重要性，削弱公司高层的权威性。

无论执行者是否同意决策结论，都必须无条件执行，否则需要严肃处理。这个工作的具体执行者是 PQA。

对整个研发项目管理的效果来说，最重要的就是评审会的观感对于高层的冲击作用，因此做好 DCP 评审会是 IPD 落地的主要表现，必须不断精进和提高，PQA 们努力开动您的聪明智慧吧。

五、立项过程的相关难题的处理方法

下面总结一下项目实践过程中，几个过程难题的处理方法。

1. 市场吹大牛

很多企业的市场营销代表 / 产品经理为了自己提出的项目能够立项，往往采用乐观的数据，有的时候甚至会出现夸大其词的现象。这种俗称“吹大牛”的说法是营销人员不喜欢听的话，但确实客观存在，而且容易影响到高层的决策，有时候会给企业带来危害。下面是实践过程中如何避免这个问题的一些方法。

（1）对于重要项目和关键项目，让高层领导尤其是公司 / 企业一把手在关键时刻亲自去市场和客户处调研，掌握最为关键的一手信息。

（2）组织高层对重要项目的市场需求调研方案严加评审，保证调研的信息在源头上的准确性。

（3）重要项目的市场和需求调研结果应保证从至少两个渠道得到相同的答案，如果无法做到两个渠道的调研，也应该在市场数据等方面建立科学的数学模型，供大家讨论和评审。

（4）立项决策时，一般只允许市场的数据误差在 ±20% 范围内，无论低于这个数据或者高于这个数据，都需要对产品经理进行惩罚。注意这个处罚仅针对产品经理，而不是对所有的销售业务员。

2. 需求谈不拢

在进行需求分析和初步技术方案讨论时，有时候会出现项目内或 TRG 专家之间对需求信息和技术方案的理解出现偏差，无法对最后的行动计划达成一致意见。怎么解决这个问题呢？

（1）无论项目内还是项目外的专家都只有建议权，最后执行技术方案的永远是项目团队的技术主管——SE 系统工程师 / 技术负责人，而最后承担一切技术责任的也是 SE，这是必须明确的。一般情况下，尽量不要把技术问题变成考验某些人职业生涯的问题。

（2)采取的比较好的方法就是 TRG 专家小组会议。让 TRG 专家以“求同存异”作为讨论的行动准则，主要讨论关键内容，而把不关键的内容交付项目组自行决定。这个讨论的目的是找到大家有分歧的根本问题，并把它还原成客户 / 用户原始需求，最后找到解决这些客户痛点的最优解。这个会议很不好开，对于 PQA 会议设计的水平要求很高，笔者曾在浙江台州某企业做过一次成功案例，项目组通过了这个问题以后，项目马上就迎来了春天。

（3）如果有公认的权威技术专家，可以采用由他个人裁决的方法。一般不要在项目组内外搞选票的方式决定技术方案，因为一般都决策不出来。

3. 难题难解决

有的项目难题识别后发现它做不出来或者很难做出来，这个对公司 / 企业的信心影响很大，容易让市场营销人员产生长期的对技术人员能力的担忧，造成部门之间的互相攻击和不和谐，这是大忌。

（1）项目是项目组的项目，不是技术人员的项目，技术问题应该是大家一起思考的问题，大家应该站在同心协力的角度去互相帮助，去解决问题，项目经理和 PQA 不能允许这种攻击存在。

（2）当技术上确实遇到困难时，应该多找问题所在，鼓励技术人员奋斗，多找行业专家帮助，想方设法搞清楚竞争对手的做法，对内要宽容，对外要眼观六路耳听八方地找方法。

4. 代表不配合

这个“职能领域代表不配合”是没有推进过 IPD 体系或者 IPD 体系推进不好的公司 / 企业研发过程中遇到的最大问题，其治本的方法当然是把 IPD 体系持续建设下去。那么，对于项目经理和 PQA 来说，怎样在自己力所能及的范围内解决这个问题呢？

（1）明确并不断在项目组范围内强调项目的重要性，鼓励大家克服一切困难，迎难而上。有的项目组有自己的使命、愿景、价值观和口号，这个方法挺管用的。

（2）项目经理和 PQA 应该多与职能领域代表沟通，在感情上亲近人，在工作上多保持帮助人的心态和提供具体的帮助，帮助各个职能代表排忧解难，让职能代表感动，并感受到从事项目工作对自己有天大的好处。

（3）每周或者每双周一次的集中工作（例会）是一种解决上述问题的好办法，并尽可能采用一些非物质激励的方法。

5. 职能不愿改

实质上，对于那些新基础项目、新解决方案项目、新行业 / 新产业项目等复杂的项目形式来说，往往就是对职能领域工作的一场变革和革命，职能领域各个部门不愿意去变革是能够理解的，但是这个问题是必须解决的，否则那些难度大的项目和跨时代的项目是做不出来的。

（1）市场和需求调研的过程是项目组各个职能代表的调研，让他们认识到新项目的重要性和实现的途径，是比调研信息本身更为有意义的事情。

（2）对于项目来说，A 类需求和 B+ 类需求的实现是必须完成的工作，不可以讲价钱，否则项目就失败了。当内部需求和外部需求发生矛盾时，一定要以外部需求的实现为主。

（3）如果内部的职能部门确实有困难，就要对竞争对手对应职能部门的做法进行详细再调研，找出竞争对手的优点和缺点，扬长避短，最终找出我公司职能领域业务和技术改进的方法。

（4）各个职能领域的业务改进工作和技术改进工作，都应该作为公司 / 企业的重要项目进行管理，也就是当作产品预研或者产品开发的子项目进行管理，该评奖的评奖，该考核的考核，该惩罚的惩罚。在 IPMT 例会或者项目例会的时候，应该作为重要的项目内容进行管理和督促。

6. 人员没能力

实际上一家企业最重要的资源基础就是人员的业务能力和管理能力。由于原有商业模式的禁锢，实际上每家企业都只会在一定业务范围内发光发热。反之，当企业需要研发新产业产品和新解决方案时，往往人员能力都是不足的，这也是开发新产业和新解决方案项目失败率高的原因之一。当然，一些稍微复杂一点的新基础项目也会出现人员能力不足的问题。

当出现这个问题时，在项目前期就要注意招聘和培训。招聘就是要招聘到新的能够搞定新项目的人员，这些人员不仅仅是研发人员，而且也包括市场销售、生产、售后服务等整个产业链条上的人员。培训就是对有希望变革自己的员工，进行新管理知识和新业务知识的培训，让他们的能力早日满足新项目的需要。

7. 高层无所谓

这个问题在本章节上面内容的讲解中，已经详细说明。

需要再次强调的是大家要相信高层的为人，相信作为高层其能力都是非凡的，不要去质疑高层的人品，而是要找到问题处理的办法，把管理改进也当成技术问题一样的课题来进行管理和开发。

PQA 要不断鼓励大家！曙光一定属于大家！

本章涉及的IPD工具

（1）细分市场划分方法——三维度七步法（Who/What/Why）；

（2）两种立项评审模式——小立项（小 charter）和大立项（大 charter）；

（3）立项评审的“三部曲”——会前、会中和会后；

（4）立项评审的三种结论——继续、终止、重新定向。

第八章

立项阶段项目管理的主要内容

研发项目管理 RDPM 是项目成功前的“临门一脚”，IPD 试点项目所遇到的问题，大多数是项目管理问题。一个好的项目经理和 PQA，能够把管理体系的问题淡化一半。立项阶段的项目管理涉及项目启动、项目计划、项目执行、项目监控等四个项目管理阶段，是整个项目开展过程中，项目管理动作最复杂和最密集的阶段，对整个项目管理成功的贡献率超过 60%。

下面就是一些立项阶段项目管理的具体方法。

一、时间计划管理是第一位的

项目管理的要素很多，PMP 相关书籍上认为是十大知识域或者十一大知识域，但其中最为关键的就是排计划、辨风险、搞沟通三个方面，分别占到项目经理日常管理精力的 50%、25% 和 25%。本章节就给广大读者详细阐述这三个方面具体应该怎么做，其他的几个知识域本书不再讲解，请大家参阅其他 PMP 类图书。

1. 项目计划从项目启动会开始

项目启动会议是一个非常重要的会议，是整个项目的起点，无论任何研发项目，都是不可以不召开项目启动会的。项目启动会的主要目标就是让项目团队更有信心，更加明确项目的目标，明确项目成功的关键性要素，也是一个宣誓努力拼搏的大会。

项目启动会分为以下几个环节：一是对项目进行总体描述，包括明确项目任务，明确项目的范围、约束和边界点；二是对项目目标进行确定，包括明确项目的内部价值和外部价值，交付内容及成功标准；三是进行项目工作分解WBS，包括获取计划节点约束要求，倒排计划，在里程碑计划上在项目组内部达成一致；四是进行项目组内部管理方案的研讨，包括项目组管理章程的制定，项目组考核激励制度制定并与公司级制度协调。项目组的规章制度不可以与公司整体规章制度相违背，主要包括职责与分工、出勤和考勤制度、团队财务制度、团队决策制度、报告制度（双周报、月报、定期向上级汇报）和项目组激励原则等。

某企业项目启动会议程（案例）

项目经理介绍项目基本概况（范围、初步目标）和组成人员名单；

公司领导对试点的期望和号召（可选）；

相关项目组成立仪式（授旗、签字等）；

产品经理介绍项目市场和用户方面背景（承接产品规划和产品路标）；

系统工程师/技术主管介绍项目技术方面的背景；

PQA介绍本阶段流程、工作内容、模板及其注意事项；

项目经理组织制定项目组规章制度（含初步激励规则）；

项目经理组织确定初步的项目计划；

项目经理安排近阶段工作；

项目组所需办公资源和工具的梳理；

项目经理和PQA回答项目组关心的问题（制度说明、座位安排、工作资料安排等）。

从上面的案例可以看出，项目计划的排布从项目启动会那一天就开始了，而且是项目启动会一项非常重要的跨部门协同工作。

2. 项目计划的排布方法

对于不同能力水平的项目经理来说，项目计划的排布有三种逻辑，第一种逻辑是从项目第一天一次性排布计划到最后一天，一般称之为项目“大通”计划；第二种逻辑是按月份或者按季度排定项目计划，一般称之为项目“定期”计划；第三种逻辑是按照每个流程阶段排定项目计划，一个阶段结束前对下一个阶段的计划进行排布，一般称之为项目“分阶段”计划。每种项目计划排布方法都应该首先确定项目的关键里程碑——DCP、TR、上市发布、GA等节点的时间。

项目计划排布有以下几条原则，请读者根据项目实际情况灵活把握。

（1）项目计划是倒排计划

项目产品的上市时间节点是非常重要的，上市时间过早，客户需求还不成熟，销量不理想，但是竞争对手却可以仿造；上市时间过晚，客户已被竞争对手占领，我们难以扩大市场占有率，因此需要根据实际情况，科学地确定新产品上市时间。

根据新产品上市时间，不断倒推每个阶段和重要活动所需要花费的时间（如小批量生产、小批量测试、样机生产、样机测试、图纸审批、关键零部件周期等），一直倒推到项目启动的时间和需求调研的时间。

（2）向关键路径要时间，向非关键路径要资源

如果倒推时间的过程中，出现项目预计时间超过了高层和市场关键时间要求时，就需要想方法将项目预计时间进行压缩。这里的市场关键时间包括必须的我公司新产品推介会、大规模新产品展览会、竞争对手新产品发布会、我公司年度新品宣传会的时间等等。

“向关键路径要时间”，就是要分析清楚项目计划面临的关键路径，也叫作瓶颈点或者卡脖子点，一定要想方设法缩短关键计划路径的时间，而对于那些非关键路径是无所谓的。

“向非关键路径要资源”就是要从非关键路径的管理者和执行人员中抽调资源，去帮助那些关键路径。这个过程中不能受所谓流程角色职责的限制，比如重要的展览会，就有可能调集大量非研发和非营销部门的人参与帮忙。

（3）项目计划在乐观与悲观之间取期望值

不同性格的项目经理排布项目计划的风格是不同的，有的人保守，有的人开放，这都是需要限制和规范的。这个计划排定方法就是先排定一个乐观工期，再排定一个悲观工期，然后通过数学期望值的计算，找到最为合适的一个标准工期。

（4）项目计划是全 PDT 项目组的事情

很多企业项目计划的排定就是项目经理等少数人的事情，这是严重违反 IPD 思想的行为。排布项目计划时，一定要全项目组所有代表一起排定，也就是说项目计划的排布实际是项目组各个领域代表对于项目计划方案的演练、项目风险的把握以及项目目标的承诺过程，是必不可少的。

没错，经常会出现项目一部分职能代表的计划排布得过于松弛，影响了项目计划的整体实现。这就需要项目经理自己得有公司各个职能领域运营的经验，防止项目成员给项目经理唱“聊斋”，同时加强与项目各个职能代表及其职能部门主管领导的沟通，加强团队凝聚力建设，才能够真正解决这个问题。

（5）项目计划要预留 10% 的时间

项目尤其是研发类项目很少有一帆风顺的，总是会出一些“幺蛾子”，这是正常的。为了防止意外事件的发生，不可以把项目计划排布得过于紧张，要预防某个 DCP 或者 TR 评审出现重新定向（打回重做）的情况，因此要预留 10% 的计划时间空间，以防万一。

3. 项目计划的变更方法

项目计划变更包含在项目变更管理的五种形式之中，它们分别是需求变更 RCR、项目变更 PCR（人员、计划等）、设计变更（DCR）、工程变更（ECR）和变更通知（PCN）。这里专门讲解项目计划变更的技巧，其他变更管理知识性内容请参看其他书籍。

项目计划一定会出现变更的，谁也不能幻想项目计划不发生变化。但是这不是不去排定项目计划的理由。我们前面一定要预留一部分项目突变对项目计划的影响空间，项目计划变化时，一般尽量不要去变化里程碑的时间。如果必须要动里程碑时间，那么尽量不要动新产品的上市时间，依靠晚上和周末加班的时间去弥补某些活动计划上面的损失。但是，切忌不可以为了计划的节点，而降低项目运作和项目内容的质量，一定要保持 QCT 三角平衡（质量、成本、时间）。

项目开展的过程中最好不要变更项目人员，尤其是主动变更项目人员。项目人员的选择上应该以忠诚度作为第一考虑，尽量保证项目组成员不出现离职现象。当然无论是主动变更（升职、调岗），还是被动变更（离职、不可抗力）都是在所难免的。我们在项目进行的过程中，应该不断保存项目成果资料；在项目人员变更时，必须要求将项目知识和成果资料交接清楚，才能结算最后的工资和奖金；做好项目团队凝聚力建设，提前获知一些准备离开项目人员的心理状态；部分重要角色在项目开始时就设置双重人员（双岗）等。

二、不断地与干系人进行沟通的策略

项目干系人是指非项目组成员的关键性公司内、外部领导，他们对于项目是非常关心的，拥有巨大的影响力和决策权，新产品开发项目满足客户 / 用户等市场需求的前提条件是要满足关键干系人的需求，项目经理不要幻想着绕过关键干系人。

1. 项目的价值管理和范围管理是非常重要的

多年 IPD 试点项目辅导的经验表明，在项目启动和计划阶段，项目的价值管理和范围管理的成功，实际等于 IPD 试点项目成功了一半，其他的非 IPD 试点项目（普通项目）也是一样的。这是为什么呢？

项目价值管理的本意就是要明确项目的目的价值，包括对内部的价值和对外部的价值，对内可以训练团队成员、填满人员工作量、降低成本、提升质量稳定性等，对外可以满足客户新需求、提高市场占有率、提高利润率、提高品牌影响度等。项目价值实际就是上述这些价值中的某一个，最多不超过两个。江苏苏州某公司 IPD 试点项目价值管理失控，有的高层想要销售额，有的高层想要市场占有率，有的高层想要流程完整性，结果给 PDT 项目组的工作组织带来灾难。一个项目完成多重价值是每位高层尤其是总经理的梦，这是美好的想象，但是这是不可能的。项目一定要明确给自己公司或者给客户 / 用户带来的独特价值主张，什么价值都想要，那就什么都捞不到。如果项目独特价值不能在高层中达成一致，那么项目就很难进行下去，有 50% 可能性是要失败的。

项目范围管理也是这个阶段的重要项目管理工作之一。项目范围管理就是要明确项目工作的边界，包括细分市场边界、产品及产品性能边界等。安徽合肥某企业在项目开展的过程中，高层随意增加了需求调研的范围，使得需求调研计划错乱而时间过长，最终导致新产品上市过晚，失去市场先机。因此，在项目启动和计划阶段中，必须保证项目范围的准确性，使其真正成为项目管理的严格约束条件，保证项目组工作开展的顺畅性。

2. 项目组人员配备合理是项目成功的保障

项目组人员配备的好与坏直接影响着项目是否成功。不合适的人员配合在一起，会毁了整个项目组。轻者造成项目组内讧和鸡飞狗跳，重者直接导致项目失败和人员流失，“不可不察也”。

项目组人员的配备讲究以下几个方面：一是人员个人具备一定的资质和能力；二是人员个人能够代表所在职能领域的根本利益且拥有话语权；三是人员之间能够愉快、和谐地相处；四是所选择的人员最符合该项目的价值主张属性；五是所选择人员不会在未来妨碍到项目的正常运行。下面是河南郑州某公司在选取 IPD 试点项目组成员时的要求和依据（节选，稍有修改），供大家参考。

某公司选取IPD试点项目人员的要求（节选）

对公司高度忠诚，尽量不出现离职现象；

积极进取，对自己的人生和职业生涯有所期待；

工作较为稳定，在试点期间（主要 PDCP 之前）不出现工作调动（平调或者升迁）现象；

工作能力较强，已经是中层以上干部或者中层干部的后备人选；

能够调动所在职能系统 / 领域的资源，并得到其直属高层的授权；

其现有工作可以剥离给其他同事，专心从事 IPD 试点工作；

其现有工作与IPD角色赋予的工作较为接近或者重合,防止没有角色代入感；

关键角色（LPDT 和 SE）需要双重人员的备份，防止人员异动或者能力达不到要求；

年龄不要太大（不超过 35 周岁，个别心态年轻人员可放宽到 40 周岁），求知欲和好奇心足够强大，善于思考和学习；

对挫折不抱怨，而是积极主动地解决问题；

不得是那种经常随意请假的人，能够承担加班的压力；

项目经理、SE、PQA、产品经理选择需要根据相关角色的素质模型要求；

所有项目组成员都应该符合公司对代表所要求的任职资格条件；

其他需要根据企业实际调整的原则要点。

3. 时刻让高层了解项目进度

无论是市场需求调研、立项过程还是产品开发、上市准备过程等，与高层关键干系人时刻保持沟通是十分重要的。不要让高层担忧项目的进度，是项目经理的优良品德之一。时刻让高层了解项目进度有以下几种方法。

（1）勤汇报、多请示

对于关键干系人来说，他们是非常关心项目的。特别是对于那些性格相对易着急的高层来说，等到他们询问项目组关于项目进展的情况时，对于 PDT 项目组及其带头人 LPDT 来说，是比较被动的。因此，对于项目组及其 LPDT 来说，就需要勤汇报、多请示。

勤汇报就是根据高层关心项目的性格易着急周期，项目经理 LPDT 多利用正式和非正式场合向高层汇报项目的进展情况。对于下一步如何进行项目以及项目中面临的难题如何解决，则多向高层领导虚心请教学习，请高层多做指示。

（2）利用公司 / 产品线项目例会

在公司 / 产品线的月度例会（有些公司是季度例会或者双月例会）上，通过集体汇报的形式，向所有高层汇报项目进展情况，包括过去一个月的工作总结、下一个月的工作计划、目前遇到的困难和问题、希望高层进行决策和支援的事项。这种会议不是研发部门例会，而是公司 / 产品线级别的例会，如果您所在公司没有这个会议，就需要在关键项目的开展过程中，由项目经理来提请召开这个会议，或者在其他高层集体参加的会议上，捎带这么一个汇报短会。

（3）让高层成为项目特邀专家

浙江台州某公司的 IPD 试点项目团队聘请董事长和总经理作为项目特邀专家，经常请他们到项目中一起商量技术方案、营销策略，让高层深入参加到项目中，起到了非常好的作用。这样做项目，不顺利都是不太可能的。

（4）利用项目管理 IT 系统

有的公司有 PLM 系统（产品全生命周期管理系统，Product Lifecycle Management System）或者 PPM 系统（项目和项目组合管理系统，Product and Portfolio Management System）就比较好了，可以应用大数据技术，将项目进行的情况实时显示在 IT 系统中，方便高层检查和询问。

4. 持续沟通以保证项目所需资源承诺

项目运行的最大风险就是资源问题，尤其人力资源问题。项目组的绝大多数人都是兼职的，这是一定的，全部专职也并非是件好事，因为他们这些代表就会脱离原有管理大平台，技术上和能力上会势单力薄。各个职能代表兼职的情况下，就会出现职能部门工作与跨部门产品开发工作之间的矛盾。这种矛盾依靠考核和激励的简单单向处理方法解决一般效果不佳，还要加一些沟通，也就是和各个职能部门主管领导进行持续沟通，以获取资源支撑承诺，这是项目经理在权力范围内需要做的事情。

管理就是沟通的艺术，不要害怕沟通。解决问题的最巧妙方式就是沟通、沟通、再沟通，没有什么困难是通过高效率的沟通解决不了的。

三、技术预研与产品开发项目管控方式的不同

这部分内容在第一章中讲解了一部分，本章节着重对于项目管理的操作层面进行一些细致的阐述，说明技术预研（包括产品预研）与产品开发的管理有什么相同点和不同点。

1. 流程几乎一样

技术预研的流程和产品开发的流程在立项、概念、计划、开发阶段几乎是一模一样的，交付件模版也没有多大差距，技术预研流程的推广阶段就是产品开发流程验证、上市、生命周期阶段的合并，区别也不是太大。广大读者所在公司并不需要在预研流程方面下大功夫，因为预研管理和开发管理的本质区别不在这个方面。

2. 方法和工具有所不同

预研流程和开发流程最重要的区别之一就是流程方法和对应工具上的不同。

（1）需求调研方法有所不同

预研项目针对的需求是长期需求，也就是3—5年后市场和客户的需求，这就需要需求调研的渠道和方法能够调研到长期需求，比如专家顾问团渠道就是针对中长期需求的调研渠道之一。对于需求调研的方法，预研项目很多的时候（注意不是所有的时候）都会采用反调研的方法，也就是把技术原型做出来以后，再根据技术原型进行需求调研的方法。

（2）技术评审方法有所不同

预研项目的DCP决策评审与开发项目是相同的，但是技术评审方式有很大的区别，这是因为在技术方面，往往只有预研项目技术人员最了解项目，甚至其本身就是行业技术方面的专家，这就让TRG评审专家难以承担得起评审的重任。

预研的TR技术评审往往包括以下几种形式：一是同行评议法，主要评审

标准就是技术成熟度(共分9级,达到6级即可以评审通过);二是风险评估法,一般排除了高风险和中等偏高风险就代表着可以评审通过;三是试验鉴定法;四是专家调查法;五是头脑风暴法。

（3）实际开发的往往是一个新产业 / 新行业

预研项目往往是巨大的技术变革，而技术变革在本质上需要商业业务模式变革，需要从新行业 / 新产业营销策略、售后服务策略、生产策略、采购和供应商策略、质量策略、人力资源策略等方面进行系统性变革才能够满足技术变革的要求。那些认为只要技术变革成功，商业模式变革就没有问题的想法是错误的，其原因就是在商业模式没搞定的情况下，调研需求实际就会缺乏对象，是很难调研成功的，而没有足够质量和足够数量的需求信息，技术变革是不可能成功的。这个内容本书已经多次强调了。

新产业 / 新行业商业模式开发的方法就是做好“九宫格”中的各项内容，请大家参见第六章的内容。

3. 强调目标、激励和沟通

与开发项目需要计划、组织和管控的管理方法不同，预研项目虽然也需要计划、组织和管控的管理方法，但是毕竟不能够过多对预研项目进行管理干涉，这种强势管理会扼杀预研人员的积极性和聪明智慧。预研项目管理更多地强调目标、激励和沟通三种项目管控方法。

（1）由高尚的目标牵引

预研技术人员都是专家型人才，普遍都是性格比较内向且奇特的人，因此管理方法与一般的管理工程师的方法不同，需要用强烈的目标号召人，用使命感鼓舞人，用愿景吸引人。二十世纪六十年代的“两弹一星”工程中，很多优秀的老专家抛家舍业，为国家做出了巨大的贡献，其主要原因就是受强烈的爱国主义精神驱使，对于预研专家来说，目标和愿景是最为重要的。

（2）多激励、少考核

对于预研专家来说，对他们进行批评，在管理上是会起反作用的。真正的专家都是技术狂人，都在技术上具有自驱力，技术上成功时，他们会喜极而泣；技术上失败时，他们会捶胸顿足。这样的人，主要的管理方式就是多沟通、多支持、多鼓励、多激励，具体说来就是采取 4 ∶ 1 策略——每批评 1 次，至少需要表扬 4 次或者更多次。

对于预研部门的领导来说，要改变管理部门的方式，也就是从运动员走向教练员。对于预研的新技术，往往高层领导是不懂其中奥妙的，这个时候去直接指导预研的具体工作，实际是干扰预研团队的正常工作，给预研专家头上戴上“紧箍咒”，逼着预研项目走保守路线，客观上容易导致预研专家搞“假汇报”，不但是不对的，而且是起巨大反作用的。因此，预研管理者就是要做好后勤工作、思想工作和资源获取工作，这才是正路。

（3）沟通是法宝

管理就是沟通的技术。尤其是对于预研项目的那一群专家“怪人”来说，他们不善于言辞，情商不高且处理人际关系能力较弱，但是他们是企业的宝贝。作为管理者，就是要和他们经常进行沟通，解他们的难处，疼他们的辛苦，懂他们的勤劳，这都需要进行单独沟通和集体沟通。

四、项目面临的风险管控方法

任何研发项目都是有风险的，没有风险或者一帆风顺的研发项目是不存在的。我们管控风险不能寄希望于“长生天”的眷顾，不能寄希望于运气的降临，当然也不能排斥风险、痛恨风险，而是要认识风险，拥抱风险，进而有效管控风险。

研发项目风险的管控步骤如下。

1. 风险的识别

关于具体的研发项目风险库及其案例，这里不再讲解。本书重点是要讲述具体怎么进行需求的识别。

（1）风险识别需要建立一个风险识别与评估委员会，如果是大型复杂项目，可以以 TRG 技术评审专家团队为基础形成一个由企业内部和外部专家参加的风险委员会。如果是不太复杂的项目，一般由企业内部甚至项目组内部成立风险委员会。项目组内部的风险委员会不另外发文。

（2）对风险而言，并不仅仅包括技术风险，也包括工艺和专利等泛技术风险、采购和生产等边缘技术风险、营销和售后等外部非技术风险、财务和管理等内部非技术风险。因此，进行风险识别的人员就应该不仅仅是研发人员，还应该包括各个非研发职能部门人员。

（3）一般在风险委员会例会或者项目例会上，通过头脑风暴和集思广益，确定项目未来可能遇到的风险。

2. 风险的评估

风险的评估一般都是通过两个维度去评估的，相关风险管理表应该在项目任务书中有所体现。

（1）影响度评估

影响度就是风险事件真实发生以后对项目的影响程度，我们一般用高（H)——风险影响度 70% ～ 100%、中(M)——风险影响度 40% ～ 70% 和低(L)——风险影响度 10% ～ 40% 来进行描述和表示。

（2）发生频率评估

发生频率就是风险事件真实发生的可能性，我们一般也用高（H）——风险发生频率 70% ～ 100%、中（M）——风险发生频率 40% ～ 70% 和低（L）——风险发生频率 10% ～ 40% 来进行描述和表示。

（3）将风险影响度和风险发生频率进行两个维度的组合分析，就会得出风险的等级，我们一般也用高（H）——风险得分 70% ～ 100%、中（M）——风险得分 40% ～ 70% 和低（L）——风险得分 10% ～ 40% 来进行描述和表示。

需要说明的是，并非风险等级高的风险事件优先处理，例如地震就是先救轻伤员；也不是风险等级低的风险事件优先处理，那样可能会给项目带来灾难。正确的处理方法应该是遵从三个原则：一是根据风险事件发生的时间顺序来处理；二是根据风险事件处理的难易程度来处理；三是根据项目经理的个人喜好来处理。

3. 风险的规避（转化、监督、控制）

实际上，风险是未发生的事情，是不可能完全杜绝的。读者朋友们不要有那种把风险完全解决掉的思想，实际上风险也是解决不掉的，只能进行管控和处理。

（1）风险的转化

风险的转化（也就是风险规避）是指将高风险转化成中风险和将中风险转化成低风险的过程。风险转化有两种方法，一是降低风险发生的频率(可能性)，如火车站进站口用的“回字形”栏杆就是一种降低风险发生频率的方法，通常在项目中采取增加评审力度、邀请高水平专家把关、增加试验数量等方法进行转化；二是降低风险发生的影响度（破坏力），如在有人跳楼时铺的缓冲气囊就是一种降低风险影响度的方法，通常在项目中采取增加第二供应商、增加库存、降低成本、增加销售渠道等方法进行转化。

（2）风险的监督

风险监督就是定期进行风险事件变化情况的监督，这个定期的时间一般为1—2周。最好的办法就是在项目例会（包括IPMT级和PDT级）上，对项目面临的风险进行监督，及时跟踪风险处理的进度，及时变更风险等级，在风险低于低风险（这个阈值一般为最高风险值的10%）时，进行关闭。

（3）风险的控制

如果风险无法转化和规避，就需要对风险进行控制。控制的方法有以下两种。

第一种是控制风险发生的时间，让风险事件真实发生的时间提前或者推后。前者就是尽量在早期让风险发生，让毒疮先发出来，所有风险在早期都是容易解决的；后者就是尽量拖慢风险事件的发生，让研发项目走完正常的流程，待兵力兵器足够时，再让风险事件发生，解决起来比较彻底。

第二种是控制风险发生的范围。让风险尽量在一个相对较小的范围内真实发生，不使风险的危害性扩散得更大，机场和火车站安检口附近的爆炸处理装置就是这个道理，也就是让可能的爆炸物在处理装置内爆炸，减小风险的影响范围。

本章涉及的IPD工具

（1）项目计划排布的三种方式——“大通”计划、“定期”计划、“分阶段”计划；

（2）研发项目变更的五种形式——需求变更RCR、项目变更PCR（人员、计划等）、设计变更（DCR）、工程变更（ECR）和变更通知（PCN）；

（3）项目风险评估的两个维度——影响度、发生频率；

（4）项目风险评估的三个等级——高（H）、中（M）、低（L）。

第九章

设定项目组及其人员的激励方案

本书不会去讲述项目组和研发人员的绩效考核问题，而是主要讲述如何做好项目组人员的激励，这主要是基于以下几个方面的考虑。

（1）很多公司在 IPD 绩效管理过程中搞出两张表，一张表是考核所谓某领域代表的本职工作，另一张表是考核所谓 IPD 产品开发项目。这样做的话，就会造成将 IPD 工作与本职工作割裂开，人为造成 IPD 推进障碍，是不可取的。

（2）研发工作（有的公司称之为 IPD 工作）实际就是企业 / 公司的一项正常的业务工作，无论是研发人员还是非研发人员，都应该遵从公司统一的绩效管理制度。

（3）至于很多公司存在的绩效制度不合理的问题，也就是无法有效考核非研发领域代表参与 IPD 产品开发项目的意愿和责任心问题，其真正解决方式是通过市场和产品规划流程实现各个部门绩效的上下对齐和左右对齐，再逐步分解到公司每个人头上。从微观上看，非研发领域职能代表的 PBC 考核表上有了对应的研发类 KPI 指标，重点工作项目中出现了研发项目，这才是解决问题的根本之道。

（4）绩效管理的体系实际上是公司一把手世界观和方法论的体现，并没有绝对的对与错之分，需要公司高层尤其是一把手自身素质的提高，才能够实现不合理内容的变革。

绩效管理本质上与激励管理是不同的，如果把绩效考核当作体现压力的“大棒”，那么激励就应该是体现拉力的“胡萝卜”。作为运作小 IPD 产品开发流程的 PDT 团队来说，同时对于推行 IPD 体系的 PQA 团队来说，改变“大棒”是非常困难的，但是改变“胡萝卜”是我们力所能及的，也是必须要做的事情。

那么，在项目和项目组人员激励的过程中，都会发生哪些故事呢？

一、项目奖金的“利”与“弊”

首先声明一点，那就是虽然项目奖金（物质激励）是很多企业常用的激励方法，但是这个方法是有很多缺点的，真正的解决方式一定是从短期激励走向长期激励，以职业发展通道代替单纯奖金管理，否则是永远做不到公平和公正的。这个观点虽然很对，但是这需要公司 / 企业管理体系的整体变革，不是本书所述的主要内容。本章我们主要讨论一下，在项目组 PDT 可控范围内，如何把项目奖金的管理做得更好，这就需要先看一下项目奖金的定义和具体的“利”与“弊”。

项目奖金是指公司特定项目组按照项目目标要求达成既定绩效或超过目标完成时，企业所给予项目团队成员的物质奖励，是公司为激发研发项目团队高效研发所采用的激励方法之一。设立项目奖金旨在调动员工积极性和创造性，最大限度发挥员工潜能。一般来讲，项目奖金确实可在一定程度上激发项目团队成员的工作动力，促进项目快速完成，并有助于提升员工紧迫感、责任感和荣誉感。然而，很多企业在设定项目奖的过程中，若设定的项目奖金激励方案、分配方式等与企业发展阶段不适配，尽管设定项目奖金，项目达成的成效也不一定符合公司高质量发展的要求，这时候项目奖金也会被诟病，也会起到一定的负面作用。因此，企业在是否要设定项目奖金或者如何设定项目奖金方面，常常比较纠结。

1. 项目奖金的“利”

（1）设定项目奖金能够进一步激发项目团队的工作动力和创新效率，使研发人员更愿意承担项目，开发新技术和新产品，也会提高跨部门团队的合作效率，缩短研发周期，提高研发质量。

（2）为了解决某个问题或提升某类目标而设定的项目奖励，由于会有较为明确的目标，员工会更加积极制定提升方案，一般会快速产生成效。

2. 项目奖金的“弊”

（1）短期和长期项目奖金设计的平衡问题

设定项目奖金的目的是推进项目工作效率、质量的提升，项目奖金的及时性对于短期效应会起到一定的帮助，但是研发项目往往周期长、见效慢，越是有难度的项目形成市场价值的周期会越长，短期项目奖会导致项目团队为了获取这份利益而变得急功近利，越来越短视。这样就会导致项目团队更愿意选择保守的技术路线，甚至会降低项目目标来达成快速研发的表面现象，最终导致简单的项目抢着做，有难度的项目没人做的局面，对企业技术创新升级极为不利。如果是长期项目奖金又会导致员工在短期内拿不到奖励，起不到激励的作用，员工也会逐步丧失对创新目标的高要求。

（2）项目不确定性带来的奖金分配不均问题

由于研发项目开发具有不确定性，与项目开发难度、团队资源配置等有很大关系，因此项目很难用统一标准来衡量。用“一刀切”的量化指标去评判项目价值以及每个团队成员的贡献度也时常是有失偏颇的。一旦奖励分配不合理便会形成“不公平声音蔓延”的情况，进而引起其他团队成员或其他部门员工的不满，破坏团队整体的和谐氛围。

（3）专项项目和共性项目激励措施的平衡问题

很多企业会更加重视具体产品的开发项目，因此激励方案会更加侧重于短期的产品开发（订单）类项目。对于共性技术研发、常规研发管理等工作无人愿意承担，一旦员工养成不给钱不干活的状态，研发项目运作会更加困难，对于企业长期发展是极其不利的。

（4）无法调整或者撤销项目奖金

项目奖励一般是根据企业发展阶段或者结合某项特定工作设定的。激励之后，员工会形成一定的思想惯性和工作导向，当达到某个阶段或目标后突然调整或者撤销奖励，员工可能会出现抱怨和消极懈怠的现象。

企业管理者在设置任何项目奖金制度时，要充分分析企业的发展阶段，应避免设立项目奖金之后由于制度的可操作性、分配的合理性等问题，引起更多员工的不满情绪而产生更具破坏性的连锁反应，企业的发展更应该注重短期利益和长期利益的平衡，对于企业来讲，长期发展目标比短期激励更加重要。

总体来讲，设定项目奖金的方式并不是推进项目高效完成的最有效途径，项目奖金的设立也是有“利”有“弊”的。因此企业和项目组在设定项目奖金的过程中，务必根据自身的发展目标和发展阶段，合理地设定项目奖金的奖励方案和分配方式。

二、项目奖金实施过程中的经验和教训

在几十个 IPD 试点项目的开展过程中，每个公司甚至每个项目组都会去设定自己的项目奖金激励方式（项目积分制管理也是一种项目奖金激励方式），我们没办法找出一个非常合理的、非常科学的奖金激励方案以案例形式分享给大家，但是这些方案中的一些经验和教训，是值得我们品味和深思的。下面就分享一下这些经验和教训。

1. 项目奖金实施过程中的经验

（1）根据产品技术生命周期的不同阶段和项目目标设定奖金。有的产品处于推广期，要迅速通过产品抢占市场，这阶段的项目奖金一般会更侧重于销售业绩提成奖；有的产品已经处于技术领先阶段，这阶段为了保持公司的产品和技术领先，项目奖金一般会更侧重于重大项目奖、预研项目奖等形式；有的产品和技术相对传统，产品迭代周期也很长，这个阶段项目奖金会更加聚焦在生产效率、质量提升方面，根据具体测算的效益进行奖励；有的产品发展阶段稳定，也可能不设阶段的项目奖金，而是根据年终企业盈利情况按比例给员工增加薪酬或设定年终福利。万万不能做一刀切式的项目奖金方案。有些企业根据每个项目的实际情况设定项目奖金方案，是一种比较好的做法。

（2）企业不能在没有明确项目奖励制度的前期下，贸然地想激励就激励，不想激励就戛然而止。项目激励一定要正式化、规范化、透明化、合理化。

（3）由于项目本身具有结果不确定的特点，项目奖励不能完全以项目成功与否作为是否奖励的评价标准。企业要充分考虑项目特性，特别是行业内的共性技术的突破项目、预研类项目等，如果单纯用项目成功作为评价标准的话，会导致员工降低对创新的标准，反倒不利于企业的创新发展。

（4）项目奖励设定的方案不要太复杂，否则会变相地增加管理成本。项目奖励一定要及时，避免长期不兑现造成员工对公司的不信任和不满。

（5）项目目标的设定对于管理层极具挑战性，目标设定太低，员工很容易达成；目标设定得太高，员工不愿意承担。当项目奖励规则与目标强度挂钩的时候，员工会不愿意挑战高目标。当公司管理薄弱时，实际的创新并不能达成公司的期望。

（6）项目奖金的设计应该根据企业不同的发展阶段做出动态调整，但是动

态调整的间隔时间不建议太短，否则员工会感觉项目激励工作不严肃。

（7）不推荐把项目奖金作为公司推动项目开展的主要激励手段，否则慢慢会养成员工不激励不干活的情况。除了物质激励之外，建立良好的文化建设和具有尊重理念的非物质激励方式，对企业长期有序发展可能更具有重大意义。

2. 项目奖金实施过程中的教训

（1）项目奖励规则如果设定得太复杂，会不利于员工的理解和适应，引起技术人员的不满。

（2）凡是涉及员工直接经济利益的，很容易引起员工的特别关注，因此当项目成员把项目奖金认为是一个主要经济收入来源时，会导致员工花费更多时间去研究奖金规则，而忽略了技术创新本身的工作。

（3）项目核心成员的人工成本与项目周期密切相关时，项目周期长，项目奖金有可能提高，因此员工慢慢地变成低效研发。

（4）项目的难度系数很难有标准的评判规则，大多数还是依靠评审领导的主观意志，并不科学。员工为了多拿钱，会不断地阐述自己的项目有多难，来增加项目的难度系数，最后变成玩数字游戏。

（5）项目奖金发放时，为了搞清楚项目激励的合理性，需要不断地去评估每个项目成员的贡献，包括参与项目的时间、完成具体工作的价值评估等，如果没有一个完善的管理系统的话，纯靠手工统计工作量会很大。

（6）项目按照目标达成了预期要求，但是后续的市场价值并不显著时，领导们很容易否定我们的管理成果和业务成果。

（7）项目由于开发难度很大，过程存在很多不确定性，当项目在规定的时间内未能如期完成设定目标或者在中途发现技术路线不正确而终止项目时，员工是否应该享受项目奖金？这个问题也几乎没有好的解决方案。

读者朋友们在设定自己公司项目物质激励方案时，要考虑到以上这些问题对本公司项目组工作的影响，趋利避害。

三、需要重视对项目组成员的非物质激励

从上面的经验和教训中我们可以看到，无论什么样的项目奖金激励方案都不是完美的，如果要真正做好项目激励，弥补金钱硬激励方面的不足，就必须

要重视对项目组成员的非物质软激励。研发项目团队成员大多是技术人员，他们具有追求创新、精益求精的工作特性，更加重视自身在企业的发展空间、能力提升、工作环境和自身获得的荣誉感等。

为进一步营造良好的研发工作环境和氛围，激发研发人员的创新活力，各公司在物质激励的基础上，要格外重视非物质激励对员工精神需求的满足，要从工作环境和生活关爱等方面为员工提供更为便利的条件和帮助，让研发人员有强烈的归属感，并“乐在其中”，这些都是极其重要的。

1. 明确研发人员的工作定位，完善职业晋升机制和发展规划

（1）明确研发人员职责定位。重视研发资源配置，推进研发队伍专职化，鼓励并全力支持研发人员积极开展新业务、新产品、新技术的研究与开发，减少或避免安排与研发工作无关的活动，使研发人员将更多精力投入创新工作中，提升研发效率和工作质量。

（2）建立学习型组织。为研发人员提供丰富多彩的学习提升和开拓视野的机会，包括内外部培训、行业会议、大型客户交流、专业宣讲活动等；针对研发人员制定培训课程体系，推进管理和技术相结合，鼓励在强化专业技能的同时，不断提升个人管理水平、团队协调能力等。

（3）为研发人员创建良好、快速的职业晋升通道。在同等条件下，在加薪、福利补贴、评比评优等方面要适当向研发团队人员倾斜。

2. 创建尊重、包容的研发人员绩效考核和激励方案

（1）结合研发人员的工作特点，鼓励研发人员开展创新性工作，勇于和敢于试错。公司在制定绩效考核方案时要具有尊重、包容的文化理念，在注重工作成效的同时，要充分考虑研发项目的攻坚难度，加强对创新性工作过程的贡献评价指标，注重鼓励和正向激励。

（2）创造多层次多形式的正向鼓励和表彰机会，通过专业或趣味性活动的方式呈现出来，例如知识竞赛、辩论赛、技术标兵创新争优活动、技术创新创效评选活动、技术创新经验分享活动等，应定期组织研发创新表彰大会，强化榜样的力量，对于有突出贡献的研发人员要及时奖励、及时表彰，提升其荣誉感，并切实在福利待遇上给予兑现，如带薪年假、旅游补贴等。

3. 创建自由、平等、和谐的工作氛围

（1）所谓“环境留人”，重点是工作的软环境、人文环境和工作氛围等。

研发人员大多数是知识型人才，每天绝大多数时间在进行比较枯燥的脑力劳动，因此，创建和谐融洽的工作氛围能够激发研发人员的灵感，比如建立自由民主的工作环境，定期组织茶话会、头脑风暴会等，倡导自由讨论，鼓励开展团建活动，为研发人员营造自由交流的机会，激发其创新灵感。

某公司项目组团队趣味IPD知识比赛（案例）

某公司为促进跨部门团队建设，营造良好创新氛围，举办“IPD 超级英雄团队”竞赛活动，帮助各位项目组成员在试点项目中，学好 IPD 相关知识。

该活动打破传统的知识竞赛模式，针对团队角色制作 IPD 项目团队角色卡片，设置数字牌，团队成员以答题集成卡片的形式赢得抽取卡牌的机会，集齐 2、3、4、5、6、7、8、9、10、J、Q、K、A、王共 14 张卡牌，即为获胜。

在活动中设置多种活动形式，以必答题、抢答题、风险题等为主要问答形式，增设万能卡和技能牌，增加活动的趣味性。现场员工参与度很高，比赛现场氛围紧张、活跃，在学习 IPD 相关知识的同时激发各职能代表对团队协作的热情，为跨部门协作打下良好的基础。

（2）在工作环境上，适当考虑办公室、加班就餐、加班交通补贴等方面的福利，针对研发人员加班加点的工作情况，应针对性制定弹性工作制管理方案。

本章涉及的IPD工具

项目激励的两个方面——物质激励和非物质激励。

PASSAGE 2

第二篇

产品开发项目的概念和草图阶段

项目任务书通过以后，在 IPMT 主任签字确认并交到项目经理手上的一刹那，研发项目就进入了小 IPD 产品开发流程的概念阶段，有的公司称为 C 阶段、R1 阶段或者 P1 阶段。本阶段含产品需求包和概念技术评审 TR1、概念阶段决策评审 CDCP 两个公司评审点。

如图 10-1 所示，本文以常用 DCP 点和 TR 点分布为例，讲述产品开发的全流程。在实际操作中，各个企业可以根据自身情况，适当地增加或者减少 DCP 点和 TR 点。

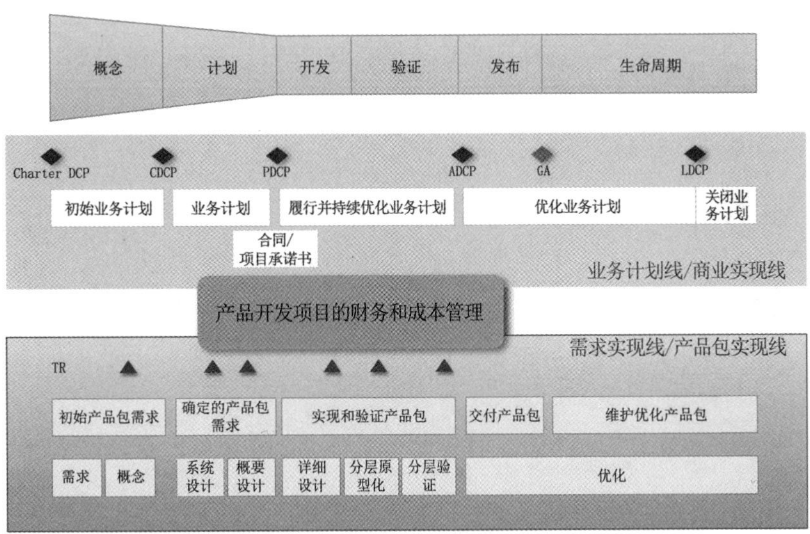

图10-1　小IPD产品开发流程的六个阶段

小 IPD 产品开发流程概念阶段的关键词有三个，分别是“产品包”“概念”和“策略”。“产品包”就是满足市场和客户需求的所有产品内容的总和，不仅仅包含产品本体，也包括有形产品、无形产品、情感产品等范畴。“概念”就是产品概念的简称，也就是以草图、语言、模型等载体体现的新产品的抽象设计概念。“策略”是相对于小 IPD 产品开发流程的计划阶段而产生的定义，策略就是计策、谋略的意思，研发项目的策略就是作为项目整体以及各个配套的职能所要进行的满足客户需求、抢夺市场、实现新产品商业价值的方针和路线。

接下来，本书针对以上三个关键词逐一说明研发项目组在概念阶段应该做的工作，并阐述怎样把工作做得更好。

第十章

全民需求收集和分析的方法

前面在新产品项目立项的过程中，项目组已经调研了一些与新产品相关的需求信息，但是这些需求信息是不完整的，并不能成为一个完整的产品需求包，只能说是一个初步的需求包，在此基础上我们进行了初步产品包或者初步概念的设计和可行性研究。一方面，立项的过程中，由于没有确定最后是否立项，因此企业只能派出精英团队中少数人进行需求调研工作，一定不会调研到全部需求；另一方面，由于立项仅关注核心需求，所以项目组一般只会调研到核心需求和一部分重要需求，对一般需求的调研是不足的；最后，新产品需求包还应该包括企业内部需求的内容。

综上所述，在概念阶段进行的过程中，要做好项目，就必须依靠全公司全体人员的力量，做好需求调研和分析工作。具体要怎么做呢？都有哪些陷阱呢？

一、正式开发阶段需要进一步详细调研内部需求和外部需求

小 IPD 产品开发流程的需求管理是纵贯全程的，在概念阶段结束前，要明确所有项目需求包的 90%；在计划阶段结束前，要明确所有项目需求包的 100%；在计划阶段决策评审 PDCP 以后，新产品需求包也可能因为市场和客户突变而发生变化，但是不可以随便变更，需要走正规的需求变更流程进行审批。

那么，在属于正式开发阶段的概念阶段怎样进一步调研需求呢？（也包含计划阶段需求调研的少量工作）

1. 详细内部需求调研方法

所谓的内部需求（又称 DFX 设计需求）就是指新产品开发要满足的企业内

部客户的需求和要求，也就是说产品开发项目组PDT要把企业内部的各个职能部门作为自己的客户／用户来对待，新产品技术方案也必须满足内部客户的需求和要求。

无论对于哪个行业的企业和公司而言，新产品开发的内部需求一般都包括可生产性需求（也称可制造性需求）、可采购性需求、可服务性需求、可测试性需求，有的公司还可能包括可靠性需求、可兼容性需求，还有的公司将（历史上发生的）质量需求单独列为一种内部需求。

（1）可生产性需求调研内容

可生产／制造性需求一般分为“人”“机”“料”“法”“环”五个方面，有的公司把“测”也作为可生产性需求的一部分，这是因为在该公司测试职能部门被划给生产部门管理的原因，本文涉及的“测”需求，放在可测试性需求中进行研究。

可生产性需求之“人”的方面包括人员招聘需求、人员技能培训需求、人员能力培养需求（含轮岗和多能工）、人员工时定额需求、人员福利和待遇需求等。

可生产性需求之“机”的方面包括生产线（含专机、普机、辅机及其配套工装、模具、刀具、量具、检具等，下同）的功能需求、生产线的自制需求、生产线的购买需求、生产线的改造需求、生产线的校正和调整需求、产能限制、产能扩大需求等。

可生产性需求之“料”的方面包括已入厂物料／半成品的检验和核对需求、物料／半成品的储存需求、物料／半成品的转运需求、物料／半成品的预装需求、物料／半成品的安全性需求、物料／半成品的环保需求、物料／半成品的再加工需求等。

可生产性需求之“法”就是所有与工艺相关的需求，包括工艺开发需求（工艺调研、工艺路线、关键工艺、工艺装置制造、工艺装置样机验证、工艺装置小批验收等）、工艺管理需求（现场工艺文件、工时定额、现场小工具类、工艺纪律、生产节拍等）。

可生产性需求之“环”的方面包括生产场所需求、试验场所需求、试制场所需求、生产过程私密性需求、生产过程环境需求、车间布置图需求、车间安全性需求、车间环保性需求、生产规章制度需求、车间保卫需求等。

（2）可采购性需求调研内容

可采购需求有优选器件／物料、共用／重用、可替代物料／器件、供货周期、物料／器件上市后管理、采购风险等六个方面，涉及供应链职能部门的寻源、洽谈、购买、购买后等多个采购管理环节。

可采购需求之优选器件／物料需求包括关于标准件（库）的需求、关于通用件（库）的需求、关于系列件（库）的需求、关于优选件（库）的需求。

可采购需求之共用／重用需求包括原材料重用需求、元器件重用需求、半成品重用需求、零部件重用需求、系统／平台重用需求、整机重用率需求等。

可采购需求之可替代物料／器件需求，又称第二供应链需求，包括原材料可替代需求、元器件可替代需求、半成品可替代需求、零部件可替代需求、系统／平台可替代需求等。

可采购需求之供货周期需求包括需求传递过程保障需求、供应商备货／库存需求、我公司备货／库存需求、紧急备用供应商需求、供应物流管理需求、供应商开发过程保证需求、供应商生产过程保证需求、模具投入分摊需求等。

可采购需求之物料／器件上市后管理需求包括原料／物料级“三包”政策、系统方案级“三包”政策、生命周期零部件保障需求、退休物料／器件回收处理需求等。

可采购需求之采购风险需求包括各个合格供应商和新供应商的质量风险、技术风险、生产风险、财务风险、服务风险等。

上述所有需求也应该包括生产用辅料和低值易耗品的需求。

（3）可服务性需求调研内容

可服务性需求不但包括售前技术支持工作需求，也包括售后服务工作需求，主要包括六大方面：便于客户使用方面的可服务性需求、易于安装方面的可服务性需求、易于维护方面的可服务性需求、文档方面的可服务性需求、减少成本方面的可服务性需求和公司服务战略的一致性需求。

便于客户使用方面的可服务性需求包括客户界面可读性需求、客户界面易操作性需求、人机工程学需求、尊重客户操作习惯的需求、客户操作安全性需求、客户使用过程的环保与健康需求等。

易于安装方面的可服务性需求包括安装方式与过程需求、安装人员需求、安装工具需求、软线（电缆／线缆）安装需求、软件（含嵌入式）安装与更新需求、安装防差错需求等。

易于维护（含维修）方面的可服务性需求包括外观维护需求、结构件维护需求、电子硬件维护需求、软件（含嵌入式）维护需求、液压／气压件维护需求、软线（电缆／线缆）维护需求、故障报警需求、远程控制需求、润滑油／机油定期维护需求、安装与操作标识需求、清理清洁性需求等。

文档方面的可服务性需求包括销售与售后文档清单需求、文档内容可读性需求、文档章节合理性需求、文档内容全面性需求、文档的展现形式需求（含纸质、网络、APP、视频、公众号、直播间、二维码）等。

减少成本方面的可服务性需求包括服务工具降成本需求、服务过程降成本需求、服务过程规范性需求（含衣帽、工作鞋、低值易耗品、语言、身份证明等）、服务资料降成本需求等。

公司服务战略的一致性需求包括本产品服务承诺与公司承诺一致性需求、公司与行业三包政策一致性需求、外购件的保修期和“三包”策略的一致性需求等。

（4）可测试性需求调研内容

可测试性需求与上述三个内部需求（可生产性需求、可采购性需求、可服务性需求）有些不一样，生产和采购的需求主要来自产品开发过程中，服务性需求主要来自产品生命周期过程中，而可测试性需求既来自产品开发过程中，也来自产品生命周期过程中。

从时间的维度上看，可测试性需求包括实验室状态测试需求、单元器件（含软件和硬件）测试需求、样机测试需求、小批量测试需求、批量测试需求、售后过程测试需求等六个方面。

从工作维度上看，可测试性需求也包含“人”“机”“料”“法”“环”五个方面，具体内容与可生产性需求类似，这样就与时间维度的可测试性需求形成了一个5×6的矩阵（纵坐标为工作维度、横坐标为时间维度）。特殊的是，可测试性需求还应该包括测试点恢复和美观的需求。

（5）其他DFX内部需求如可靠性需求、兼容性需求、可运输性需求等，请读者根据上述内部需求的设计过程，举一反三，自行补充。

2. 详细外部需求调研方法

理论上，为了一个新产品 / 新产品线进行外部需求调研是研发项目必不可少的工作，这是毋庸置疑的。对于一般的中小型项目来说，往往只有一轮市场和客户需求调研的机会，也就是将立项开发阶段的 CDP 市场需求调研和小 IPD 概念阶段的市场需求调研合二为一，这是提高效率、节省费用的好方法。但是，对于大中型项目来说，往往不可能在一轮的市场需求调研中，把所有的需求信息调研清楚，这就需要将立项开发阶段的 CDP 市场需求调研和小 IPD 概念阶段的市场需求调研分两次进行，后一次调研比前一次更细致、更具体，同时起到查缺补漏的作用。需求调研最重要的是第一次调研，它占整个调研信息获取量的 50%；第二次调研信息获取量只占整个需求信息获取量的 25%，以此类推，按等比数列递减，所以大家不要过分寄希望于补充调研。

详细外部需求调研方法仍然采用 $APPEALS 模型。

（1）中小型项目的详细外部需求调研方法

在概念阶段，中小型项目的详细外部需求调研，主要通过以下两种形式展开：内部研讨和补充调研。内部研讨就是从概念阶段实际产品概念设计过程中遇到的技术和非技术问题入手，通过 PDT 内部和研发部门内部的研讨，尽量得出更有深度和更为细致的外部需求信息。当内部研讨对某些需求信息无法知晓或者对某些需求信息存在疑问时，则需要根据具体的情况，派出若干精干小分队进行补充调研，以得到所需要的需求信息。

（2）大中型项目的详细外部需求调研方法

在概念阶段，大中型项目的详细外部需求调研，主要通过以下几种形式展开：需求再调研、需求反调研、内部研讨、征询专家意见等。需求再调研就是从需求调研方案开始，把立项开发阶段的市场需求调研工作重新做一遍，但是这个第二轮的外部需求调研，以更为详细的需求信息为主，而很少需要再次大规模调研市场信息。有些新行业 / 新产业的详细需要调研是需要反调研的，就是在立项以后，迅速拿出一个全部真实的产品原型或者部分真实的产品原型，通过客户的试用、试验或者研讨，得出更为仔细的技术需求。大中型项目的详细外部需求调研还需要广泛发动群众，包括项目内和项目外，尤其需要尽量引入行业专家和我公司内部专家参与内部研讨，以求对外部需求信息的最大掌握和最大理解。

3. 需求信息是需要验证的

对于需求信息的管理，不可以调研完毕就抱有“万事大吉”的心态，这是因为我们所调研的需求有可能与实际情况存在偏差，随着需求的传递可能导致需求在理解和实现过程中存在失真，市场风云突变的情况下也可能存在需求变化，等等。所以，我们在需求实现过程中和实现以后，应该不断跟踪市场和客户的需求变化，同时为了保证我们需求实现过程的准确性，就需要定期和非定期地对需求信息进行内部验证和外部验证。

（1）内部验证

首先，一定要进行公司内部的需求验证，就是把需求信息、由需求信息转化而成的产品特性信息、由产品特性信息转化而成的产品概念，在公司专家组和项目组内部进行验证。这个过程需要与项目有关的大量专家和关键人员参加，主要就是大量的市场一线总监、经理，以及各部门 TRG 成员，组成扩大化的验证评审团队，尤其对于大中型项目是特别重要的。

（2）外部验证

当内部验证的过程中，对于某个关键设计点存在疑问时，就需要请公司外部的专家进行需求验证了。这个过程需要与外部专家建立良好的合作关系，保证项目的秘密是十分重要的。

需求验证的工作贯穿整个 IPD 流程始终，从需求调研开始一直到产品上市 GA 点都在持续进行需求的验证工作，后续阶段不再累述，请读者铭记。

二、广泛开展的需求调研“诸葛亮会”

前面一章重点介绍了详细需求调研所要关注的主要因素，不仅包括外部详细需求调研的关注点，也包括内部详细需求调研的关注点。但是，有一个问题一定会萦绕着读者朋友们，那就是如何调动各个职能领域（部门）人员的积极性，从而获取更加详实和准确的需求信息呢？

这个详细需求调研的方法就是在各个职能领域内部召开详细需求调研“诸葛亮会”。下面是某企业生产职能部门组织的可生产性需求调研内部“诸葛亮会”议程。

某公司生产制造部总装车间“诸葛亮会”议程（节选）

开展时间：2022 年 09 月 21 日 14:00-16:00

主持人：项目经理——王 X、生产代表——桂 XX

参与人员：总装车间副班长以上所有人员、工作 10 年以上老员工

特邀人员：公司生产副总经理——贾 XX

议程：

1. 生产代表进行项目需求调研内容讲解；

2. 项目经理公布相关激励措施；

3. 生产副总讲述本研发项目的重要意义；

4. 各参与者根据“人”“机”“料”“法”“环”“测”六个方面分别在纸上书写自己关于内部需求的认识；

5. 分六个小组进行内部讨论，以达成一致意见；

6. 各个小组按照所在位置，顺时针传递自己小组关于内部需求的结论，请其他小组批评指正和补充；

7. 经过集体讨论，最终形成经过所有人员积极思考和认可的内部需求信息；

8. 生产代表组织大家互相打分，形成金点子、银点子、铜点子；

9. 由项目经理对这些生产部门精英们进行礼品赠送和感谢；

10. 拍照留念。

上面是一个生产领域的例子，其他领域可以参考实施。营销领域的“诸葛亮会”，一般集中于营销部门内部，不邀请外部人员参加。

各个职能部门在进行“诸葛亮会”时，要注意以下几个方面。

一是在会前进行充分的研讨会过程设计，既保证有效性，又要有趣味性，让各个部门的人员来了一次还想来。

二是只有大中型项目才采用这个方法，因此，需要获得高层的重视和参与。

三是一定要拿出一些激励的方法，不可以空手套白狼。

四是一定不能打断大家的正常工作，时间上要安排得比较巧妙。

五是在降成本项目中，需要打消大家对于工作量变小而导致的收入可能下降的疑虑，这就需要安排一定的保障措施或者转化措施。

三、需求调研和分析需要全员齐心合力

需求调研需要全员行动，需求分析也需要全员行动，这都是需要花大力气组织和运作的工作。可是怎样组织才有效果呢？运作的过程是什么样子的呢？这个问题实际困扰了很多企业的领导者和管理者。

1. 一些企业的不科学做法

一些企业对于如何进行企业全员的需求调研和分析工作有一些不科学甚至是错误的做法，这些不科学或错误的做法非常容易广泛传播，使得更多的企业深受其害，而这些需求管理措施获得成功的极少，一般包括以下几种错误做法。

（1）广撒网

什么叫“广撒网”呢？也就是在存在鱼（类似于需求）的大海中，每一平方公里内都撒一张大网，这种方法确实是可以捞到鱼的，而且是大鱼小鱼都能捞到。于是，很多企业学习华为的那种“广撒网”的需求调研方法，派出大量人员在 IPD 研发项目中到处收集需求，结果常常是费劲、劳累、浪费钱、无收获。这是很让人奇怪的事情，难道华为优秀经验失效了么？

学华为，需要学的是思想和精神，具体的做法是不可以照搬照抄的，可惜这么浅显的道理，相当多中国企业高层却并不理解，仍然在搞“本本主义”。华为能够采用“广撒网”式的需求调研而且非常成功，是有前提条件的，包括充足的产品经理队伍、数量庞大的营销队伍、数量级足够大的市场等等。

而中国大部分的企业与华为的情况不一样，它们没有那么大的行业市场体量，没有那么多质量高、数量足的产品经理队伍，没有那么大的营销网络，因此不适合采用华为的那种“广撒网”式的需求调研和分析。遗憾的是，在 IPD 研发项目实践过程中，很多企业都在不断地重复这种“广撒网”式错误，并在失败了以后埋怨 IPD。

（2）个人激励

很多企业把需求激励看待得很简单，以为只要按照“重赏之下，必有勇夫”的精神，给予需求信息提供者相当高的激励，就会产生源源不断的需求信息。实践过程中，有的企业按照一条需求 50 块钱来进行激励，还有的企业按照一条需求 500 块钱来进行激励，甚至有的企业会激励到 2000 块钱、10000 块钱、18000 块钱一条需求，结果还是没有产生源源不断的需求，反而伴随着需求激

励金额的提升，需求产生得越来越困难，数量越来越少，质量越来越低。

出现上述问题的原因，主要是这种个人需求激励的办法，忽略了需求管理流程是一个跨部门的“良心工程”这一非常重要的原则，从依赖公司总经理“个人英雄”需求收集方法走向了依赖普通员工“个人英雄”需求收集方法，失败就是必然的了。

（3）精英依赖

有一些企业采用精英调研的办法，就是将公司的命运寄托在少数所谓的精英“产品经理”身上，这种方法的成功是需要条件的，那就是确实能够培养出这样的几位产品经理，而且这几位产品经理又确实能够长期忠诚于企业并非常敬业。

但是对于我国的大部分企业来说，如果依靠“产品经理”进行精英需求管理，需要解决很多问题：一是怎样将这样的产品经理好苗子找出来，并且切实将这些苗子培养成才；二是在产品经理苗子成为精英人士的时候，如何能把他们留在公司工作，因为这些需求调研准确、产品定义准确、情商较高的精英人才很容易跳槽甚至独立创业的。因此，对于大部分企业尤其是中小型企业来说，依靠产品经理进行精英式调研是一个伪命题。

无论一家企业是否成立了需求管理部或者产品管理部，只要上述三个问题没有解决好，就一定不可能真正取得需求管理水平的突破。

2. 如何进行全员需求调研和分析

如何解决上述三个问题呢？

无论是研发项目的专项需求调研，还是非研发项目的日常需求调研，都是需要全员参加，才能够起到良好效果，这就是全员需求管理的三大法宝——“先内后外”“趣味活动”“分层管理”。

（1）需求调研“先内后外”

“广撒网”对大部分企业尤其是中小企业是不管用的，甚至会因为浪费大量的资源和费用，而造成整个项目的财务失败。实际上，地球上大多数的渔场，都存在于洋流（暖流和寒流）的附近，因此对于远洋渔民来说，最重要的就是找到渔场的位置，而不是“广撒网”。于是，各个企业就应该在外出需求调研之前，研讨出需求信息可能存在的地理位置和特定人群（渔场所在位置），再进行外出的一手调研，才为稳妥，这就是所谓的“先内后外”。

"先内后外"，要求首先从内部专家和项目组中寻找已经知晓的外部需求，也就是组织公司的专家顾问团进行集体讨论，清楚获得已知的需求、模棱两可的需求、未知的需求；然后组织最合适的调研小组，根据所涉及的调研方案，探索和收集那些未知的需求，并验证那些模棱两可的需求。这种方法尤其适合那些市场部门建设不完整、行业规模有限的中小企业。

（2）变个人激励为团队激励（趣味活动）

前面一个小节叙述过，个人激励对于需求调研工作是没有太大用处的，但这并不是说不要用激励的方法进行需求调研的管理。需求调研是一项真正的"良心工程"，只能主要通过"良心"来管理"良心"。对于那些具有一定能力的员工来说，谁都希望企业蓬勃发展，谁都希望自己的事业能够成功，所以那些认为只有用现金进行个人激励，才能调动大家积极性的看法是不正确的。再者，需求调研的过程同时也是需求分析的过程，二者是融合在一起的，因此，必须采用一个跨部门团队的形式来调研和分析需求才管用。用单个的人，即使调研到了真正的需求，也会因为跨部门团队的不理解，而导致需求分析失败。

解决上述问题的方法就是"做活动"——集体趣味活动，比如定期和非定期的跨部门需求管理沙龙、需求调研跨部门小组对抗赛、研发工艺降成本／提质量设计竞赛、研发市场需求对接会等，依靠跨部门小组的力量进行调研需求、分析需求，最后得出的需求质量又高又容易落地。对于在趣味活动中取得优胜的跨部门小组（临时或固定均可），进行一定数额的奖金激励、物品激励，并辅之以一定形式的非物质激励，效果非常好，这是真正的"花小钱办大事"。但是，这些活动并不能够说每次都会带来高质量的需求，这是因为高质量的需求是需要长期调研和观察才能得出的，各个企业千万不要因为在一次活动中没有调研到高质量需求，就放弃这些集体活动。

（3）需求管理是分层的

需求的颗粒度是有大小之分的，大颗粒度的需求能够带来新行业／新产业、新解决方案的开发，中颗粒度的需求则决定了基础型新产品、衍生型新产品和改进型新产品的开发，小颗粒度的需求是任何类型新产品开发的组成部分，这就是需求分层。从这个角度来看，所谓一条需求奖励多少钱，就是根本说不通的事情。大颗粒度的需求涉及的是公司战略规划，只有公司高层才能够组织调研和分析，才能够最后定夺。中颗粒度的需求涉及的是产品规划和技术规划，只有各个部门的中层以上领导才能够进行分析和评审。小颗粒度的需求涉及的是一些确定的技术方案的点，数量很多，需要汇总并纳入不同的新产品之中，其中很多小颗粒度需求会直接进入设计变更和工程变更中。因此，必须对不同颗粒度的需求进行分层的调研、分析，不能一概而论。

3. 把这些关键点说给高层听

针对需求调研和分析的上述关键点，最难理解它们的人就是公司高层。这不是说企业高层的智商有问题，而是因为他们本身就是企业最好的产品经理和最好的需求调研员，他们可能很难理解还需要这么复杂的管理手段才能够管理好需求，他们可能会经常说这样管理项目和管理需求太麻烦。这就需要我们把下面的关键性内容说给他们听。

（1）需求管理是 IPD 三大流程之一

IPD 集成产品开发管理体系的主体部分就是三大流程——OR 需求管理流程、MM 市场与产品规划管理流程、小 IPD 产品开发流程。小 IPD 产品开发流程一般最为大家所熟悉，主要解决跨部门的协同工作问题，考验的是项目管理和跨部门协作能力；MM 市场与产品规划管理流程的特点就是开大会，通过开会评估未来企业市场和产品的运作过程，考验的是企业高层的战略思维和会议组织能力；OR 需求管理流程的特点就是对人的能力要求很高，包括个人识别需求的能力和集体识别需求的能力。既然叫作三大流程，就是说明三者之间的地位是相同的，那么既然企业可以有几十个关于小 IPD 的制度，也就必然会有几十个关于 OR 需求管理的制度，这才能撑起一个“大”字。也就是说，OR 需求管理流程和相关制度是非常复杂的，没有想象中那么简单。

（2）需求管理的复杂性在于人的能动性

需求管理是一项“良心工程”，只是依靠考核激励，效果相当有限甚至就没什么效果。还是那个理论，就是“良心工程”主要依靠良心来管理，也就是要想方设法提高个人的主观能动性。其根本就在于是否明晰研发人员（含跨部门研发项目人员，也称泛研发人员）主观能动性来自哪里。

丹尼尔·平克先生所著的《驱动力》一书认为，吸引研发人员加入公司的前三位驱动因素（入司因素）是提供有竞争力的福利保障、提供有竞争力的基本工资、工作与生活的平衡；让研发人员愿意留在公司工作的前三位驱动因素

（忠诚度因素）是良好的职业发展机会、公司愿意保留能力强的员工、足够完成工作的资源；让研发人员在公司积极主动工作的前三位驱动因素（敬业度因素）是高级管理层对员工的关心、有挑战性的工作、给予一定的决策权。

从《驱动力》一书的描述中可以看出，那种认为只要给予足够的物质满足就可以调动研发人员积极性的想法是错误的。每家研发创新性企业都应该认识到，研发人员能够积极主动工作、忠心耿耿工作的主要原因不是因为公司给予他们的物质金钱很多，当然作为保障要素，也不能在金钱上让员工吃亏。所以，就要在上述的忠诚度和敬业度共计六条因素上想办法，推出各种制度和政策，真正让诸如需求管理等良心工程唤起广大员工的良心。

（3）需求管理对跨部门合作思想要求较高

现在几乎每个人都知道研发工作不只是研发部门的事，而是全公司各个相关部门的事。但是，很少有公司真正知道需求作为研发的重要环节，也不只是市场（或产品经理）部门（或人员）的事，而是全公司各个相关部门的事。需求收集和分析过程需要 PDT 跨部门团队的鼎力支持和参与，同时这个过程也是技术方案初步设计的过程、各部门策略制定的过程。如果仅仅让市场代表（产品经理）去进行需求调研，就达不到“落地的需求才是真需求”的目的，还容易造成部门之间的对立情绪。

（4）高层要深入理解需求管理的特点

对于上述的需求管理流程、组织、绩效激励等观点，必须让高层深入体会，以防止高层成为需求管理各项制度和流程落地的阻碍者。需求管理相关知识在我国发展较为缓慢，很多企业的管理者是不懂得上述这些道理的，这就需要不断宣贯，使“需求管理是一项良心工程”“以过程的确定性应对结果的不确定”等思想深入人心。

综上所述，需求调研和分析是企业研发项目顺利进行的关键，很多项目出现问题的根源就在需求调研和分析方面，如果出现本小节所述的这些问题，项目就会遭受到严重的挫折，就会损伤项目组的积极性，给那些反对 IPD 的人以口实。大家在进行新产品开发的过程中，一定要解决上述问题，不要被上述这些问题捆住手脚。

本章涉及的IPD工具

（1）需求验证的两个方面——内部验证、外部验证；

（2）详细需求调研的灵丹妙药——“诸葛亮会”；

（3）三种错误的全员需求管理方法——广撒网、个人激励、精英依赖；

（4）需求管理的妙招——“先内后外”“趣味活动”“分层管理”；

（5）内部需求普遍涉及的五个方面——人、机、料、法、环。

第十一章

概念设计是一项涉及各个技术元素的系统工程

系统工程 (Systems Engineering) 是系统科学的一个分支，是以大型复杂系统为研究对象，按一定目的进行设计、管理与控制，以期达到总体效果最优的理论与方法，是由很多学科融合在一起的一个交叉学科。

IPD 集成产品开发本质就是一个应用系统工程原理进行研发的并行管理系统。尤其在概念设计的过程中，需要更加强调系统工程的重要性，避免仅仅从设计角度看待研发技术问题。

读者感兴趣可以认真阅读系统工程的专业书籍，提高系统性看待整个产品开发的能力，这些书籍不仅包括技术系统工程，也包括管理系统工程。

一、概念设计与系统工程的“三个层次”

在小 IPD 流程的概念阶段，概念设计所涉及的系统工程具有三个层次：（1）小概念设计系统工程——与设计相关的各个学科交叉在一起；（2）中概念设计系统工程——与设计和工艺相关的各个学科交叉在一起；（3）大概念设计系统工程——与设计、工艺和研发辅助工作相关的各个学科交叉在一起。

1. 小概念设计系统工程

最基础也是最简单的系统工程就是涉及各个研发设计学科的系统工程，就是在研发设计的过程中，考虑各个产品构成的子系统和分系统，同时也别忘记把产品外观 ID 作为一个构成产品的分系统，并且把这些分系统和子系统作为一个统一的大系统来考虑。需要注意的是，系统工程也需要考虑超系统的问题，但是只考虑超系统的影响和限制条件，而不考虑如何重新设计超系统。例如一台工程机械产品，整个产品系统就会包含车体、液压系统、电气系统、转向系统、燃油系统、进气系统、排气系统、驾驶室系统、工作装置系统等分系统和子系统，在研发设计的过程中，就需要从系统工程角度，对每个组成部分进行系统设计，就会涉及结构、液压、电气、噪声等多个学科之间的交叉设计。

对于外源性产品开发（满足市场和客户需求）而言，一般就选择上述各个分、子系统中，工作量最大或者工作重要性最高的学科负责人，作为系统工程师 SE。如果成立了 SE 管理部门，则应该按照上述选用原则，选择对应背景出身的人员承担 SE 角色。SE 角色应该在某一项学科知识上处于优秀的水平，而另外的学科知识上处于良好的水平。

如果公司无人能够承担 SE 角色，则选择几个主要的分、子系统学科负责人一起组成 SE 工作小组，承担 SE 的角色。

2. 中概念设计系统工程

在研发职能和生产职能之间是中试职能，包括工艺、工装模具、试制、试验、BOM 设计、新物料 / 新器件认证等多个方面，其中以工艺设计最为典型性。中概念设计系统工程就是在小概念设计系统工程的基础上，增加考虑中试相关的各个子系统。

（1）工艺、工装模具设计

工艺设计包括工艺路线设计、关键工艺过程设计、工艺装置设计、工艺装置制造、工艺装置验证、工艺装置验收。工艺审核也是工艺代表在项目中的重要工作。车间工艺管理包括工时定额、材料消耗定额、现场操作指导书、工艺纪律管控等，也可以作为研发项目工作的重要组成部分。

从上面的论述可以看出，工艺（含工装、模具、量具、检具、道具、生产线、专用设备等）的设计过程，实际上就是一个新产品的开发过程，也是一种微观形式的小 IPD 流程，有些企业就是以工艺装置作为主要产品制造销售的。因此，工艺开发也可以以项目的形式进行专门开发。

（2）试制、试验过程设计

试制和试验的整个过程属于生产过程，但是同时还兼有一部分技术开发的功能，一般由企业的专门中试车间完成。有一些企业由于业务形态原因，无法设置专门的中试车间，则在生产线上完成中试，只是对正常的生产任务有影响，需要克服一定的困难。

试制、试验工作本质上需要满足诸如生产领域策略工作所涉及的“人”“机”“料”“法”“环”五个方面的内容。

（3）BOM设计

BOM清单主要包括设计BOM（E-BOM）、生产BOM（M-BOM）、采购BOM（C-BOM）和服务BOM（S-BOM）等四种类型。生产BOM（M-BOM）、采购BOM（C-BOM）和服务BOM（S-BOM）的根源是设计BOM（E-BOM），但是几乎不可能将设计BOM直接用于生产、采购和服务工作，在实际的产品实现过程中，都需要根据每个职能领域的自身情况，对E-BOM进行变化。这种变化一般按照“谁使用、谁负责”的原则进行转化，转化的过程可以依靠专业人员或者专业软件来人工或者自动完成。

（4）新物料/新器件的认证

新物料/新器件的认证工作一般不是依靠一个专门部门完成，而是依靠一个跨部门业务协作流程来实现，必要的时候需要建立采购专家团虚拟组织。

3. 大概念设计系统工程

大概念设计系统工程是在小概念设计系统工程和中概念设计系统工程的基础上，加上一些研发辅助工作所实现的系统工程，包括专利工作（含专利防守和专利进攻）、标准化工作等内容。

下面我们就详细说明一下每个子系统设计过程中的流程和注意事项。

二、概念设计所涉及的外观和设计工作

在进行新产品开发系统工程的过程中，需要考虑零部件设计和外观设计工作，这是新产品纯研发工作（或称小研发工作）的基础。

1. 零部件设计工作流程

零部件设计流程与小IPD产品开发流程的区别在于以下几点。

（1）零部件开发流程的立项阶段、概念阶段、计划阶段与小IPD产品开发流程（整机开发流程）是类似的。

有的零部件开发项目因为涉及关键零部件，并且成为整机产品开发项目的依赖项目，导致这些关键零部件开发项目在时间上需要先行开展，待这些关键零部件试验验证阶段完成后，根据实际情况适时开展整机开发项目。还有一些零部件开发项目的开展可以与整机产品开发项目同步开展。

（2）零部件开发流程的开发阶段有可能与整机产品开发阶段同步开展，也有可能先行开展，其流程与小 IPD 产品开发流程类似。

有一种特殊的零部件叫作“不可失败件”，它有几个特点：一是属于长周期物料，交货时间较长，如果设计失败，将会严重影响后续产品开发的时间计划；二是属于高价值物料，设计、采购或者生产成本较高，如具有较多复杂曲面的盖板类零部件，如果设计失败，将会使得企业或者企业供应商损失巨大的资金；三是属于难更改物料，比如有毒、材料稀缺等类型零部件（材料），如果设计失败，将会严重影响公司/企业正常运作，造成不可估量的社会损失和经济损失。

怎样处理不可失败件的开发呢？一是要准确调研清楚客户和用户的需求，保证后期需求不变更；二是认真而详细地评审设计方案和工艺方案，追求零失误；三是通过 CAE 等模拟手段，对设计结果进行模拟，找出设计缺陷；四是项目经理要承担这个风险，并在风险变成问题时，预备有合格的预案去应对和处理；五是研发部门要有一定的费用预算，消化掉可能的设计失误。

（3）零部件开发流程与小 IPD 产品开发流程不一样的是，它没有验证阶段、发布阶段和生命周期阶段，而是把三个阶段合并在一起叫作迁移阶段。

迁移阶段的本意就是将开发完毕的零部件送交整机项目继续进行后续整机开发项目。迁移阶段应该在各项内部试验和设计验证完毕后，召开技术迁移决策评审（TDCP），对是否继续进行迁移工作进行决策。

很多读者在阅读到这里时，可能有个疑问：零部件开发流程与技术开发流程很像。实际何止是像，它们就是同一个流程，我们把这个流程命名为 TPD 技术开发流程。

2. 外观设计流程

外观设计越来越成为 B2B 产品和 B2C 产品非常重要的组成部分，甚至某些产品外观设计的成败，决定了产品最终的成败。但是，现在很多公司的外观设计依靠一把手的审美观，形成一种类似“选美”的评审过程，是严重错误的。

那么，外观设计（又称 ID 设计）的流程应该是什么样子的呢？

（1）外观设计调研

外观设计本身除了与整机产品一起进行需求调研之外，还需要根据本专业特点进行一些调研。一是本专业调研，就是调研新产品客户 / 用户的痛点、使用场景和工况、竞争对手产品外观优缺点、公司 ID 战略一致性等。二是跨专业调研，就是调研外观设计的行业潮流、其他行业外观设计趋势等。

调研过程以外观代表为主开展，其他代表提供一些支撑即可，这个与其他功能和非功能需求的调研组织情况不同。

（2）外观概念设计

外观概念设计的主要目的就是产生出外观设计的关键词，如美观、大方、工业感、厚重感、工匠精神等，并对这些关键词进行说明。

外观概念关键词的产生基于两个方面的因素：一是针对外观调研的结果，形成一些外观概念关键词；二是形成一个概念场景，根据场景和工况，形成关键词，如广东某家居试点项目的外观概念就来自荷兰阿姆斯特丹跨海大桥。两个因素都必须考虑，不可以只考虑一个方面的因素。

（3）外观详细设计

外观的详细设计包括三维设计（部分产品还需要二维设计）、三维渲染设计两个子阶段。

三维设计子阶段的主要工作就是通过三维软件进行建模工作。一般情况下，都至少要做三个系列，每个系列三个方案，合计九个方案。这九个方案需要进行一次外观评审，如果有比较合适的方案，则修改和优化后，进入下一子阶段；如果没有比较合适的方案，则需要各位评审人员写出对这些预备方案的意见，由外观设计人员再次进行概念设计。

三维渲染设计子阶段的主要工作就是对已经经过多轮设计并且已经通过三维模型评审的方案，进行更为详细的设计，最后进行三维渲染，形成最终方案三维图。这个三维方案图的质量，必须满足直接提供广告媒体使用的要求。

（4）外观评审

外观评审需要根据企业产品的实际情况，制定有针对性的评审要素表（评审打分表），尤其是外观本身的评审权重（概念符合度、独创性、美观性等）会与外观在产品概念中的重要性成正比，如表 11-1 所示。

表11-1 某企业外观设计评审要素表（举例）

XX股份有限公司外观设计评审要素/打分表			
优选方案（0代表无合适方案）：		姓名： 日期：	
序号	**评审项**	**评审内容**	**分数**
1	概念符合度（0-10）	该方案是否符合产品定位？是否符合该项目输出的关键词要求？	
2	独创性（0-10）	该方案是否为全新创意？是否有特殊的适合该产品形象的设计切入点/思路来源（比如：小老虎）？	
3	美观性（0-10）	该方案是否让您眼前一亮，是否有视觉冲击力？是否符合您对本项目产品的想象？	
4	五个方便（0-10）	该方案是否符合“五个方便”设计原则？（方便使用、方便维修、方便物流、方便生产、方便采购）	
5	可实现性（0-10）	该方案有无特别难实现的设计点？是否每个设计点都可实现？	
6	品牌性（0-10）	该方案是否符合公司产品家族化风格？是否符合公司对于品牌形象的制度要求？	
7	CMF（0-10）	该方案的颜色搭配、材质搭配、表面处理质感搭配是否美观、合理、有质感、有视觉亮点？	
8	环境适合度（0-10）	该方案是否能融入、适应本产品的使用环境、应用工况？	
9	以人为本（0-10）	该方案是否符合人机工程学原理？人机交互是否符合人道主义精神？客户体验感是否舒适？	
10	安全性（1-10）	该方案是否存在安全隐患？使用是否安全？	
合计（总分100）			
对方案的修改意见			
打分说明（评分，小数点后两位）： 0-2分：非常差； 3-4分：比较一般； 5-6分：基本能达到预期，优化一下能更好； 7-8分：比较满意； 9-10分：超越预期，能引领市场。			

外观评审过程中最难以解决的问题就是“谁来决策”。一般来说，外观设计的结果评审都是从以客户 / 用户为主的角度进行评审的。这里面最为关键的工作就是谁来代表客户 / 用户进行评审，以及评审人员的决策权重。每次评审的人员根据评审的重要性,可以有所不同。一般有以下几类人员参与外观评审。

A. 关键客户 / 用户。所谓关键客户 / 用户就是根据立项报告(项目任务书）中所述的细分市场典型客户，进行关键客户 / 用户样本的选择，这个样本需要有一定的数量。评审过程中要采取措施保证客户 / 用户的参与度和保密性。一般情况下，这类人员的评审权重较大。

B. 项目组 PDT 成员。项目组 PDT 成员在外观概念设计评审中权重很大，尤其要关注外观设计的可实现性，但是一般不具有最终外观的决定权。

C. 公司 TRG 成员。TRG 评审专家可以给予一定的权重，给出具体的意见是最重要的。

D. 公司领导（尤其是一把手）。很多公司由于一把手决策外观给产品结果带来灾难，但是这并不是说 PDT 就不要听一把手的指挥。因此，需要给一把手一定的决策权重，这个权重需要相对较大，但是不能够影响关键客户 / 用户的决策地位。

（5）外观外延设计

销售产品包所需要的网站网页设计（尤其按钮小图)、宣传样本彩页设计、说明书设计、合格证设计等，都需要根据三维外观设计的概念关键词和三维结果进行设计。

三、概念设计所涉及的中试和工艺工作

在进行新产品开发系统工程的过程中，需要考虑中试和工艺开发工作。

1. 工艺开发流程

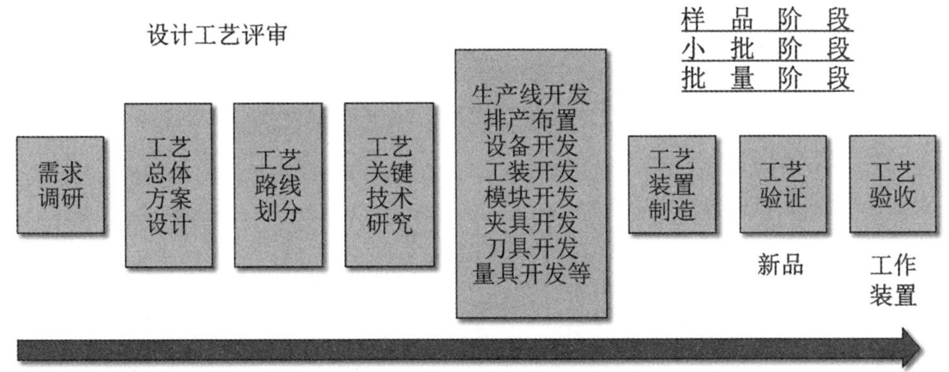

图11-1　某公司工艺开发流程示意图（举例）

如图 11-1 所示是某公司工艺开发流程示意图，实际就是一个工艺职能层面的小 IPD 产品开发流程。整机产品的小 IPD 产品开发流程与工艺开发流程是协调开展的，具有一定的同步性，但是也可以根据整机项目的实际情况，将工艺开发项目的计划提前或稍微延后一点进行。

（1）工艺调研

工艺调研包括两个方面，一是针对单个研发项目的工艺调研，二是针对单独工艺研发项目的工艺调研。工艺调研一般由工艺代表独立负责，可能包含的调研小组人员包括工艺代表的外围组代表，如工装代表、模具代表等。工艺调研的主要内容包括工艺技术发展趋势、竞争对手工艺发展情况、产品需求包关于工艺的部分等等。

（2）工艺总体方案设计

工艺总体方案设计会因为属于不同的行业和企业，而呈现出非常不一样的内容。下面是一家机械电子类企业的工艺总体方案目录，供各位读者参考。

某企业工艺总体方案目录（举例）

大致的工艺路线/流程（详细工艺路线在总体方案评审通过后，规范地制出）；

工艺过程（针对产品制造）难点的可行性研究（可以有几种方案）；

工艺制造（针对工艺装置开发和制造）难点的可行性研究（可以有几种方案）；

工艺实验结果分析及应用前景思考（工艺预研成果的转化）；

关键性工艺技术可行性评估；

历史经验继承的现代化转化（例如土方法的转化）；

参数、能量、物料损失的换算与评估；

新材料的应用分析；

工艺研发费用；

工艺装置成本估算表；

相关专利和标准的工作策略（防守与进攻）；

生产方法；

工厂组成；

车间总图布置；

水、电、气的供应方式和用量；

关键设备及仪表选型；

储藏和运输方案；

消防、劳动安全与工业卫生策略；

环境保护及综合利用；

工艺标准培训计划；

工时定额相关标准。

（3）工艺路线划分

工艺路线是指工艺运转的主要工序路线，通常都是固定配置的，但是也会因为不同的生产车间而有所不同。工艺路线在划分的时候，要以新产品实现为第一原则，而不一定是有什么设备就用什么工艺路线，那样的话，很多全新的产品是无法做出来的。这就需要工艺开发人员做好新工艺技术的开发工作。

（4）工艺关键技术研究

新的工艺关键性技术是新产品开发工作中的重要内容，甚至有的产品开发项目本质上就是新工艺关键技术的开发。必要时，需要将某个关键的工艺开发项目作为一个独立的项目来看待。因此，公司研发项目就不仅仅有产品开发项目，同时也有工艺开发项目。如果把工艺过程和结果看作一个产品，那么它的工作流程就是小 IPD 产品开发流程。

（5）工艺详细开发

工艺开发的详细工作阶段，就是对各种工艺技术方案进行开发，主要包括三个方面：一是工艺审核，保证设计图纸和代码的工艺符合度；二是工艺开发，包括生产线开发、排产布置开发、新设备开发、工装开发、模块开发、夹具开发、刀具开发、量具开发等内容；三是工艺文件开发，包括作业方法类文件、作业标准类文件、定额标准类文件、过程记录类文件、工艺纪律类文件、工艺更改控制类文件。

本部分内容一般在后续开发阶段完成。这里为了本书叙述的系统性，提前完整说明工艺开发流程，供大家在工艺开发工作中，有的放矢地开展相关工作。

（6）工艺装置制造和购买

在工艺装置详细开发以后，根据公司工艺战略、制造战略和自身能力水平，决定对于新的工艺装置，采取诸如购买、改造、新造／新建等三种工艺装置实现方案。

工艺装置的制造和新建要从三个阶段去考虑，就是在样机阶段、小批量阶段、批量阶段是否采取不一样的工艺装置制造策略。一般来说，在样机阶段，并不会一次性把所有的批量用工艺装置都制造出来，这个在时间上相对紧张，同时也会给项目的预算投入带来一定的风险，甚至有的企业在样机阶段，采用土模具、3D打印等方法，就是为了降低工艺装置制造和购买风险。即使是在小批量阶段和批量阶段，也应该根据生产策略，有计划地投入工艺装置。

在一些工艺装置的购买过程中，越来越多的供应商选择了将装置设备和工艺文件打包售卖的方式，这是各个企业可以优先考虑的一种工艺装置购买方案。

（7）工艺验证

工艺验证就是验证工艺装置的原理是不是符合新产品生产过程（包括一部分运输过程）的需要，类似于工艺装置的样机评审。

（8）工艺验收

工艺验收就是在新产品小批量生产（甚至第一批次批量生产）后，对批量供应的工艺装置系统是否满足生产要求进行评审，类似于工艺装置技术结项评审。

2. 试制、试验流程

本部分内容的工作与小IPD流程中生产职能（代表）的工作类似，包括内部需求提出、试制和试验策略制定（人、机、料、法、环）、试制和试验计划制订（人、机、料、法、环）、试制和试验工作执行等几个工作节点，这里不再赘述。

3. BOM 设计流程

BOM 设计流程最重要的问题在于跨部门的合作，也就是 M-BOM、C-BOM、S-BOM 设计的过程中需要建立一定的规则，并在研发工程师的帮助下才能做好后续 BOM 的设计工作，千万不要以为研发工程师能够单独设计好后续 BOM，也千万不要以为研发工程师可以不参与后续 BOM 的设计。总想着让一个部门完全负责 BOM 设计，是 IPD 体系建设不到位的表现。

4. 新物料 / 新器件认证流程

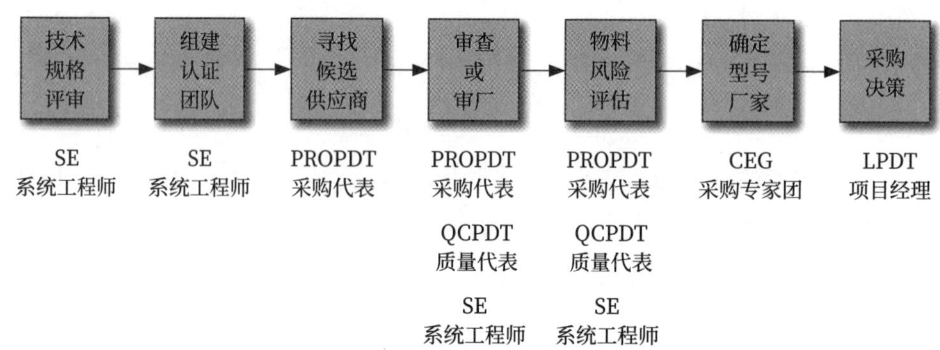

图11-2　某公司新物料/新器件认证流程（举例）

新物料 / 新器件认证流程是由若干个新物料 / 新器件认证团队实施的跨部门工作流程，如图 11-2 所示。这个流程实施的关键在于以下几个方面。

（1）合作的认证团队

认证团队可以由 PDT 项目组人员组成，也可以由其他人员临时组成；可以是一个团队负责所有新物料 / 新器件认证，也可以是若干个认证团队分别负责不同的新物料 / 新器件认证。这个小型跨部门团队一定要合作共赢，共同按照流程，实现新物料和新器件的认证和采购工作。

（2）与公司采购战略的一致性

一般的公司都会进行合格供应商建设，这是正常的公司管理行为。但是往往对于全新的产品研发来说，就是会有一些新的零部件和新材料，来自非合格供应商名录中的供应商。这就需要对新的非合格供应商进行临时性的审查、审厂，并及时进行合格供应商认证。在审查或者审厂的过程中，要注意与公司采购战略尽量保持一致性。

（3）采购专家团

在重大采购项目中，需要依靠公司级采购专家团进行决策。这个采购专家团由高层领导、技术专家、采购业务专家等组成。

（4）采购决策机制

重大采购项目应该根据公司规定采取竞标、货比三家等形式进行决策，特殊情况下，需要采购小组进行书面说明，由公司总经理进行决策。中等采购项目由项目经理和采购部门经理协商解决，当无法协商时，提交采购专家团解决。小型采购项目由项目经理和采购代表协商解决即可。

四、概念设计所涉及的其他研发类辅助工作

在进行新产品开发系统工程的过程中，需要考虑到专利和标准化工作。

1. 专利工作流程

一般来说，研发项目涉及的专利工作包括专利防守和专利进攻。

（1）专利防守流程

所谓专利防守就是在立项阶段、概念阶段、计划阶段的产品开发过程中，通过专利查新等搜索手段，对可能影响项目开展的竞争对手专利进行研究，找出挣脱竞争对手专利约束的方法。这些专利不仅包括传统的发明专利、实用新型专利和外观专利，也包括软件著作权等其他著作权。

在上述三个阶段开发过程中，就需要制定进行专利防守的策略，主要包括绕开竞争对手专利、与竞争对手进行合作、支付竞争对手专利费用等多种方法。

（2）专利进攻流程

所谓专利防守就是在立项阶段、概念阶段、计划阶段的产品开发过程中，形成我公司专利申报的相关清单。这个专利申报清单应当规定出专利的类型（同上）、专利申报的时间、负责人、专利申报地点（国内、国外）等。

2. 标准化工作流程

标准化工作流程就是企业申请标准文件的工作流程，国家层面已经对此类流程进行了严格的管控。研发过程中的标准化工作流程，就是在立项、概念、计划阶段，对将要申请的标准文件目录清单进行设计和评审的过程，其目的是

通过新产品和新技术的标准化工作，提升企业新产品的竞争力。标准化文件的种类包括国家相关标准、国家标准、行业标准、企业标准等。

五、如何保障技术评审会议的有效性

针对小 IPD 产品开发流程中的两种评审会议来说，DCP 会议的难度主要在于解决高层的决策能力问题，一般在 IPD 体系导入初期问题较为普遍；TR 技术评审会议则不然，它的主要难度体现为评审人员的技术能力问题，一般企业无论有没有推进 IPD 体系，都会设置技术评审会议，一般在 IPD 体系导入中后期，才会普遍出现技术评审会议效果不好的情况。下面就阐述一下 TR 技术评审会议怎样保证它的有效性，这本身也是 IPD 体系中最难实施和落地的地方。

1. 技术评审效果的过程保证

TR 技术评审是企业进行研发管理工作时进行的一种项目评审方式，无论哪种管理体系都是必须在产品开发流程中进行技术评审的。技术评审会议一般由会前、会中和会后三个阶段组成，其会议的注意事项大部分与 DCP 决策会议类似，下面说明一下技术评审过程控制的特殊之处。

（1）技术方案和技术结果是由 TRG 专家评审的

无论哪个 TR 评审点，都是需要 TRG 评审专家进行技术和质量评审的。这里就会出现一些管理方面的问题：一是专家们比较忙，每次参加评审的专家不一样，评审过程反复而质量低；二是专家们不缺钱，靠考核和激励的方法，是不怎么管用的；三是对于一些先进技术项目，难以找到更为合适的高水平专家；四是有一些专家是领导，容易把会议开成技术指导会甚至技术批斗大会。这些问题都是 IPD 体系中最难解决的问题。

关于如何在管理体系中解决上述问题，不是本书的内容，大家可以参考其他图书。本书要阐述的是，在没有那些有效管理手段的情况下，我们的 LPDT 项目经理和 SE 系统工程师该怎么处理这些问题呢？

首先，要做好项目组内的技术评审，保证项目组成员对技术方案和技术结果达成一致，因为项目组成员本身也是某个技术领域的专家。其次，要与 TRG 评审专家搞好关系，多沟通，多亲近，在充分尊重的基础上多请教问题，有可能则多举办一些非物质激励活动。最后，项目经理要多组织文化活动，邀请各位专家参加，从感情上团结专家团队成员，让他们感动。

（2）TR 技术评审的结论有时候难以给出

表11-2　某企业TR1技术评审（产品概念和需求包）要素表（举例）

序号	职能领域	检查项	完成情况
1	财务	新产品投资投入预算（包括设备、开模费、工装夹具）明细是否具备？	
2	财务	是否有明确的目标成本？	
3	PQA	项目的过程是否符合流程要求？	
4	PQA	交付件是否符合上会条件？	
5	PQA	文档是否清晰、完整？	
6	SE	产品需求包是否明确/完备？	
7	SE	产品概念是否满足产品包需求？	
8	SE	产品概念是否进行了风险评估？	
9	SE	新技术实现原理及方案可行性中的风险是否可控？	
10	SE	产品方案中对我公司暂不适合独立开发的部件是否考虑合作或外包？	
11	SE	初步技术方案是否满足内部需求(DFX)？	
12	工业设计	产品工业设计需求是否明确？	
13	工业设计	用户需求、产品定位对工业设计的要求是否清晰？	
14	技术管理	产品专利/标准化风险是否确定？	
15	技术管理	法律/法规应对策略是否制定？	
16	结构设计	客户外观需求中是否有特殊的工艺需求？	
17	结构设计	产品结构设计是否符合需求？	
18	电气设计	是否明确了电机和电控需求？	
19	电气设计	电机和电控初步方案是否明确、可靠？	

续表

序号	职能领域	检查项	完成情况
20	工艺设计	毛坯类型是否明确？	
21	工艺设计	是否对新工艺、新材料的选用进行了建议和评估？	
22	生产	产品新技术、新工艺是否满足制造需求？	
23	生产	现有装备、人员能力是否满足新技术、新工艺的实现需求？	
24	生产	现有外协方资源是否满足生产要求？	
25	采购	是否已识别关键物料及进行供方能力分析？	
26	采购	是否满足可采购性需求？	
27	质量	可测试性需要是否具备？	
28	质量	历史上及当前类比产品质量风险点及改进要求是否已识别？（适用时）	
29	质量	产品认证需求是否明确？	
30	市场	市场需求是否已确认？市场环境是否已调研？产品功能是否有特殊要求？	
31	市场	市场年销量预测是否已确认？	
32	市场	是否已调研竞争对手产品的价格、成本、技术水平？	
33	服务	可服务性需求是否已提出？	
34	服务	服务初步策略是否有效、可靠？	

如表 11-2 所示是某企业 TR1 技术评审（产品概念和需求包）要素表，是项目组自检和 TRG 评审过程的抓手。关键是如何进行评审以及由谁来进行最后决策，这一致困扰着广大创新型公司。TR 评审一般有打分、按比例投票、主审人决策三种决策模式。打分和按比例投票看起来很科学和严谨，实则不然，因为即使是仅有一项要素表内容不合格，也可能会造成技术方案全部失败。而主审人决策虽然可以听取其他 TRG 成员的意见，但是毕竟会受到其自身技术能力

的限制，可能会在某一学科上出现短板，在决策上出现偏差。没有最好的方法，只有适应公司实际情况的相对合理的方法。

TR 技术评审的结论与 DCP 商业决策评审的结论是不一样的，TR 评审可以得出 GO（通过）、GO WITH RISK（带风险通过）、REDIRECT（重新定向或称不通过）的结论，但是不得暂停、终止和下马项目。DCP 评审可以得出 GO（继续）、NO GO（终止）、REDIRECT（重新定向）的结论，可以直接决策项目的生死。

2. 技术评审效果的能力保证

如果想解决 TR 评审遇到的问题，除了从技术管理（流程、制度、考核、激励等）方面采取措施之外，最为重要的事情就是不断提高包括主审人在内的所有 TRG 成员的技术能力，这是唯一正确的方法。在公司层面，一般采取让 TRG 成员带技术预研项目，每年提供足够的专利和论文等方法。在项目组层面，可以把技术专家拉到项目组中来，承担一部分技术开发的内容，来解决一些问题。

但可以毫不忌讳地说，上面的方法不太灵验，只是没办法中的办法。究竟应该如何解决这些问题，确实是世界难题，还需要 IPD 研究者不断努力思考。

本章涉及的IPD工具

（1）产品研发的三种工作——设计工作、中试（工艺）工作和辅助工作；

（2）中试工作的六大职能——工艺、工装模具、试制、试验、BOM 设计、新物料和新器件认证；

（3）研发专利工作的两个方面——专利防守、专利进攻；

（4）TR 技术评审的三个结论——通过、带风险通过、重新定向（不通过）。

第十二章

各个职能部门的工作策略正确与否对项目具有长远影响

研发项目在进行完 TR1 产品概念和需求包技术评审以后，整个项目就进入概念阶段的下半部分（TR1-CDCP 子阶段），也就是对项目任务书（Charter）规定的各个部门的初步策略进行更新、优化和细化，继续地对研发项目的商业线加深研究，不断地“剥洋葱”。

有的读者可能觉得如果把立项阶段的项目任务书开发过程做好，就可以省略或者少做概念阶段和计划阶段的工作，甚至有的读者认为取消或者删除概念阶段（尤其）和计划阶段即可。实际这两种想法和做法都是错误的。事物的发展有其客观规律，立项阶段是不可能对整个产品的商业计划和技术方案充分评估和分析的（一些特别简单的改进型产品除外），也并不需要那么仔细地做各个部门的策略，如果过于仔细地进行项目任务书的开发，容易造成资源的浪费，得不偿失。立项阶段解决的是做不做的问题，是一种评估；概念阶段解决的是怎么做的问题，是一种策略安排；计划阶段解决的是具体怎么做，是一种方案和计划的确定。

本章的内容就是要讲述概念阶段和立项阶段之间的关系和不同点。

一、更为细致的营销4P策略的制定方法

概念阶段的营销 4P 策略是立项阶段 4P 策略的延续，有更新、细化的性质。如果产品规划和立项阶段的 4P 策略制定不到位，会给概念阶段的 4P 策略制定带来很大的压力；反之，如果产品规划和立项阶段的 4P 策略比较全面，那么概念阶段的 4P 策略制定过程就会相对轻松。

在立项阶段4P策略的基础上，我们需要如何更为细致地更新和细化市场与营销的各项策略呢？

1. 更为细致的产品策略

在立项阶段，研发项目组已经制定了初步的产品策略，在概念阶段就需要不断丰富和更新这个产品策略文档，其中最主要的工作如下。

（1）补齐衍生型产品和改进型产品的策略

随着对新产品的研究逐渐深入，就会识别出越来越明确的衍生型产品和改进型产品，这对于提高立项工作效率、避免小项目重新立项或者反复立项，具有非常重要的意义。对于衍生型项目和改进型项目来说，一般根据市场和功能两个维度考虑产品拓展/产品延伸，一方面可以考虑是否在较大的不同细分市场推出不同的产品，另一方面也可以考虑是否根据不同的功能组合逐步推出不同的产品。对于所有的衍生型和改进型产品，都应该把它们的上市日期、退市日期等产品策略内容补齐。一些比改进型产品开发规模还小的开发内容，可以作为配置选项来对待。对于很少出现的微小规模开发内容，可以等到特殊订货/特殊订单签订后，再做打算。

（2）补全“卖点”树

卖点是新产品的主要名片，没有卖点的新产品一般都很难取得良好的销售成绩。每款新产品的卖点，也应该形成卖点树。这个卖点树上的每款产品的卖点，应该是互相配合、互相弥补、遥相呼应的，既要保证整个产品树的大卖点统一，又要保证每款产品的小卖点与各个细分市场的对应。

（3）在本阶段，一部分企业应该通过与种子客户/天使客户的沟通，进一步丰富新产品策略文档，因此种子客户/天使客户的寻找和确定是本阶段的重要工作。

2. 更为细致的价格策略

在立项阶段，研发项目组已经制定了初步的价格策略，在概念阶段就需要不断丰富和更新这个价格策略文档，其中最主要的工作如下。

（1）确定定价规则的有效性

定价工作应该有一个专门的子流程和相关的公司定价原则。在概念阶段，就要最终确定本产品的专用定价规则，首先不能违反公司大的定价原则，同时也要根据本新产品的战略定位、内部价值、外部价值，决定比优法定价（以我为主，与客户心理预期进行比较）还是比烂法定价（以敌为主，与竞争对手预期进行比较）。

（2）产品方案成本过红线怎么办

如果在产品技术方案设计过程中，新产品成本过高，导致我公司利润空间大幅度下降甚至亏本，就应该毫不犹豫地降低新产品方案成本，或者直接砍掉项目。

如果在产品技术方案设计过程中，新产品成本仅仅比原计划的成本高一点点，那就应该由市场代表、研发代表和财务代表一起研讨，根据静态敏感性分析的结果，初步决策未来销售过程中提高价格而降低销量，还是价格不断而降低利润，并将结果汇报 IPMT 评审和最后决策。

3. 更为细致的渠道策略

在立项阶段，研发项目组已经制定了初步的渠道策略，在概念阶段就需要不断丰富和更新这个渠道策略文档，其中最主要的工作如下。

（1）自有渠道策略困难问题解决

对于自有渠道来说，最主要的是对所在地理区域的市场情况进行了解，包括客户总数、产品年需求总数、竞争对手市场占有率、我公司市场占有率、竞争对手营销优缺点、我公司营销优缺点等内容。自有渠道策略是上下互通的过程，我公司营销总部有渠道策略安排，地方营销部（或专员）有权利去申述，双方之间达成互相沟通，渠道策略的制定和落实就不成问题。

（2）外部渠道策略困难问题解决

外部渠道的建设困难程度要大一些，一方面是公司自身的品牌和能力能否吸引到外部渠道伙伴，另一方面是外部渠道伙伴的能力是否达到公司的要求。在我公司处于营销链条强势地位时，问题一般不大。在我公司处于营销弱势地位时，有时候不得已只能委曲求全，暂时与能力不强的外部渠道合作，修改外部渠道策略，等待日后对该外部渠道伙伴进行扶持和帮助。因此，有些公司甚至设立渠道部门，专司外部渠道建设，是一种 B2C 行业行之有效的方法。

4. 更为细致的促销策略

在立项阶段，研发项目组已经制定了初步的促销策略，在概念阶段就需要不断丰富和更新这个促销策略文档，其中最主要的工作如下。

（1）促销应基于公司传统

促销策略就是促销的方案、方法、工具，往往代表着一个公司的营销风格。一般情况下，一个公司的营销促销风格是一脉相承的，但就每个具体的年份而言，可以有主题型的促销主题活动。新产品营销策略所制定的促销策略，不可以过于超越公司的传统营销促销风格，并应该和年度营销促销主题保持相对一致。如果无法保持促销策略的一致性，就要考虑是否采取第二品牌进行营销工作了。

（2）促销应基于竞争对手动作

除了与公司传统营销促销风格一脉相承外，每个新产品的促销活动还需要根据主要竞争对手促销活动开展方面的变化，而采取积极应对的措施。尤其在行业展览会上进行的促销和宣传活动，更应该是企业营销策略的重中之重。

上述所有的策略文件都需要在所在领域内部进行评审，并得到所在部门最高领导的认可和承诺。

二、更为细致的售前和售后服务策略的制定方法

所谓服务策略，不仅指售后服务阶段的策略，也包含售前技术支持阶段的策略。在新产品开发项目立项时，主要关注的是售后服务阶段的工作策略，保证企业能够满足客户/用户的服务需求是第一要务。在小IPD流程的概念阶段，就需要继续对售前和售后的服务策略进行进一步细化。

1. 更为细致的售前策略

对于批量生产、小批量生产类企业的一般产品，售前技术支持的策略基本按照现行的公司售前服务策略执行即可。如果是比较全新的产品，则需要根据新产品的行业特点和技术特点，制定新的售前服务策略。

这个售前的服务策略包括以下的内容：

（1）金钱——售前服务的投入策略和明细。

（2）渠道——售前服务的实施路径，线上策略或者线下策略。

（3）包装——售前服务人员行为规范性、着装规范性、工作过程规范性。

（4）功能——售前服务人员所使用的硬件、软件、设备、工具、样品/样机的功能和性能。

（5）易用性——售前服务人员现场设备、工具适应现场工况的情况。

（6）保证——售前服务人员现场设备、工具、样品 / 样机的安全性、可靠性。

（7）售前成本——售前技术支持人员后续服务客户，进行技术支持工作的成本。

（8）情感——售前服务人员的情感类需求满足客户 / 用户的程度。

对于订单定制生产类企业，售前技术支持的策略主要包括种子客户（或称天使客户）策略和非种子客户策略。

项目进行到概念阶段时，项目组必须确定下来准备瞄准的种子客户，并根据种子客户的实际情况，采取现场办公、共同开发、持续跟进等售前服务的策略，保证种子客户真正成为企业新产品的第一单重要客户。有的时候，这个种子客户是否能够拿下来，甚至直接影响到本产品的生与死，必须要采取一些非常的手段。在概念阶段，如果确实有必要，探索并与种子客户沟通就需要执行了，而并不一定只是制定一个策略而已。

然后，可以根据种子客户的售前策略制定和执行过程中的经验和教训，制定非种子客户的售前服务策略。

2. 更为细致的售后策略

更为细致的售后服务策略制定过程，与立项阶段的售后服务策略制定过程基本一致，需要格外注意以下几个方面。

（1）研发技术方案对售后服务工作的影响程度需要进行评估，保证技术方案满足可服务性需求的规定。

（2）需要根据新出现的技术情况，继续优化服务策略中的安装、维护、维修、备件、培训、400 客服等工作策略。

（3）根据技术方案中关键零部件的研发情况，对易损件清单内零部件的相关更换和维修做出策略安排。

（4）对服务费用，包括保修期内和保修期外两个方面，进行详细核算，并将结果报送财务代表处核实并汇总。

上述所有的策略文件都需要在所在领域内部进行评审，并得到所在部门最高领导的认可和承诺。

三、更为细致的研发和工艺策略的制定方法

概念阶段需要继续对研发策略和工艺（中试）策略进行细化，以保证后续研发设计和工艺设计相关工作在管理方面不受障碍。

1. 更为细致的研发策略

在产品开发的概念阶段，产品开发项目组的主要工作之一就是产品概念设计，这就需要对产品的技术方案进行第一轮次的研究、开发和设计。概念阶段更为细致的研发策略，就是根据产品开发的进程，不断丰富和优化后续研发工作的策略，主要涉及研发职能的人、机、料、法、环五个方面，有的企业还包括测试策略（第六个方面）。

在这些研发策略中，有一些需要注意如下三个方面。

（1）对外合作开发策略

一些难度比较大的研发项目和一些需要跨公司联合开发的解决方案项目都是需要对外合作开发的。当对外合作的伙伴 / 供应商相对于我公司处于弱势地位时，他们一般都会积极主动地与我公司密切合作，管理他们的主要策略就是如何帮助合作伙伴 / 供应商在管理方面进步，通过何种手段能够保证合作伙伴产品开发的计划和质量。当对外合作的伙伴 / 供应商相对于我公司处于强势地位时，我公司的管理策略应该是尽量与合作伙伴保持战略合作关系，尽最大可能争取研发对应项目在合作伙伴公司被列入战略重点项目，不断地请进来和走出去搞好双方的合作关系，必要时要请我公司高层解决合作开发问题。

（2）对外合作测试策略

当某个重要的测试项目我公司测试部门无法承担时，就需要寻找外部检测 / 测试机构进行合作测试。在进行委外测试 / 检测时要注意以下事项：一是一定要找到有资质和能力强的外部检测机构合作，同时要考虑检测费用问题；二是一定要通过双方的深入沟通，保证检测 / 测试方法与新产品测试方案和测试大纲要求一致；三是签订合作协议时，一定要重点关注测试完成的时间，必要时需要在测试过程中，加强对测试现场的巡检。

（3）对外合作知识产权策略

概念阶段的知识产权工作（包括专利和标准化等）会承接立项阶段的策略安排，进行更新与细化即可。当知识产权的策略无法满足项目所用时，可以考

虑从企业外部付费引进一些专利和标准化文件。

2. 更为细致的工艺策略

在概念阶段进行工艺策略和工艺方案的进一步细化和优化工作时，需要对工艺方案组成的各个部分进行详细的策略安排，也就是说对于工装、模具、检具、刀具、生产线、量具的开发工作都应该将其视作一种新产品的开发工作，在新产品的概念阶段同步开发它们的技术概念方案、制造采购策略和财务费用成本计算。必要时，可对关键的工艺对象开发进行单独立项，按产品开发项目流程处理。

上述所有的策略文件都需要在所在领域内部进行评审，并得到所在部门最高领导的认可和承诺。

四、更为细致的生产工作策略的制定方法

在产品开发的概念阶段，生产职能代表需要对立项阶段制定的初步生产策略进行细化和更新，以应对项目开发进程中发现的一些新的影响生产职能运作的问题。

1. 更为细致的“人”策略

在概念阶段，最重要的生产领域之“人”的策略就是新工人的招聘策略。一些优秀的工人是很难“召之即来”的，他们是这个人力资源市场上的“抢手产品”。对于优秀的、具有特殊技能的工人，企业要尽早打算，根据未来几年的发展战略方向，进行提前准备，如果无法提前准备，那么在概念阶段时就应该实施这项招人策略。在企业内部发掘现有工人的新技能和进行多能工的能力体系建设，也是解决优秀工人数量短缺的好方法。

2. 更为细致的“机”策略

在概念阶段，项目组一定要对重要的、购买周期长、购买难度大的机器设备进行先期购买，因为可能由于有些关键性设备买不到，而导致项目无法继续进行。需要购买的机器设备的价格有高有低，质量也有高有低，应该如何选择呢？

(1)要看项目的战略定位。战略地位较高的项目，一般选购质量更高的设备；战略地位较低的项目，一般选购成本更低的设备。如果公司具有自己的设备管

理战略，则还需要符合公司对于设备选购的一贯做法。

（2）要注意设备的通用性。一般情况下，尽量选择通用性的设备，使之可以在不同的产品生产和测试中使用，减少浪费。

（3）要注意设备的使用年限（寿命）。拟采购（也包含自己生产）的设备的寿命应该与新产品生命周期相适应，且使用年限稍微长一点。过短的使用年限对于生产工作不利，过长的使用年限是一种浪费。

3. 更为细致的“料”策略

在概念阶段，生产物料管理策略是立项阶段生产物料初步管理策略的延续，根据本阶段项目组与供应商的技术沟通和接触，不断优化和细化即可。

4. 更为细致的“法”策略

将立项阶段的相关策略不断更新、优化和细化即可，重点关注预期销售数量的变化，以便匹配更加有效、高质量和低成本的制造工艺。

5. 更为细致的“环”策略

对于环境策略来说，本阶段的一些厂房建设或者装修方面的重大工程一般都应该开始展开了，需要项目组和生产职能部门一起，对重大的工程建设或者装修工程进行方案的评审，并派出专人进行管理和把关，在计划方面需要比准备投入运行时间稍早，在成本方面要严格加以控制。

上述所有的策略文件都需要在所在领域内部进行评审，并得到所在部门最高领导的认可和承诺。

五、更为细致的供应链采购工作策略的制定方法

在产品开发的概念阶段，采购职能代表需要对立项阶段制定的初步采购策略进行细化和更新，以应对项目开发进程中发现的一些新的影响采购职能运作的问题。

1. 更为细致的供应商管理策略

在概念阶段，一般都需要与核心 / 重要的供应商进行接触和沟通。对于合格的供应商来说，需要与其签订合作协议（含技术协议和商务合同），制定双方需求沟通、技术方案评审、样品评审、批量供货、质量事故处理等方面的工作策略。对于非合格供应商，虽然不一定立即把它们变成合格供应商，但是需

要必要的审厂手续，组织一个由采购代表、质量代表、研发代表组成的小组履行审厂手续，并与相关供应商确定后续工作策略。

一般情况下，为了保证供应商的供货质量和效率，在关键零部件上，可以采取确定第二供方的策略，保证项目后续开展的可靠性。在本阶段，第二供方的供应商企业名单应该被确定下来，对于那些非关键零部件，可以在产品开发的计划阶段（甚至后续开发阶段）再进行第二供方的确定。

2. 长周期物料计划开始执行

对于长周期物料清单中那些时间长的、最为难以处理的零部件和材料，在概念阶段就要进行购买了。购买的过程中，要注意不可失败件的识别并加强评审。

上述所有的策略文件都需要在所在领域内部进行评审，并得到所在部门最高领导的认可和承诺。

六、更为细致的质量工作策略的制定方法

在产品开发的概念阶段，质量职能代表（含测试代表）需要对立项阶段制定的初步质量策略和初步测试策略进行细化和更新，以应对项目开发进程中发现的一些新的影响质量职能（含测试）运作的问题。由于有一些企业没有质量部门，所以由测试或者品质部门代表暂时代替质量代表，甚至不得已时由项目经理暂时代替质量代表，但是这个方法是不得已而为之的，不是长久之计。

1. 进一步明确质量目标

由于在产品开发的概念阶段，再次深入地研究了市场和客户的详细需求，我们就可以再次细致地基于这些客户需求，确定新产品的质量目标，包括新产品过程质量目标和新产品结果质量目标。

2. 进一步明确质量策略

针对上述确定的质量目标，项目组质量代表应确定相对应的质量策略，该质量策略是立项阶段质量策略的细化和延伸。这些质量策略主要包括以下几种类型。

（1）过程控制质量策略，也就是按照公司和行业已有的 IS09001、GJB19001、TS16949 等质量管理体系，对研发、生产、采购等管理过程进行审

查的相关策略。同时，还包括产品质量保证工程师 PQA 所制定和执行的 IPD 相关流程和制度，对整个研发过程进行管控的工作策略，它本身也是立项阶段初步过程控制策略的延续和细化。

（2）结果质量控制策略，也就是按照公司已有的结果质量管理体系，对生产和采购的劳动结果进行控制的相关策略，可以使用诸如质量屋（QFD）、六西格玛、DEFEAM 等相关体系和工具。这些内容是质量工程师的本家绝活，如果各位质量工程师不知道怎么做，可以购买相关书籍进行学习。

（3）与质量月管理活动相结合，也就是将本项目的质量提升和攻关活动与公司质量月相关活动进行结合。

（4）质量例会和质量攻关策略，就是对一些与本项目关联的改善类质量攻关项目进行管理的策略，一般是把它当作一个项目，通过质量月会或者质量周会进行管控。

3. 制定测试方案和测试大纲

在概念阶段，测试代表一般要编制出初步的测试方案、测试大纲和测试用例。

（1）测试方案

测试方案的内容一般包括测试原理、测试规程、测试现场布置、测试仪器和工具、测试人员等内容，可以由研发技术人员提出原始的需求并编写测试原理文档，由测试代表完成详细的测试方案，并经过 PDT 项目组和相关专家评审。

（2）测试大纲

测试大纲中包含着若干个测试方案，有的公司便把测试大纲叫作测试项目清单。测试大纲或者叫测试项目清单，一般包含两部分内容：一部分是针对标准规定的测试，如国标、国军标、行标、企标、国外标准等；还有一部分是关于市场和客户需求的测试，也就是通过测试验证是否满足客户需求，分为定性需求测试和定量需求测试两种。

定量需求测试是比较容易理解的，可是定性需求测试很多企业没有把它列入测试大纲范围。例如美观大方、操作舒服等需求的测试就属于定性需求测试，也需要把它们列入测试大纲，并制定相应的测试方案。

（3）测试用例

测试用例就是一组条件或变量，测试人员根据它来确定产品系统是否正确工作。测试用例应包含常规性测试用例、压力性测试用例、极限性测试用例、破坏性测试用例等多个种类，以保证产品在不同工况、不同场景下正常工作，并通过破坏性的方法测试产品在故意或者非故意被破坏时的正常工作能力。

上述所有的策略文件都需要在所在领域内部进行评审，并得到所在部门最高领导的认可和承诺。

七、更为细致的财务和成本工作方法

对于小 IPD 产品开发流程中的财务职能工作而言，其涉及的三条工作线是一种不断细化和准确性不断提升的过程。

1. 关于财务和成本工作，IPD 流程的相关要求

（1）研发费用预算（从项目开始到 GA 点）

在立项阶段，一般允许的研发费用预算偏差率不超过 ±30%；

在概念阶段，一般允许的研发费用预算偏差率不超过 ±20%；

在计划阶段，一般允许的研发费用预算偏差率不超过 ±10%；

在开发阶段，一般允许的研发费用预算偏差率不超过 ±5%；

在验证阶段结束后，研发费用要基本是准确无误的。

（2）新产品成本估算（第一批次批量产品成本或第一个种子客户订单标准成本）

在立项阶段，一般允许的新产品成本差值（与上一代产品不同之处）偏差率不超过 ±30%；

在概念阶段，一般允许的新产品成本差值偏差率不超过 ±20%；

在计划阶段，一般允许的新产品成本差值偏差率不超过 ±10%；

在开发阶段，一般允许的新产品成本差值偏差率不超过 ±5%；

在验证阶段结束后，新产品成本要基本是准确无误的。

（3）经济效益分析表

无论是哪个阶段，都应该保证经济效益分析表的内容，即以已经提供的财务和成本数据为基础的计算是准确无误的。

2. IPD 财务工作所涉及的三条线，在概念阶段可能会出现的情况

（1）更为细致的费用预算、成本分析和经济效益分析在概念阶段，项目组财务代表需要对研发费用预算表、新产品成本分析表、新产品经济效益分析表等“三表”进行优化，也就是根据各个职能代表提供的修正数据，进行进一步计算和分析。

费用预算表的更新要重点考虑人员变动造成的人工费用变动，和对外合作过程中产生的对外合作费用及委外设计费，同时别忘记把立项阶段之前发生的提前投入费用也加入研发费用预算表格中，按阶段进行预算和核算。这里要十分注意功能样机和小批量样机销售工作可能带来的研发费用变化。

成本分析表需要研发各个职能代表、系统工程师SE和财务代表（有些公司为专门成本代表）共同编制，研发各个代表给出本阶段的BOM清单，由财务代表负责按照公司规定进行计算。部分临时物料仍然需要采购代表估算成本。

将上述两部分内容的变化情况，写入经济效益分析表，按公式计算即可。

（2）敏感性分析

在概念阶段和计划阶段都要进行财务敏感性分析——从定量分析的角度研究有关因素发生某种变化对某一个或某一组关键指标影响程度的一种不确定分析技术。IPD流程中的财务敏感性分析一般从两个变化因素进行分析，一个是价格变动±10%，另一个是销售数量变动±10%，来观察对整个项目销售总额、毛利率、净利率、利润总额和投资回收期的变化影响，给IPMT做最后的策略决策提供坚实的财务依据。

上述所有的策略文件都需要在所在领域内部进行评审，并得到所在部门最高领导的认可和承诺。

八、人员招聘与培训计划的制订

在产品开发的概念阶段，对于项目人力资源管理，有一些新的要求。

1. 项目组的扩大

由于运作立项CDP流程的跨部门团队CDT是一个精英团队，人数并不是很多，所以在概念阶段，就一定会将CDT团队扩大成PDT团队（核心组、扩展组、外围组）。相关人员的扩大和变更的手续需要根据公司的规定和立项项目的初步人力资源策略，来共同制定并把数据报送财务代表。

对于与项目相关的各种人员的招聘（如生产工人、销售业务员等），项目经理不能认为这不是自己的事情而是人资部门的事情，那么项目经理就一定会遇到因为相关人员招聘不到位，而给项目的运行带来障碍的事件。没错，并不需要项目经理去招聘每一个人，但是他有义务和责任把招聘这个事件组织和运作起来，通过良好的沟通和协调能力，按照各个职能部门策略中提出的关于“人”的招聘要求，把这件关乎项目生死的大事做好。

2. 加强项目人员的培训

对于项目组和项目相关人员的培训是一件大事，那是因为项目的成功本质上就是项目组各个人员的成功，大致包含下列培训内容，将其整合成培训工作表并执行就是项目经理的天然责任，因此，有的公司把人力资源代表（或 HRBP 代表）列入 PDT 核心组成员就是应对这种考虑，如果项目组内没有 HRBP，那么就需要由项目经理和人力资源部门的培训专员做好沟通和协调工作。

（1）新员工（仅社会招聘，学校招聘不可以直接进项目组）入司教育，是指与项目相关的新进公司员工，要加快进行入司教育，从文化和思想上尽快融入公司。

（2）项目组人员 IPD 知识培训，由 PQA 组织实施。

（3）高层人员 IPD 知识培训，由 PQA 组织实施。

（4）专项技术能力培训，是指那些难度较大的项目中，项目组部分人员对技术掌握有欠缺，请技术专家进行培训。

（5）专项业务能力培训，是指在短期内通过突击培训，提升相关职能领域代表的业务运作能力。

（6）项目组成员管理能力提升，是指短期内通过辅导和培训，迅速提升项目组人员的管理能力。

在进行完上述工作并经过 TR1 技术评审会议后，项目组就可以把项目进展情况汇编成评审材料，提交 IPMT 进行 CDCP 概念阶段商业决策评审，其评审要素表见表 12-1，决策项目进入计划阶段还是项目终止下马。在 CDCP 评审点通过后，需求变更就会受控，成为后续变更管理的基线。

表12-1　某企业CDCP概念阶段决策评审要素表（举例）

评审要素	评审内容	评审结论	备注
WHY	细分市场是否有形势上的重大变化？		
	细分市场客户/用户需求是否有重大变化？		
	细分市场容量及相关竞争对手的市场份额是否有重大变化？竞争对手的核心市场是否有变化？		
	产品目标售价与竞争对手相比是否有竞争力？产品目标售价是否有重大变化？		
WHY	是否有细化市场策略（4P+2）？		
	销售预测是否有变化？（销量、台数）		
	竞争对手的分析结果是否有重大变化？		
WHAT	制定的研发策略是否明确？资源是否齐备？		
	产品的核心竞争力和卖点是否设计出来？		
	TR1技术评审结论是什么？存在哪些风险？是否有风险应对策略？		
	产品包需求在产品概念中是否可以全部满足？		
WHO	PDT团队成员是否已经配备到位，以便进行计划阶段工作？		
	对于不能突破的技术难点，是否有合适的外部合作伙伴？		
WHEN	项目时间进度和相关里程碑是否修正？		
	计划阶段的工作计划是否制订？计划阶段的资源需求计划是否修正？		
HOW	是否制定生产策略？（人、机、料、法、环）是否满足需求？		
	是否制定采购策略？是否满足需求？		
	长周期物料初步供应计划是否满足需求？		
	产品质量目标和策略是否明确？现有测试资源是否满足需求？		
	类似产品风险点及改进方案是否明确在本产品上解决？		

续表

评审要素	评审内容	评审结论	备注
HOW MUCH	是否对目标成本进行分解、优化？		
	是否根据最新的信息（例市场信息）对盈利预测进行优化？		
	产品最新的毛利率是多少？是否具有竞争力？是否符合公司目标？		
	是否对各部门已发生的项目费用进行反馈和统计？		
	根据最新信息，是否有必要调整项目预算？		

本章涉及的IPD工具

（1）服务领域的两大组成部分——售前、售后；

（2）财务敏感性分析的两个维度——价格、销量；

（3）各职能领域策略一般都涉及的五个方面——人、机、料、法、环。

第十三章

定期项目会议是项目管理运作成功的法宝

在实际的 IPD 流程运作之中，出现问题最多的地方实际不在 IPD 知识大家会不会，也不在于 IPD 流程大家理解不理解，而是在于对于如何运作好 IPD 产品开发项目，很多企业人员尤其是项目经理们是不甚清楚的。研发项目管理作为任何先进流程实施和运作的“临门一脚”，对于本书所述内容的实际运行到位，都起着重大作用。

对于研发项目经理来说，他实际上是实施 IPD 流程的中坚力量。IPD 集成产品开发管理体系和流程在企业落地的内容下限是由 PQA 的能力决定的。IPD 集成产品开发管理体系和流程在企业落地的内容上限是由公司一把手（董事长、总裁、总经理）的能力决定的。IPD 集成产品开发管理体系和流程在企业落地效果好坏和深远度则是由项目经理 LPDT 的能力决定的。如果想运作好 IPD 流程或者其他类似的并行开发流程，项目经理的能力就是至关重要的，为此，本书鼓励广大项目经理努力提升自己的项目管理能力，必要时可报考 PMP 项目管理专业人士资格认证并取得证书。

本章不是讲述研发项目管理 RDPM 的相关内容，而是把项目流程实施运行过程中的黄金点拿出来，进行详细叙述，这就是 IPD 流程在项目中落地运行的法宝——项目例会。

一、两个级别项目例会的经验和教训

IPD 项目例会是有两个层次的，一是项目组内部项目例会，另一个是公司 / 产品线级的项目例会，前者解决项目组内部问题，后者解决项目组无法解决的问题和项目组之间的问题。很多公司把研发部门内部的工程师例会认为是项目例会，是一种非常错误的做法。研发内部会议不可以管理和指挥其他职能部门的内部管理工作和业务运作活动。

1. 项目组项目例会（PDT 例会）

PDT 例会就是每周或者每双周（根据项目开展活动的密度决定召开周期）召开的项目例会，主要目的是安排项目任务、协调项目计划、处理矛盾冲突、进行资源支持、评审关键性文档，一般由项目经理主持，项目核心组代表和研发扩展组代表参加会议，其他扩展组代表和外围组代表按需参加。

PDT 例会的一般议程包括上周（两周）项目进行情况通报、上周（两周）项目出现的问题讨论、本周（双周）工作计划和内容要求、相关资源支持情况和相关问题的协调处理、关键里程碑评审材料内部评审（必要时）、团队建设活动（必要时）。

PDT 例会的会议组织很容易出现以下问题：一是会议成为项目经理独角戏，缺乏各个代表之间的沟通；二是一部分代表觉得会议没用，纯属浪费宝贵的工作时间；三是缺乏必要的团队融合文化活动。因此，开好 PDT 例会对于项目经理的能力要求很高，这需要 PQA 作为政委角色来帮助项目经理。

好的 PDT 例会一般有如下一些特点。

（1）会议时间不长，也就是项目例会尽量不要开大会、开长会，如果会议时间很长，就一定要让与会人员觉得很值得，很有收获。

（2）会议主题明确，问题解决有力，也就是真正解决项目和各个职能代表遇到的困难和问题，这就要求项目经理有项目困难问题的处理经验，PQA 设计会议时充分通过引导手段保证会议过程的质量。

（3）会议召开时间合理，也就是会议召开的时间能够得到所有项目组成员的认可，时间和地点是提前规划好的。

（4）先开集体会议，再单独讨论。为了有效减少大家对于会议时间浪费的担忧，应该在 PDT 例会上，先解决大家集体的问题，再进行各个代表的单独沟通。

（5）例会上应该气氛轻松，多做一些文化建设活动，让大家开开心心地来到例会现场，欢欢乐乐地回到职能部门。某公司例会上，大家集体给财务代表过生日的惊喜，让财务代表热泪盈眶，大家觉得她还会再“刁难”大家吗？

（6）项目经理和 PQA 要鼓励大家先说话，多说话，不允许有任何一名与会人员不说话。

2. 公司 / 产品线项目例会（IPMT 例会）

公司 / 产品线级的项目例会（IPMT 例会）的组织开展形式和 IRB 投资评审委员会的 IRB 例会形式类似，都是高层集体对多个项目进行管理的会议，一般在每个月的固定时间召开。

对于 IPMT 团队而言，他们的工作主要有三项：公司 / 产品线规划、DCP 决策评审、业务日常管理。IPMT 日常管理就是通过 IPMT 例会开展的，一般解决以下问题。

（1）冲突管理，是指解决各 PDT 在运作的过程中，彼此间经常发生的配合问题的管理工作。议题出现频率为每月一次。

（2）问题管理，是指发现的问题和确定的行动需要按照规范的流程跟踪解决的管理工作。议题出现频率为每月一次。

（3）资源管理，是指为保证产品组合的顺利实施，预测、选拔、调配和释放多项目成功开发所需要关键的 PDT 核心组及外围组的人力资源的管理工作。议题出现频率为每月一次（按实际需要）。

（4）变更管理，是指 IPMT 团队对 A 类核心需求变更和项目重大变更进行评审并给出结果的管理工作。议题出现频率为每月一次（按实际需要）。

（5）盈亏和成本管理，是指 IPMT 审视整体公司 / 产品线财务状况，作为 DCP 会议上投资组合管理、项目决策以及资源规划和分配的重要依据。议题出现频率为每半年一次。

（6）PDT 绩效考核管理，是指 IPMT 通过对各 PDT 经理设置绩效目标、绩效辅导、绩效诊断、绩效评价，激励 PDT 团队有效运作的管理工作。议题出现频率为每季度一次（按各公司考核周期实际情况）。

（7）IPD 变革进展与推行效果评估管理，是指 IPMT 对 IPD 推进工作及效果进行评估的管理工作。议题出现频率为每半年一次。

（8）职能领域能力提高管理，是指 IPMT 建议各个职能部门提升各自职能能力的过程监督和监控管理。议题出现频率为每半年一次（按实际需要）。

IPMT 例会是公司 / 产品线最重要的会议之一，这个论断大部分公司还是认同的，问题在于 IPMT 例会非常容易与公司经营会议混为一谈，使得职能管理和业务管理混淆，IPMT 的服务职能就会降低，整个会议就会变成批斗大会和任务下达会。

因此，这个会议的组织过程一定要保证各个与会者的充分发言，这就给IPMT团队建设带来挑战，需要一把手认清会议问题，不断改善会议现场组织情况，通过会议过程的优化，让大家放轻松、讲实话，开诚布公。

二、两个级别项目例会的制度和模板举例

下面给大家分享一些IPD例会的具体做法，请大家在此基础上，把它们转化成符合本公司实际情况和要求的制度和模板（目录）。

1. PDT项目例会制度

给大家介绍一个某公司项目例会制度的案例。

浙江某股份有限公司PDT项目例会制度（节选）

（1）目的

为了规范IPD试点项目周例会会议管理，促进项目团队跨部门之间沟通协调，提高会议质量，降低会议成本，及时传达试点项目相关信息及要求，根据IPD项目推进小组要求特制定本制度。

（2）适用范围

项目组成员（核心组和研发扩展组，不含专利代表）和会议议题相关负责人。其他会议邀请人员不受本管理规定约束。

（3）管理职责

A. LPDT负责会议的组织工作，包括会议的投影设备、会议资料、场地时间和会前通知等。LPDT对各成员在工作中表现和绩效具有最后评价权。

B. PQA负责本制度的执行监督和考核，协助LPDT组织例会，包括例会任务的下达、跟踪和管理，并在下次例会前将各代表完成情况汇报LPDT。PQA负责对任务交付成果进行形式审查和归档。

C. 项目成员接受LPDT工作安排，按项目计划完成项目各项任务，共同为项目目标服务，对项目各领域工作负责。项目成员在会前，必须上交汇报材料至LPDT处。

D. 会议过程记录由LPDT指定人员记录，会后整理完成会议纪要并提交

LPDT 签发，并向相关人员下发会议纪要（会后 1 个工作日内完成）。

（4）周例会要求

A. 主持与记录：由 LPDT 召集并主持，LPDT 指定人员进行会议记录。当 LPDT 未能列席会议时，由 LPDT 指定人员主持。

B. 召开时间：原则上每周四上午 8：30-11：30，特殊原因需要提前或延期的由 LPDT 提前通知。

C. 会议地点：IPD 作战室（2308 会议室）。

D. 参会人员：项目组成员和会议议题相关人员，每次会议都会提前一周通知，请安排好各自职能工作，防止工作冲突。尽量线下参会，如果特殊情况需要线上参会的人员，需要得到 LPDT 的批准。

E. 会议内容：例会内容和材料由 LPDT 提前沟通发放，内容包括上一周遗留问题的跟踪以及本周需完成的任务，本周出现的问题及处理方案，下周的工作安排，里程碑的材料准备情况（必要时），会议资料必须在例会前一天发给相关参会人员。

（5）会议规则

A. 参会人员不得缺席例会，若因出差等原因不在公司，需提交 LPDT 批准的请假条方可作为缺席考核依据。

B. 无故缺席例会乐捐 100 元 / 次，迟到 10 分钟之内乐捐 30 元 / 次，迟到超 10 分钟乐捐 50 元 / 次，乐捐费用将用于会议开销和团建经费，由 PQA 保管，并每个月定期公布一次明细。

C. 项目期间累计无故缺席例会 3 次者，LPDT 有权将该成员调离本项目组，并将其表现情况反馈给直属上级。

从上面这个项目例会的案例可以看出，项目例会制度本质上就是项目组各成员定期集中工作制度，实际是产品开发项目良好开展的“绝招”。为了项目例会的较好开展，一般都需要固定的跨部门办公场所、诸如笔记本电脑在内的移动工作终端设备、相关的办公用品，甚至有的公司为了 IPD 的推进专门在研发大楼设计上留出了专门的项目组工作办公室。为了项目的开展，一般都是要设定一些激励方法和惩罚措施的，这个可以由项目组自行编制，但是必须报公司审批，并不得违反公司的相关规定和社会公序良俗的要求。

2. PDT 项目例会模版分享

项目例会的主要工作除了工作通报 / 汇报、材料评审以外，最重要的就是问题 / 风险跟踪工作了，企业一般都会采用问题 / 风险跟踪表的形式进行管理。这个问题 / 风险跟踪表可以做成表格的形式，也可以做成文档的形式，有条件的还可以设计在 PLM 全生命周期管理系统中，一般包括问题编号、问题类别（按职能）、问题描述、严重程度（高、中、低）、紧急程度（高、中、低）、优先级别（高、中、低）、状态（OPEN 或 CLOSE）、行动方案、提出日期、计划日期、关闭日期、提出人、确认人（审批人）、行动责任人等相关内容，每次例会后都会更新和发放。

3. IPMT 项目例会制度

IPMT 例会的管理制度由于每个企业的情况不同，需要根据实际情况进行选择，一般包含以下几种情况。

（1）IPMT 单独例会

由 IPMT 跨部门产品组合管理团队进行 IPMT 例会，对本公司 / 产品线的各项业务进行日常组合管理。IPD 推进初期主要以多研发项目管理为主，IPD 推进后期可以加入一些产品线生命周期管理的内容。这个方法是目前对于中小企业最好的方式，但是由于思想意识上的差距问题，大部分企业还是在组织架构上不支撑，IPMT 单独例会开不起来。当然，本来在中国众多企业中，能够突破小 IPD 产品开发流程的企业就不是很多，能够运行需求、规划和开发一体化大 IPD 体系的企业就更是不多。

（2）IPMT 例会与经营会议融合

由于一些企业的 IPMT 单独例会召开不起来，IPMT 高层就会想着将 IPMT 例会与公司的经营例会相结合，在经营例会的后段，单独拨出一段时间给 IPMT 例会。这个方式实际并不好，本质上是对 IPMT 的不重视，没有意识到产品线多项目管理的重要性，经常出现的结果就是公司经营例会与 IPMT 例会的议题冲突，久而久之就是 IPMT 例会不了了之。实际上经营例会是解决公司经营运作问题的，IPMT 例会是解决多研发项目管理的，在 IPD 体系成熟后期是可以合并的，但是在 IPD 初期合并起来就会出现上述的问题。

（3）IPMT 例会与行政会议融合

实际很多公司都会把行政和业务两种工作混为一谈，因为本来董事

长 / 总经理就是行政工作者和业务工作者的结合体。但实际上，纵向的行政工作和横向的业务工作是两种不同的角度的工作，前者是工作资源培养管理工作，后者是业务运作管理工作；前者是练团队，后者是打粮食。如果把前面两项内容混为一谈，就会导致以行政命令代替研发规律，以行政命令代替市场规律，企业执行力不强时，变成一盘散沙；企业执行力很强时，倒是可能造成大家力出一孔，但是很难保证这个力的方向是正确的。

（4）IPMT 例会与变革会议结合

一些企业用变革指导委员会（RSC）的形式来管理各个变革项目，比如 IPD 变革项目、数字化工厂变革项目、卓越绩效变革项目等。将 IPMT 例会与变革指导委员会会议相结合，好处是在大变革时期，容易推进企业 IPD 的落地。但是这种方法对于公司一把手和高层对于变革规律的认识要求很高，目前在国内成功案例极少。

关于 IPMT 例会的制度一般包括以下内容，请读者根据本公司实际情况自行填充具体内容，

（1）IPMT 例会召开的目的和意义。

（2）IPMT 例会召开的固定地点和时间安排，必要时需要给出半年会议台历进行确认。

（3）IPMT 例会召开的管理规则，包括人员名称、人数限制、请假原则、缺席惩罚机制等。

（4）IPMT 例会会议议程规定和会议议题要求。

（5）IPMT 例会会议的会议规则，可以参考 DCP 会议的会议规则。

上述这些议题的确定和内容的收集，都由 IPMT 例会召集人 IPMT 秘书负责。

4. IPMT 项目例会模版分享

某公司IPMT例会引导材料模版（举例）

（1）上次 IPMT 例会遗留问题回顾（IPMT 秘书汇报）

每条问题都应该包括提出者、内容、责任人、目前状态、是否关闭。

（2）项目总体运行情况（项目总经理 / 项目经理汇报）

各个项目都应该有一页内容说明项目目前处于何节点，计划是正常进行还是延期，延期多久。这页内容不可以太复杂，说明当前状况本身即可。重点说

明当前取得的成果、遇到的问题和困难。

（3）需要请示的事项（项目总经理汇报）

汇总各个项目的内容，列表说明需要向IPMT高层请示的事项，包括以下内容。

A. 冲突：相关项目在运作的过程中，彼此间经常发生的配合上的问题，如版本配套、资源调配、技术共享等问题。

B. 问题：某项目所遇到的困难和问题，需要 IPMT 的帮助。

C. 资源：需要 IPMT 承诺或者协调的人力和物力资源。

D. 变更：变更流程中需要 IPMT 决策的变更申请。

（4）IPD 总体运行情况总结（IPD 推进办公室主任）

A. 战略规划目前的运行情况总结。

B. 盈亏与成本变化情况总结。

C. 相关 IPD 推进工作的工作总结和所需要解决的问题。

D. 下一步的 IPD 推进工作安排。

（5）对 PDT 进行考核的情况

（6）本次会议遗留问题确认

（7）IPMT 主任总结发言并对下一步工作进行指示

本章涉及的IPD工具

（1）IPD 项目例会的两个层次——PDT 例会、IPMT 例会；

（2）PDT 例会的召开周期——每周或者每双周；

（3）PDT 例会的召集人——PQA；

（4）PDT 例会的主持人——项目经理；

（5）IPMT 例会的召开周期——每月；

（6）IPMT 例会的召集人——IPMT 秘书；

（7）IPMT 例会的主持人——IPMT 主任；

（8）PDT 例会的五大方面——上周工作情况、下周工作安排、相关问题和资源协调、里程碑材料评审、团队建设；

（9）IPMT 例会的八大方面——冲突管理、问题管理、资源管理、变更管理、盈亏和成本管理、PDT 绩效考核管理、IPD 变革进展与推行效果评估管理、职能领域能力提高管理。

PASSAGE 3

第三篇

产品开发项目的方案和计划阶段

在产品开发的概念阶段结束以后，产品开发项目将进入计划阶段，这个阶段有两个主要的任务，一是把产品的系统技术方案（TR2）和子系统技术方案（TR3）全部搞定，机械产品的三维图要近乎完成（TR2 达到 70% 三维，TR3 达到 90% 三维）；二是将后续开发阶段的各项工作计划（PDCP）制订完毕。

小 IPD 产品开发流程的计划阶段与概念阶段的基本工作差不多，但是颗粒度是逐渐变细的，需要对正式的开发阶段做最后的评估，以便投入费用进行正式产品开发。在概念阶段和计划阶段，虽然看起来任务不少也不轻，但是对于企业来说，所花费的费用并不多，进入开发阶段以后的花费才是大头。

下面就开始讲述如何进行计划和方案阶段的进一步评估和开发准备工作。

第十四章

技术方案设计的系统工程原理

进入计划阶段以后，技术方案的制定就变成非常重要的工作。这个阶段既包括总体技术方案的设计，也包括各个分、子系统技术方案的设计。有一些企业因为外观设计的重要性，可能单独将外观评审作为公司级别的 TR 评审。还有一些企业，对于技术方面的复杂度不高的产品，也可以将 TR2 和 TR3 进行合并。

TR2 总体方案技术评审和 TR3 子系统技术方案评审的分开执行，实际是技术评审分层化重要思想的体现。技术评审是非常专业的工作，按照专业的人做专业的事的原则，一些专业技术要求高的子系统就应该进行子系统自己的技术评审，因此 TR2 技术评审是公司级集中进行的，而 TR3 子系统技术评审可以公司级集中进行，也可以按照分、子系统分别进行公司级分散评审，具体根据各个公司的实际情况决定。分开进行的系列 TR3 评审，也需要集中评审一次。

总之，做好前 TR（TR1、TR2、TR3）评审是后续产品开发技术成功的基石，而且三个前 TR 与三个后 TR（TR4A、TR5、TR6）是对称分布的，对称点就是中 TR（TR4）。

本章内容对于各位读者来说，应该是每天工作中必不可少的事情，也不需要大范围的跨部门沟通，因此文字上叙述不多。

一、更为细致的技术方案所包含的内容

我们先来看一下 CDCP-TR2 总体技术方案设计子阶段的内容，主要由系统

工程师 SE 组织各个子系统代表 / 工程师共同完成。

总体技术方案是产品概念（初步总体技术方案）的优化和细化，本质上也是技术开发上的系统工程，不仅要考虑到总体性能参数是否符合项目任务书中的规定，还要考虑到各个子系统之间的接口矛盾解决情况，更要考虑到技术方案的实现（中试，尤其工艺开发）。本阶段的机械三维图要达到 70% 的水平，部分试验性质和长周期性质零部件二维图纸甚至要下发了。

1. 从整体性能规格参数到子系统性能规格参数

在概念阶段，项目组已经制定了一个产品概念，其中必定包含新产品的关键规格和技术参数，如产品的主要外形尺寸、关键输出性能、关键接口形状和尺寸、关键安全和环保性能等。在 TR2 评审之前，就一定要对这些关键规格和技术参数进行如下操作。

（1）通过进一步的总体技术方案设计，对产品概念规定的关键规格和技术参数进行确认，并对关键数据进行精度加深和条目扩展。

（2）通过进一步的总体技术方案设计，对子系统关键的规格和技术参数进行规定。这个规定是总体设计师和子系统设计师在设计过程中互动的结果，应该以总体参数的实现为基础，协调总体参数和各个子系统参数之间的平衡。

（3）在总体规格参数和子系统规格参数的同步设计过程中，需要考虑到质量 Q、成本 C、时间 T 三者的关系，以新产品价值定位的核心，明确各项技术要素在平衡权重上的配比。

2. 外观设计的整体性保证

外观设计在产品概念阶段总体方案已经基本完成了，在计划阶段就是对外观方案进行细化和样机生产前的确认，相关工作如下。

（1）根据产品总体和详细方案设计的结果，调整外观设计方案，但不应该影响外观的价值定位，否则整个项目有可能从头开始。

（2）如果外观设计方案和总体技术方案的争议还是不小，应该以外部核心需求为基准，决定更改外观方案还是更改技术方案。

（3）对详细设计中出现的对外观形象的破坏进行评估，如在一个光滑面板上的安装孔，如果判断它就是一个“苍蝇”，就要修改详细设计方案。

（4）对于生产和组装工艺过程对外观的影响进行评估，并采取相关的技术措施来保证外观方案不走偏、不走样。

3. 总体设计与接口设计

在总体结构设计的过程中，应该充分考虑各个子系统与总体系统的接口连接方式，可能包括空间的预留、硬安装接口的尺寸和形状统一、软安装接口（含软件）的逻辑统一、物料传输接口的安全保障、信号传输接口的顺畅性。为此，系统工程师 SE 应该与各个子系统工程师协调设计工作，开展并行联合设计。如果相关子系统之间出现设计干涉现象，则应该在 SE 的统一指挥下，根据外部市场和客户需求的标准，进行联合设计。关于接口本身的设计工作，一般根据实际情况，哪个系统或者子系统设计较为有利，就由哪个系统或者子系统工程师进行设计，这个模块化设计的内容，将在后续著作中详细讲解。

4. 各子系统技术方案的进一步评估

在 TR2 评审点附近最主要的工作是产品总体技术方案的设计，但是并不是说只进行总体技术方案设计，而不进行子系统和分系统技术方案设计，这种想法是错误的。无论什么类型的产品，技术方案设计都是总—分—总的形式，但是这个总—分—总不是孤立发生的三个事件，而是贯穿设计工作始终的、不断循环往复的设计过程。在进行总体技术方案的设计时，需要对各个子系统的技术方案同步进行设计，来保证总体技术方案的相对准确性。

当整机产品进行总体技术方案设计的时候，子系统也应该在进行子系统初步技术方案的设计工作，双方之间有一个相对的工作内容颗粒度差。

5. 更为细致的工艺总体方案

在 TR2 评审点附近，必须对工艺的总体方案进行评审。在很多制造型企业中，产品的设计方案和产品工艺的实现方案是同等重要的。在 TR2 评审过程中，一定要保证工艺、工装、模具、生产线等工艺实现对象总体技术方案的可靠性，需要对产品概念中的工艺初步方案进行进一步优化和细化，一定要识别出生产实现困难点。

对于工艺的总体方案评审，甚至可以单独进行，因为有些新产品的工艺实现过程是非常复杂而重要的，如浙江某公司的腔体铸造技术难点，没识别出来，就导致了项目为解决此问题延期 3 个月。工艺也是一种新产品。

6. 更为细致的测试方案

在计划阶段要保证所有测试方案的齐备性，包括以下几个方面。

（1）测试原理完备，也就是所有测试需求和测试标准的方案都是完备的，理论上都是可行的。

（2）测试原理可实现，也就是在实际的试验和测试条件下，可以实现测试的原理，各方面试验物资齐备（测试设备、测试原料、低值易耗品等）。

（3）测试人员齐备，也就是测试人员资质符合要求，对测试方案的原理和实现性领会和动手能力符合测试要求。

（4）测试房间和空间准备完毕。

7. 专利和标准化方案的执行

在计划阶段，发明专利、实用新型专利可以开始撰写了，并根据计划的规定，执行报批手续。外观专利可以稍微晚一点执行，以防止外观信息泄密，但一般不得晚于产品提前销售或者小批量试用的时候。

标准化文件的编制方案，根据编制计划制定，只要不影响整个项目的开发和新产品上市就可以了。

8. 技术风险管理表

模板格式同 TR1 评审。

完成上述内容后，将总体技术方案（系统性的）提交 TRG 进行 TR2 的评审，其评审要素表如表 14-1 所示。

表14-1 某企业TR2技术评审（总体设计）要素表（举例）

序号	职能领域	检查项	完成情况
1	财务	是否完成目标成本的分解分配？	
2	财务	是否完成研发费用投入更新？	
3	PQA	项目的过程是否符合流程要求？	
4	PQA	交付件是否符合上会条件？	
5	PQA	上一个TR遗留问题是否关闭？	
6	SE	是否完成需求的分解与分配？	
7	SE	产品包需求是否清晰定义并映射到产品设计规格中？	
8	SE	产品总体方案是否清晰并满足产品规格要求？	
9	SE	产品系列型谱（产品树）是否已经确定？	

续表

序号	职能领域	检查项	完成情况
10	SE	是否注意了各个系统的接口？	
11	工业设计	外观方案是否已确认？与产品定位是否一致？	
12	工业设计	外观方案所涉及的结构、工艺可行性是否满足要求？	
13	技术管理	产品总体方案是否满足标准和法律法规的要求？	
14	结构设计	结构三维图是否完成总体方案的要求？	
15	结构设计	外形尺寸是否确定？	
16	结构设计	关键部件初步选型是否完成？	
17	电气设计	电机和电控总体设计方案是否合理？	
18	工艺设计	是否有工艺总体方案且符合需求？	
19	工艺设计	设备、工装的需求是否满足？	
20	工艺设计	新工艺、新技术、新材料是否进行验证或有验证计划？	
21	生产	产品总体方案中的工艺方案是否满足可制造性需求？	
22	采购	供应商物料选择和风险识别是否完成？	
23	采购	新技术和新工艺是否有备选供应商？	
24	质量	系统测试及验证方案是否明确？	
25	质量	检测能力（硬件、人员、方法等）是否满足需求？	
26	市场	市场需求是否已满足？	
27	市场	用户对产品提出的特殊需求是否能满足？	
28	市场	市场年销量预测是否再次确认？	
29	市场	产品的成本目标是否已明确？	
30	市场	是否已分析竞争对手产品的销售价格、成本、性能、销售区域？	
31	服务	可服务性需求是否已落实？	

二、更为细致的技术方案设计中的关键点

在计划阶段的 TR2-TR3 子阶段，主要完成各个子系统的技术方案，并最终完成全部技术方案的设计工作。子系统方案设计本质上是对 TR 总体技术方案的进一步细化和验证，需要继续解决各个子系统设计之间的矛盾（设计干涉和设计空白），部分试验性质和长周期性质零部件的二维图纸甚至都必须要下发了。

本子阶段结束后，整个产品机械三维图要达到90%的水平甚至更高的水平，下面以机电设备的子系统开发过程为例，说明如何做好TR3 评审点附近的工作。

1. 动力类子系统的设计要点

动力类子系统包含动力源（电动机、发动机，新能源产品还包括发电机等）、动力源输入设备（燃油子系统、进气子系统、充电子系统等）、动力源输出设备（排气子系统、飞轮、电机编码器等）、动力源维持系统（冷却系统、散热器、液压油子系统、润滑油子系统）、动力控制系统、动力安装件等。

对于大多数公司来说，往往动力源是外购的，其他系统以自产为主、外购为辅，其设计要点如下。

（1）正如德国梅塞施密特博士所说的那样，好的机器就是有一股强劲的动力，然后把它包起来。动力源是一些机电设备实现使用价值的根本，对于动力源的选取要根据其扭矩、转速、能耗曲线图，根据本产品的主要性能参数的设定，来选取最为合适的动力源配置。

（2）一家公司最好有一整套对于动力源输入设备、动力源输出设备的选型指引，其中包含一些计算公式、注意事项，实现功能和性能是第一位的，结构设计应该让位于功能和性能设计。

（3）对于动力源周围相关子系统，应该根据设计规范和设计经验进行开发设计，其间要特别注意安装方便性和维修方便性。

（4）动力源的安装设计以实现其功能和性能为核心，以安装和工作的可靠性为基石，最后考虑结构设计的优化。

2. 电气类子系统的设计要点

电气类子系统不包括电机系统，但是包括其他所有的与电能电力相关的系统，如储能设备（蓄电池等）、线束、电缆、用电设备（电灯、风扇、空调、电脑、

工控机等），一般都分为强电和弱电两种类型的电气系统。

（1）电气系统的开发首先是设计总电气原理图，这是总体设计方案类的设计图纸，是电气设计的总根源，以实现产品功能和性能为核心。

（2）对于线束类子系统的设计，应该以平台化和模块化的思想来进行，也就是一款线束适应多个型号产品，浪费几个悬空接头没关系，实现线束的低成本批量生产，对于安装、维护和维修都是非常有意义的。

（3）对于用电器的选型，应该基于以下几个原则：尽量通用、尽量成熟、符合质量要求、成本适当。

3. 动作类子系统的设计要点

动作类子系统一般都是指这个产品的执行机构，以及驱动执行机构工作的传力机构，如叉车门架和货叉、减速机、减速器、传动轴等。车辆的行走系统、轮胎、驱动桥等也属于动作类子系统（转向系统不属于此类）。这些动作类子系统和装置实际是机电类企业关键技术的核心所在。

（1）一般由专门部门和专人对上述关键子系统进行研究和开发。对核心技术进行预研，用预研后的成果服务于产品开发项目，是货架式技术的主要应用者。

（2）对于产品而言要多采用成熟技术，少采用不成熟技术，最好不要在研发新产品的时候同步研发这些关键的难技术。

（3）当预研的技术成熟后，应该加以推广和应用，但是一般从老产品改装开始应用较好，在应用成熟以后，再用于新产品开发上。

4. 控制类子系统的设计要点

控制类子系统包括机械控制类子系统（如方向盘、转向系统、转向桥等）、液压控制类子系统（如阀杆、阀门等）、电气控制类子系统（电控箱、PLC 线路板等，也可以包含在电气类子系统中）、气压控制类子系统、软件应用系统等，现代机电设备产品多是上述几者的结合。

（1）现代产品开发设计的总趋势是从硬装备走向软控制，电子控制设备在新产品中的作用越来越大，原来很多机械难以实现的复杂动作和精度控制都在软件上得以实现，所以此类子系统多是需要几个部门软硬件结合开发的。

（2）此类系统很容易被软件类开发工作所限制，也就是软件工程师的水平和能力决定了整机产品的技术水平，而软件工程师在做什么，有时候外人很难得知。

（3）此类产品在软件方面尽量少预研，也就是说软件的预研另行专题项目去做。而在软件开发之前，各个技术子系统的工程师应当对市场和客户需求认真讨论达成一致。

（4）软件的架构应该提交各个技术门类技术专家评审，然后才能进行软件的开发，并且在开发过程中，软件工程师应该定期给大家分享阶段性成果。

（5）非软件类控制子系统多是多个子系统的结合，如方向盘就会集成很多电气设备。在研发过程中，相应的小系统工程师可以暂时调归大系统工程师所在部门临时管理。

5. 安全类子系统的设计要点

安全类子系统是保障产品使用安全的子系统，包括机械安全防护设备、电气安全防护设备、环境保护设备等，其开发过程必须遵循相关国家和地方强制标准，并经过专项检查和验收后，才能够投入使用。现代社会设计新产品时，往往将安全防护类子系统的设计与外观设计紧密结合，以使其融于整个产品系统的自然之美。

6. 外观类子系统的设计要点

外观类子系统实际并不仅仅指产品外表，而是主要指产品骨架类、装饰类和标识类子系统。这类子系统的设计需要遵从外观设计的要求，与外观设计形成良性互动，形成外观在结构上落地的良好结果，同时保证整个产品的刚度和强度。在装饰和标识上满足国家相关标准的要求，并满足客户 / 用户的需求，最终实现产品的档次感。

7. 工艺子系统的设计要点

工艺子系统就是沿着工艺路线（加工路线、装配路线、检验路线）所有的新开发工艺装置的总和，实际就是一个个单独的亚产品，按照各自的小 IPD 开发流程设计就可以了。

8. 兼顾整机和子系统的测试

在测试子系统的设计上，需要兼顾整机产品测试和分、子系统测试两个层次的测试工作。一般来说，既需要整体产品的测试方案和计划，又需要单独的子系统测试方案和计划，均由专人进行测试。不可以以整体测试的最后结果代替子系统的测试工作，这样会给产品质量留下隐患。

9. 项目技术风险管理表

模板格式同 TR1 评审。

在进行完上述所有子系统开发工作后，就可以按照表 14-2 所示的评审要素表，进行 TR3 技术评审了。

表14-2　某企业TR3技术评审（详细设计）要素表（举例）

序号	职能领域	检查项	完成情况
1	财务	是否已进一步明确成本目标？	
2	PQA	项目的过程是否符合流程要求？	
3	PQA	交付件是否符合上会条件？	
4	PQA	上一个TR遗留问题是否关闭？	
5	SE	各子系统的方案是否满足产品规格要求？	
6	SE	设计过程中遇到的问题是否得到解决？	
7	SE	是否制定初步技术规格书，试验大纲是否满足产品验证需求？	
8	工业设计	外观设计是否经过评审并确认？	
9	技术管理	标准开发计划是否已经制订？	
10	技术管理	专利管理计划是否已经制订？	
11	结构设计	机械结构是否充分考虑到通用性、互换性？	
12	结构设计	详细结构设计方案是否已完成，是否落实了技术规格书中的规格项和性能要求？	

续表

序号	职能领域	检查项	完成情况
13	电气设计	电机电控子系统详细方案是否合理？	
14	工艺设计	是否有详细工艺方案（工装、设备、加工方法、工艺路线）并符合需求？	
15	生产	装备总体设计方案、工艺方案和硬件详细设计方案是否满足可生产需求？	
16	采购	供应商物料选择和风险识别是否完成？	
17	采购	新技术和新工艺是否有备选供应商？	
18	采购	关键物料（包括长交期）供应商是否确定？	
19	质量	详细的系统测试及验证方案是否进一步完善和确认？	
20	质量	测试验证条件是否具备？	
21	质量	质量保证计划是否编制？	
22	市场	产品子系统设计方案是否已满足市场需求？	
23	市场	是否已开始制订对相关人员的产品知识培训计划？	
24	市场	开发进度是否满足市场需求？	
25	市场	年销售量预测是否更新？	
26	服务	可服务性需求是否已落实？	

本章涉及的IPD工具

（1）前TR评审——TR1评审、TR2评审、TR3评审；

（2）中TR评审——TR4评审；

（3）后TR评审——TR4A评审、TR5评审、TR6评审。

第十五章

各个职能部门开发计划的制订方法

在 CDCP 决策评审会上，PDT 已经向 IPMT 汇报了由项目任务书转化而来的初步业务计划书，在 PDCP 决策评审会上，就需要将初步业务计划书进一步优化和细化，变成计划阶段的正式业务计划书了，也就是基线版本的 PDT 业务计划书，是运作整个新产品开发项目的标准纲领性文件。

如果把一个 PDT 项目组认为是一家小公司的话，PDCP 点附近的业务计划书就是这家小公司的正式运营计划方案。由于立项评审 Charter DCP 时，整个 IPMT 和 PDT 对于项目和新产品的认知是不全面的，必然会有偏差和遗漏，而计划决策评审 PDCP 时，由于技术方案已完成 90%，各职能领域的工作计划都基本齐备，大家就可以真正看清楚整个项目未来的全貌，所以，在 IPD 体系中，大部分项目考核 KPI 值都是以 PDCP 为基准点的。

可以负责任地说，PDCP 是 IPD 流程中最重要的一个决策评审点，它给 Charter DCP 和 CDCP 堵漏洞，是公司正式大规模投入前的决策评审大门。

下面就阐述一下如何做好计划阶段的开发工作。

一、销售和服务部门的关键工作

营销部门的代表（市场代表和销售代表）在计划阶段的主要工作是保证 4P 营销计划的确定和有效，为产品试销和正式销售过程中执行这些计划做好准备，同时服务部门也应该同步做好服务计划。

1. 销售计划的最后确定

市场代表和销售代表在本阶段需要继续优化和细化前面阶段提出的 4P 营

销策略，安排好具体的时间、地点和负责人等事宜，使之成为营销领域工作计划，这个计划的有效期到停止销售之时。除此之外，还应该做好以下工作。

（1）确定种子客户

种子客户又叫天使客户，是指在新产品的营销工作中，第一个具有影响力和示范效应的典型客户，在很多时候，是一款产品能否打开市场的最为关键的环节，也就是老百姓所说的“开张了”的第一个大客户。

种子客户对项目的重要意义包括以下几个方面：一是新产品销售样板，在整个行业中起到样板工程的作用和产生广告效应；二是新产品服务样板，在整个行业里树立质量好、服务好、体验好的品牌形象；三是新技术试验地，虽然我们不可以把种子客户当成小白鼠，但是毕竟需要种子客户做我们“第一个吃螃蟹”的试验者；四是设计工作完善的保证，能够为设计工作的改善和完结，以及新产品的最终定型打下实践基础；五是部分企业借助种子客户来培养员工。

确定种子客户的过程中一般需要注意以下几个事项。

A. 种子客户一定要在本产品确定的销售市场内，按照典型客户选择标准进行选择，不可以选择非典型的客户，那样没有实际意义。

B. 种子客户一定是与我公司非常要好的客户，那么就一定要在平常就与其保持良好的沟通和互利互惠关系，这个工作应该由市场销售专员负责。

C. 种子客户的高层应该与我公司高层保持密切的沟通，在生意伙伴的基础上，最好建立亲切的兄弟和朋友情谊。

D. 对于新的种子客户来说，需要高层出马与其订立战略合作的相关协议。

E. 在进行需求调研和需求验证的过程中，重点考虑种子客户的实际情况。

F. 在进行产品开发的过程中，甚至可以与种子客户开展联合开发，形成共同的商业和知识产权成果。

G. 在进行新产品试用和试销的过程中，重点考虑种子客户的需要，并和种子客户把新产品的情况、试用目的和试销目的说清楚，不能对种子客户有所隐瞒。

H. 销售的各项策略上，应对种子客户有所倾斜。

I. 市场和销售代表应该保证种子客户一定会试用和购买我公司的产品。

（2）制订试用计划和试销计划

试用和试销这两种不同的工作，经常被一些企业所混淆。试用的目的是试出来新产品的技术和质量问题，以试验产品是否满足客户 / 用户的功能性需求为第一目的。试销的目的是试出来新产品的营销和服务政策问题，以试验产品是否满足客户 / 用户的非功能性需求和情感性需求为第一目的。

下面首先叙述一下如何做好试用计划，某企业的新产品试用计划模板如下。

某公司新产品试用计划模板节选（举例）

A. 试用产品的情况描述

产品名称、产品型号、产品规格配置、产品颜色。

B. 试用目的

试用产品的主要目的是什么？

主要试用哪些功能和性能？

主要试用哪些质量控制点、工艺控制点、人机工程控制点、外观和工艺控制点、使用费用控制点？

C. 试用对象选择

对细分市场、销售区域和典型客户的要求。

有哪些备选的客户？他们是否具有忠诚、高度配合的特性？

对备选客户的具体使用场景和工况都有什么要求？

对具体试用产品的操作和使用人员有哪些要求？

与试用对象洽谈工作的人员和时间安排。

D. 试用时间要求

试用产品的总体数量要求。

试用产品的总体时间跨度要求。

每天试用产品的工作时长要求。

E. 试用工作费用

试用产品是否收费？如何收费？是否打折？

试用产品的运输与安装费用、用户洽谈费用、定期访谈和监控费用。

F 整个试用工作计划

G. 试用工作人员安排

整体工作组长、组员、监督人员。

试用过程访谈的时间和人员安排。

H. 对相关人员的考核和激励制度

I. 相关表格

《试用用户联系单》《用户试用调查表》《用户访谈操作须知》《产品试用总结报告》等。

从上面的案例可以看出，在进行试用计划文件编写的过程中，需要注意以下几个方面。

A. 试用客户要选择精准。选择试用客户要尽量选择针对细分市场的典型客户，而不选择非典型客户，重点选择种子客户，这样才有示范效应和试用意义。

B. 切不可因为无法找到试用客户而不进行产品试用，如果出现这个问题，就几乎可以断定将有一个艰难的营销过程，必要时可及时终止项目。

C. 试用的目的是试出来技术和质量问题，一般对客户都采取少收费用甚至不收费用的策略，不要因小失大。

D. 对于重大项目，可以采取研发人员重点关注试用过程的方法，甚至采用研发人员在客户处长期工作的方法。

E. 应采取措施保证客户及时安装我公司产品 / 设备，而不是将所购买的我公司产品放在仓库里“睡大觉”或者放在使用场景下当“摆设”。

F. 由我公司自行组织一个试用客户（如缝纫机公司组织一个服装厂）进行试用工作是可取的。

下面再叙述一下如何做好试销计划，某企业的新产品试销计划模板如下。

某公司新产品试销计划模板目录（举例）

A. 试销产品的情况描述

产品名称、产品型号、产品规格配置、产品颜色。

B. 试销目的

C. 试销区域

D. 试销奖励政策

E. 试销过程要求

F. 试销产品培训计划

G. 试销产品物料支持

H. 试销期限

I. 试销报告产生计划

J. 试销相关小组成员

K. 试销督导人员

从上面的案例可以看出，在进行试销计划文件编写的过程中，需要注意以下几个方面。

A. 试销的范围不可以很大，因为试销的目的就是通过小范围的试销实现对销售方案和策略（4P+2）的验证。

B. 试销的政策必须正常，不可以采取一些正常销售所不可能采取的促销策略，防止试销数据失真。

C. 试销的过程必须规范，也就是说必须保证在客户引流、客户信任建立、客户洽谈、订单合同签订、制造发货、货款回收、问题反馈、问题解决等方面与真正的销售活动一致，因为试销就是要发现这个过程中存在的问题而加以改正。

D. 对试销过程要加强稽查，防止试销失真甚至试销造假事件的发生。

E. 对严格执行试销过程，能够反映出良好信息的销售人员应该给予奖励。

（3）制订发布计划

新产品的发布工作是新产品最终销售成功前的“临门一脚”，其工作计划应该在计划阶段就开始准备，而不能等到发布阶段再准备。同时，通过发布计划的准备，能够找出产品开发过程中还有哪些工作需要补充。下面是某公司产品发布计划的模板。

某企业产品发布计划模板节选（举例）

A. 目前市场的情况以及对产品发布的影响

B. 行业产品发布载体和形式都有哪些新变化

C. 主要竞争对手的竞品发布形式（现有和预估）

D. 发布时间和发布地点

E. 发布载体和媒体（线上与线下、官方与自媒体）

F. 发布的对象以及引流方法

G. 初步的发布会设计方案（尤其是发布主题）

H. 发布会物料和人员支持

I. 相关基准广告和采用的各种广告形式

J. 发布过程的费用预算

K. 发布计划的风险控制

从上面的案例可以看出，在进行发布计划文件编写的过程中，需要注意以下几个方面。

A. 发布计划选择的渠道和方法应该能够直接命中新产品的客户群体，包含几乎所有的重点客户。

B. 虽然有些发布的渠道和方法实际没什么用，但是由于竞争对手采用了，如果我们不采用的话，就可能受到竞争对手的语言攻击。当然，这个问题需要实事求是地分析和对待。

C. 根据新产品开发项目的战略重要性，匹配合适的发布方式，尽量选择通用平台（如展会或者专门的发布会）发布系列化新产品。

D. 每次的发布会都要有一个主题，但不能有两个主题。

E. 对于新型的发布渠道，如抖音、快手、公众号、视频号等，还需要各个公司加大研究力度，这就需要一些相对专业的人士参与发布计划的制订。

F. 发布所需要的费用是发布会的重中之重，需要进行单独的预算。

G. 不是每个新产品都要求开发布会或者大张旗鼓地进行发布，对一些改进型产品的不进行专门发布的方案，也是一种可能合适的发布计划。

上述这些内容，后续章节还要深入地研究和探讨。

2. 服务计划的最后确定

服务代表在本阶段需要继续优化和细化前面阶段提出的服务策略，安排好具体的时间、地点和负责人等事宜，使之成为服务领域工作计划，这个计划的有效期到停止服务之时。

（1）做好服务相关准备工作

在计划阶段，产品的设计方案基本定型，对于是否能够满足可服务性需求也有了一个基本的答案。但是到项目小批量试用和试销还有一定的时间，也就是新产品样机生产和测试的时间。在这个时间内，项目组的服务代表可以做好一些服务准备工作。

A. 售前服务工程师要深入方案设计过程之中，掌握设计过程中的一些关键点，否则就会由于新产品技术过于先进，而导致售前支持人员与客户接洽时出现技术短板，不利于新产品高技术能力和销售能力的发挥。比较好的做法包括让售前技术支持工程师深入设计方案的研讨和评审过程，让售前技术支持工程师承担小部分新产品的研发工作，让售前服务工程师与产品设计工程师进行短时间轮岗等。

B. 售后服务工程师要开始提前考虑售后服务的相关方法的基础能力准备，因为有些新产品的新的售后服务方法对能力的要求会比原来提高一些。比较好的做法包括让售后服务工程师和工人参与新产品样机的制作和测试工作。

C. 关于备件计划的准备工作应该做起来，对于重要件和易损件的采购工作可以适当参与一下。

（2）做好服务人员的培训计划工作

服务人员的培训工作包括公司对内部服务人员的培训和服务人员对外部用户的培训。在计划阶段还没有到进行内部培训和外部培训的时间，但是有的工作可以开始做了。

A. 执行好后续培训的计划是很重要的，因为售后服务的人员不可能总是在公司内部待着，他们的主要时间都是在客户 / 用户工作和生活现场。在进行培训计划的制订时就需要考虑大家回公司的时间，合理安排培训工作。同时，在排计划时需要给外部培训留有一定的时间，包括对经销商和代理商的培训、对直接客户的培训、对使用用户的培训。

B. 有一些基础性的培训可以开展起来了，例如对于机械类工程师开展电气化基础知识培训，对于电气类工程师开展机械工艺基础知识培训等。

二、技术和质量部门的关键工作

在小 IPD 产品开发流程的计划阶段，工程师们会做好产品总体技术方案和各个子系统的技术方案，这都属于 PDT 的技术工作，除此之外，研发代表和 SE 还要做好研发部门的管理工作，也就是研发计划的相应工作。同时，质量部门的质量代表也需要做好质量目标和计划的相应工作。

1. 研发计划要排好

研发计划就是研发职能领域在计划阶段制定的关于后续所有研发工作的计划，尤其是开发和验证阶段，它们是将概念阶段制定的研发策略做进一步优化和细化的阶段，要规定具体的各项工作的负责人和时间，下面就是这个方面工作的一些内容和面临问题的解决方法。

（1）研发计划的负责人是研发代表 RDPDT 还是系统工程师 SE

关于研发策略应该由谁来制定，在概念阶段的叙述中，没有很明确说清楚，这是因为研发策略毕竟其颗粒度会稍微粗一点，研发代表和 SE 的矛盾不会很突出，但是到了计划阶段，在很多大型项目中，研发代表和 SE 的矛盾就会扩大性地突显出来，这涉及很深刻的问题。

研发代表的本职工作是研发职能部门在 PDT 项目组中的代表，系统工程师 SE 的本职工作是整个项目各项技术的总工程师 / 总架构师 / 技术负责人，两种职责具有很大的区别。一些中小企业或者中小项目，由于人员数量不足，一般都会选择由研发代表兼任 SE，既承担项目中研发职能的管理工作，又承担项目总工程师的重任；还有一些中小企业或者中小项目，由于人员数量不足，就让项目经理 LPDT 承担研发代表的职责。上述两种方法都是权宜之计，前一种方法由于 SE 的管理能力有限，造成研发职能管理工作实际开展得不好；后一种方法由于 LPDT 偏重于研发职能，造成项目组非研发人员的帮忙心理，对 IPD 推进不利。

如果企业的规模足够大或者项目的规模足够大，还是要坚持将研发代表与 SE 职能分开，由担任组织领导职责的研发代表来管理整个研发内部跨部门二级团队，让 SE 真正能够安安心心地搞好技术工作，这是最有利的方法。

（2）样机生产计划是由研发代表编制还是由工艺代表编制

在计划阶段 PDCP 评审的时候，一个非常关键的决策依据就是样机的生产和测试计划。关于这项计划应该由谁负责编制的问题，实际困扰了很多的企业，下面就列举出各种方法的优缺点，请读者根据本企业情况自行选择。

A. 项目经理编制样机生产计划。项目经理是项目所有计划的总负责人，这点是没有质疑声音的。如果由项目经理来编制样机生产计划，就需要项目经理对于样机工艺路线和样机生产情况高度熟悉，这对于那些非研发出身的项目经理们是不友好的。

B. 研发代表（或SE）编制样机生产计划。如果由研发代表来编制样机生产计划，对于整个样机的生产推进情况会比较有利，但是由于其对工艺路线和工序掌握水平有限，可能在实际生产环节推进计划时，遇到一些阻碍和困难。

C. 工艺代表编制样机生产计划。如果由工艺代表来编制样机生产计划，由于其熟悉工艺路线和工序的各个环节，对于确保样机生产计划的顺畅性和合理性比较有利，但是这样就会造成工艺代表责任重大，如果项目组内部处理不好人际关系，就会造成团队内部的不和谐。

D. 试制／试装代表编制样机生产计划。如果由试制／试装代表来编制样机生产计划，则是由生产执行部门来编制计划，可能由于过于考虑生产组织和计划的优先级，造成样机生产计划与项目的战略地位和重要性不符，项目经理容易与试制／试装代表反复地艰难协调计划。

（3）新产品长时间测试过程（如寿命试验和老化试验）如何处理

对于全新的产品来说，大部分都需要根据国家及其他相关标准进行寿命试验、老化试验、盐雾试验等等。尤其对于寿命试验，它的持续时间是比较长的，有的寿命试验标准甚至可以达到300小时、500小时、800小时、1500小时等。在制订后续计划的过程中，这些寿命试验对新产品上市时间影响很大，一般有以下方法减小长时间试验对新产品上市时间的影响。

A. 寿命试验从样机／样品评审前开始进行。在样机／样品的制作过程中，经常要求TRG专家到生产和试验现场进行指导，在评估现有的一部分样机／样品后期改动量不大，且不会改动寿命试验重点对象零部件后，就可以执行寿命试验了。

B. 寿命试验在样机/样品评审后立即开始进行。在样机/样品评审通过后，立即对样机／样品（或者再生产制作几件样机／样品）进行寿命试验。

C. 寿命试验与小批量产品使用过程同步进行。如果能够联系到比较好合作的客户，在说明来意后，可以尽快在客户处开展试用活动。由于已经说清楚试用的本质就是进一步试验，所以客户就不会对产品质量问题提出太多的不满，就可以同步进行寿命试验，而不用担心客户试用效果会影响公司名誉。

（4）对研发外部协作单位的计划处理方法

研发协作一般包括外协设计、外协加工、外协测试和打包采购四种形式，其中打包采购的意思就是研发过程所需要的零部件，由外协单位打包进行设计、生产和测试的形式。外协单位的研发进展有时候对我公司的研发进展影响很大，可以采取以下几种方法，进行处理和控制。

A. 尽快与外协单位沟通清楚对外协零部件的需求输入和商务要求。

B. 邀请外协单位人员一起参与整机产品的需求调研和需求研讨，尽量保证少更改需求，因为这个需求更改对外协单位影响很大。

C. 在外协单位开展 TR 技术评审时，我公司应派出人员积极参与。

D. 我公司需要派人定期检查外协单位的研发流程和质量，以保证流程运行情况正常。

E. 与外协单位保持密切合作关系，多做联谊活动。

（5）对试制 / 试装工作和生产订单工作抢夺资源问题的处理

有一些企业由于历史原因和产品形态原因，一直由试制 / 试装车间 / 部门完成试制 / 试装工作，这是好事情。但是还有一些企业由于产品形态原因（如电缆类产品），难以建设试制 / 试装车间，必须占用一部分生产线进行试制 / 试装的相关工作，就会造成研发工作和订单生产工作抢夺资源的问题，这个问题不太好解决。

A. 请生产代表做好整个生产计划的统一安排，见缝插针，尽量不让新产品生产打乱订单生产节奏。

B. 可以多利用晚间、周末、假期的一些时间，由研发技术人员与试制 / 试装人员一起进行新产品样机 / 样品的生产，对于参与生产的工人可以给予一定的工时奖励。

C. 调拨出一条生产线有倾向性地专门进行新产品的试制 / 试装工作。

D. 试制 / 试装工作需要技术水平相对较高的技师来承担，以保障能够及时发现技术和质量问题。

（6）试制 / 试装工作的组织执行人究竟谁最为合适

按照“谁使用，谁负责”的原理，一般都是由试制 / 试装代表进行整个样机生产和测试工作的组织，同时项目经理、研发代表要时刻关注生产过程，积极协调和处理相关问题。

（7）最终版本的产品需求包在本阶段确认

在 TR3 评审点上，要将最终版本的产品需求包确认清楚，并经 PDCP 决策评审通过，后续需求变更一定要走严格的变更管理手续。

2. 质量计划要排好

质量计划就是质量职能领域在计划阶段制订的关于后续所有质量保证工作的计划，它是对概念阶段制定的质量目标和质量策略的进一步优化和细化，规定了具体的各项工作的负责人和时间，下面就是这个方面工作的一些内容和面临问题的解决方法。

（1）在计划阶段需要持续进行的质量保证工作

计划阶段的工作主要是技术方案的确定和各部门后续计划的准备，所涉及的相关质量工作主要是过程质量的控制方面。

对于 PQA 产品质量保证工程师来说，一是要监督 PDT 做好所有子系统的技术评审工作，不能有漏洞和死角，必须保证各个子系统的技术方案可靠性；二是要保证各个职能部门代表提交的工作计划，得到所在部门充分讨论和直属高层的认可和承诺。

对于负责结果质量的质量代表来说，继续把质量计划做好，并对识别出来的质量薄弱点，尽早组织开展专题的、跨部门的质量攻关项目，并在周例会或者双周例会上进行审视。

（2）各项测试工作的计划准备

在计划阶段，要求测试代表尽快完善测试大纲、测试方案、测试用例的开发并通过项目组和所在测试部门双重评审，并对后续测试工作所需要的人、机、料、法、环进行全面准备，对于委外测试抓紧时间制订计划。

（3）新供应商的质量管理工作计划

对于一供所涉及的新供应商，应该由项目经理和采购代表尽快制定审查和审厂计划，质量代表要尽快与新供应商联系，按照公司相关质量管理规定，做好新供应商的管理工作，并适时开展合格供应商认证。

对于二供所涉及的新供应商的管理也应该提上日程来。这里有个很棘手的问题，那就是什么时候导入第二供方，导入哪些第二供方。对于第二供方的导入，实际是采购策略和采购计划的重要环节，是根据内部需求和外部需求统一进行的管理行为。至于在生命周期阶段的二供更换问题，则不属于新产品开发阶段，而属于产品生命周期阶段，一定要由研发、采购、质量等部门形成跨部门项目小组来进行认证。

（4）试制 / 试装工作的质量保证计划

试制和试装工作很容易忽略掉质量保证的重要性，因此质量保证工程师一定要从试制准备、试制过程、测试过程、结果总结等多个环节对试制 / 试装工作进行质量保证，这就需要制订试制 / 试装的质量保证计划。试制、试装、测试的每个步骤都应该由质量保证工程师对过程和结果进行监督和审核。

（5）相关文档材料的质量保证计划

在计划阶段，针对所有的交付文档，PQA 都要严格把关齐套性。

三、生产、采购与财务部门的关键工作

在计划阶段生产、采购（供应链）、财务等职能领域上承概念阶段的工作，根据产品最新的技术方案和对市场越来越深的理解，继续将相关工作做深做细。

1. 生产计划排布注意事项

在生产职能领域，生产代表及其扩展组成员要做好生产计划的相关工作。

（1）生产任务计划

所谓生产任务计划就是各项生产任务的计划时间表，这个时间表需要平衡样机、小批量和批量订单生产的关系，保证正常生产订单的同时，必须能够保证样机 / 样品和小批量生产的时间节点。

（2）生产管理计划

所谓生产管理计划就是涉及人、机、料、法、环等五个方面的各项生产管理工作的实施计划，如人员招聘、机器购买、物料储存、工艺改善、厂房建设等，都要与生产任务计划协调编制，保证 IPD 生产领域的策略落地。

（3）产能测试

在计划阶段，一般都要对新产品的产能进行测试，包括对新产品的单品生产时间、生产节拍、物料转运速度、单位时间标准产能、旺季产能上限、淡季产能下限等进行测试，保证生产和供应链的伸缩自如。旺季产能一般不超过标准产能的 130%，淡季产能一般不低于标准产能的 70%，这种产能规划在各行各业是应用最广的，但是也不排除有些行业突破了这一产能规划限制，还须具体问题具体分析。

2. **采购计划排布注意事项**

（1）一供（第一供方）采购计划排布

一供供应商承担了产品样机生产供应的重任，而且同时也会主要负责产品小批量生产供应，因此一供供应商一定要选择质量好、服务好的供应商。采购代表应该与技术工程师一起尽快确定采购物料的技术规格，尽快与供应商形成供货协议（先口头，后书面），保证各种采购物料按计划供应。对于新产品所需物料应该本着“不让任何一种质量不合格物料上试制线”的原则，做好物料检验和测试工作，否则样机 / 样品的实际状态就会失真，这个时候的赶进度将得不偿失。

（2）二供（第二供方）采购计划排布

第二供方的导入目的主要有拓展物料供应渠道、提升供应链话语权、降低供应商议价能力、保证物料供应质量、降低物料采购成本等。第二供方按照计划，可以在小批量生产时导入，也可以在批量生产时导入。

3. **费用和成本处理中的几个问题**

在小 IPD 产品开发流程的计划阶段，一般会遇到如下难题。

（1）费用拆分问题

费用拆分问题就是某一单笔研发费用并非用在一个特定项目上，如一次外出调研涉及两个或者两个以上的项目，这就需要在研发费用上进行拆分。拆分的原则一般有下列几条：一是由特定管理人员进行费用拆分判断，如安徽某公司在研发部设置研发费用管理工程师一职；二是多个项目轮流摊销，保证相对公平；三是一些费用空间较大的项目可以多承担一些。

（2）成本核算问题

在计划阶段，一些费用如部分新物料采购费用，很可能是不甚清楚的。这就需要采购代表与供应商搞好关系，尽快确定采购报价，可以采取“先口头，后书面”的报价策略，务必保证新产品成本费用的误差尽量小。

（3）降成本策略问题

采购代表提供的物料报价应为 GA 点的物料报价，在新产品持续生产的生命周期阶段，应该采用降成本的策略，不断降低物料采购成本。这就需要采购代表充分了解供应商的生产、采购能力，充分了解供应商的降成本能力，充分了解整个行业同类型新物料的价格变化趋势，与供应商友好沟通，确定未来几年降成本工作的策略和可能达到的降成本结果，并向项目组财务代表汇报，以修正新产品生命周期的财务数据。

四、项目承诺书和项目合同的签订方法

在计划阶段结束之前，也就是与 PDCP 计划阶段决策评审同时，一般企业都需要明确研发项目的正式投入，也就是明确将正式投入资金进行样机生产和小批量生产。这个明确生产投入是需要签订一个协议的，这个协议可以是研发项目合同，也可以是项目承诺书。

1. 项目合同

项目合同就是 PDT 项目组与 IPMT 高层团队签订的一份规定研发工作各项内容的合同，其主要内容包括以下几个方面。

（1）项目开始和结束的时间，以及对这个时间约束的一些条件描述和妥协条款。

（2）项目质量目标，包括项目过程质量和产品结果质量的一些指标，以及这些指标的收集人和收集时间。

（3）对项目成功、部分成功、不成功等状态下，项目组项目经理和相关人员的奖励和惩罚措施，一般都以项目奖金和晋升承诺的形式规定清楚。

项目合同的形式优点是确定性高、可视性强、对项目组的正向驱动力大，缺点是容易造成项目之间不公平性、项目组成员之间不公平性，短期内效果显著，长期看来如果控制不住副作用，反而更有害处。

2. 项目承诺书

项目承诺书就是在 PDCP 评审点同步签署的 PDT 对 IPMT 关于项目过程和成果的承诺，还有 IPMT 对 PDT 关于资源支持的一些承诺，是高层和项目组互相承诺的协议。如表 15-1 所示。项目承诺书与项目合同最大的区别如下。

（1）项目承诺书与项目奖金无关，而项目合同与项目奖金强相关。

（2）项目承诺书是高层和基层双向承诺，而项目合同是高层对基层的项目分包书。

（3）项目承诺书建立在良心的基础上，符合研发管理的规律。而项目合同是生产和营销型企业的管理方法，不利于跨部门协作的开展，容易把研发归结

为研发部门的事情。

（4）项目承诺书的有效性需要跨部门文化建设的有效来保障，手段偏软，而项目合同的有效性来源于企业管理的硬手腕和执行力。

（5）项目承诺书的管理比较复杂。项目合同的管理相对简单。

请各位读者根据自己企业的情况自行选择采用哪种方法。

表15-1　某企业项目承诺书模板（举例）

<table>
<tr><td colspan="3">PDT向IPMT承诺</td></tr>
<tr><td>质量目标（GA）</td><td>指标</td><td>允许偏差</td></tr>
<tr><td>一次开箱合格率</td><td>90%</td><td>±2%</td></tr>
<tr><td>……</td><td>……</td><td>……</td></tr>
<tr><td>关键项目里程碑（GA）</td><td>日期</td><td>允许偏差</td></tr>
<tr><td>ADCP</td><td>2023年10月10日</td><td>±10日</td></tr>
<tr><td>……</td><td>……</td><td>……</td></tr>
<tr><td>费用控制（GA）</td><td>金额（单位：万）</td><td>允许偏差</td></tr>
<tr><td>推广费用</td><td>100</td><td>±10%</td></tr>
<tr><td>……</td><td>……</td><td>……</td></tr>
<tr><td>财务指标</td><td>指标</td><td>允许偏差</td></tr>
<tr><td>毛利率（第一批次批量）</td><td>23%</td><td>±1.5%</td></tr>
<tr><td>……</td><td>……</td><td>……</td></tr>
<tr><td colspan="3">IPMT向PDT承诺</td></tr>
<tr><td>承诺投入的资源</td><td>责任人</td><td>资源投入期限</td></tr>
<tr><td>概念阶段：专家评审</td><td>XX</td><td>2023年6月8日</td></tr>
<tr><td>……</td><td>……</td><td>……</td></tr>
<tr><td>PDT签字（全体）</td><td colspan="2"></td></tr>
<tr><td>IPMT签字（全体）</td><td colspan="2"></td></tr>
</table>

在对CDCP的初步业务计划书进行本章所述的优化和细化后，将概念阶段所制定的项目策略和产品概念，演化成项目计划和产品详细技术方案，按照表15-2所述的评审要素表，进行PDCP的评审，决策项目进入开发阶段还是项目

终止下马。在 PDCP 评审点通过后，产品规格和技术参数的变更就会受控，成为后续变更管理的基线。

表15-2　某企业PDCP计划阶段决策评审要素表（举例）

评审要素	评审内容	评审结论	备注
WHY	细分市场是否有形势上的重大变化？		
	细分市场客户/用户需求是否有重大变化？		
	细分市场容量及相关竞争对手的市场份额是否有重大变化？竞争对手的核心市场是否有变化？		
	产品目标售价与竞争对手相比是否有竞争力？产品目标售价是否有重大变化？		
	是否有细化市场计划（4P+2）？与市场策略有什么冲突？产生什么影响？		
	销售预测是否有新变化？（销量、台数）		
	产品试用和试销计划是否确定？		
	竞争对手的分析结果是否有重大变化？		
WHAT	TR2和TR3技术评审结论是什么？存在哪些风险？是否有风险应对策略？		
	详细开发计划是否具备？		
	对于所有已确定的需求，在产品设计各级方案中是否有满足？		
WHO	各领域人力资源匹配是否有变动？		
WHEN	项目时间安排和相关里程碑是否修订细化并确定？		
	开发和验证阶段的工作计划是否制订？资源需求计划是否更新？		

续表

评审要素	评审内容	评审结论	备注
HOW	是否制订生产人员培训计划?		
	是否制订生产资源配置计划?		
	是否制订生产计划?		
	物料供应计划是否满足需求?		
	是否确定供应商开发计划?		
	质量保证计划是否明确?		
	产品认证计划是否明确?		
	检验员培训计划是否明确?		
HOW MUCH	目标成本是否足够详细(物料是否按BOM分解)?		
	盈利预测是否详细，是否有更新变化?		
	最新产品毛利率是否具有竞争力?是否符合公司目标?		
	是否对各部门已发生的项目费用进行反馈、统计?预算是否有控制?		
	根据最新信息，是否有必要调整项目预算?		
	投资回收期是否符合公司的规定和期望?		

本章涉及的IPD工具

(1)计划阶段中，市场营销计划需要增加的内容——种子客户、试用计划、试销计划、发布计划;

(2)新物料供应协议的形成过程——先口头，后书面;

(3)确定项目进入开发阶段的两种形式——项目合同、项目承诺书。

第十六章

项目团队文化建设是项目成功的“软保障”

项目持续进行的过程中有流程保障，也有制度约束，但是这些“硬保障”并不是保证项目团队努力奋进和和谐共赢的全部措施。总是有一些项目工作在不同部门有不同的理解，存在管理上的干涉或者空白。“人多力量大”在这里指的是人们之间互相帮助、互相体谅，才能够凝聚起更大的力量。PDT 项目组成员越能互相帮助，互相提醒，多说一句话，多提一个醒，多搭一把手，项目的成功概率就会越大，PDT 各代表的个人成绩也会更大，这就要求我们在新产品研发项目开展的过程中，必须做好团队文化建设。

下面就说明如何通过项目团队文化建设保障项目的顺利进行。

一、项目团队文化建设的方案设计

项目团队是一个真正的团队——一个公司正式授权的团队，并非是一个虚拟组织。对于一个 PDT 团队来说，只有所有团队成员拧成一股绳，产品开发才有可能成功。只要有一名项目组成员离心离德，项目的乱流就会在他那里流出，这就是项目团队的水桶效应。历史经验表明，一个优秀而高效的团队一般都拥有以下特点：清晰的共同目标与愿景、相互承担责任、角色与分工明确、高度信任的关系、互补的技能、恰当的创造性的领导方式、成员之间相互尊重、信息反馈迅速准确等。

那么，如何做好项目团队文化建设呢？

1. 四个统一：统一使命、统一愿景、统一价值观、统一项目目标

（1）统一使命——统一项目团队存在的意义

开发项目尤其是重点开发项目对于公司、研发部门和个人都是十分重要的，这种重要性是需要传导给项目组每一位跨部门团队成员的，这就是团队存在的意义。浙江台州某公司 IPD 试点项目每次项目例会前都要重复呼喊使命和愿景口号，效果不错。

（2）统一愿景——统一未来项目团队要达到的状态

项目组统一的愿景对于项目组全体成员认清楚新产品未来的市场地位和技术地位，认清楚新产品的战略价值定位有着十分重要的作用，有利于项目组各位成员协调自身工作以达到整个项目组成员在同一水平线上的效果。

（3）统一价值观——统一做什么和不做什么的标准

需要对项目组全体成员的项目动作和行为进行约束，规范项目组成员日常的项目工作行为，下面是某企业试点项目组总结的团队成员“九荣九耻”价值观，很有深意。

某企业IPD试点项目“九荣九耻”价值观（举例）

以项目成功为荣，以项目拖沓为耻；

以服务团队为荣，以背离团队为耻；

以科学管理为荣，以迷信经验为耻；

以努力奋斗为荣，以懒惰躺平为耻；

以团结友爱为荣，以贪小便宜为耻；

以共同进步为荣，以损害他人为耻；

以遵守制度为荣，以违反规则为耻；

以战略实现为荣，以成果稀少为耻；

以客观真理为荣，以弄虚作假为耻。

（4）统一项目目标——统一项目成功以后的样子

项目组全体成员还需要对项目所要达到的市场目标、财务目标、技术目标和质量目标形成统一的认识。

上述内容，都需要组织项目团队成员一起研讨。

2. 三个赢点：释放心灵、甜蜜感动、美好回忆

（1）释放心灵

人和人之间最大的问题就是误会，误会的来源主要就是对其他人的不了解、不清楚。让项目组成员之间敞开心扉，把自己的顾忌、担心、彷徨、欲望都毫无保留地呈现出来，让项目组成员之间互相了解、互相理解、互相包容，让他们的心灵得到释放，内心的压力在项目组内得到缓解，让大家心灵相融，这是项目组全体成员获得群体心灵释放的重要一环。

（2）甜蜜感动

项目组内的人员是同事，但更应该是友情满满的朋友，是并肩战斗的战友，是共同进步的伙伴。朋友、伙伴、战友并不是坐在一起就自然形成的，这里面会有很多感情因素将大家的心灵系在一起，这就是感动。一个生日的祝福、一个生病的关心、一个成功的祝贺、一个苦难的帮助，那会是一份惊喜、一份感动、一份甜蜜，是项目组成员和谐、和睦的美好记忆，这样的团队往往无往而不胜。

（3）美好回忆

项目组是一个团队，一个有凝聚力的团队，一个坚固的战斗堡垒。PDT 成员一起奋斗过、一起辛苦过、一起痛苦过、一起喜悦过，把这些团队的美好瞬间记录下来，让大家能够回味那些美好回忆，对于项目组成员的忠诚度和敬业度都有比较好的促进作用。

3. 五种团建工程：一次集体聚会、一次体育拓展活动、一次娱乐活动、一次参观访问、一次成功分享

（1）一次集体聚会

团队聚会是最简单，同时也是最为基础的团队建设活动。聚会要有意义，要有所得，聚会要有感恩之情在里面。因此每次聚会都要回答为了些什么、得到些什么、感情加深到何种程度。具体的形式可以是吃饭、茶话会，场地可以在饭店、农家乐、野外安全地域等。

（2）一次体育拓展活动

在时间和经费得到保证下，项目组可以开展诸如爬山、攀岩、打保龄球等体育拓展活动，在研发工作那么费脑力的情况下，放松一下大家的头脑，同时很好地增强团队的凝聚力。

（3）一次娱乐活动

喜欢娱乐活动的项目组团队可以组织大家参与诸如卡拉 OK、街边舞蹈等形式的娱乐活动，活跃项目组气氛，加强大家互相之间的团结友爱。现代足球在英国的出现，本质上就是为了缓解劳动工人们的工作压力。

（4）一次参观访问

项目组可以组织大家一起对管理优秀的公司、产品线、项目组进行友好访问，取长补短，找到自己团队业务和管理问题的参考解决方案，找到自身各方面的不足并主动解决这些不足。

（5）一次成功分享

对于管理上、业务上、生活上的成功经验，可以组织大家进行分享，对于其他成员的管理水平、业务水平、生活品质的提升，具有很好的现实意义，这种案例教学比任何外部的专家培训都要有效。

4. 四面团建墙：进度上墙、成绩上墙、PK 上墙、文化上墙

团建墙的存在是十分必要的，这需要项目组有一个相对独立的办公室，一些企业建设的 IPD 作战室很好地起到了项目组相对独立工作空间的作用。

（1）进度上墙

进度上墙就是将项目进度，包括已经做过的工作、当前正在进行的工作、下一步的重点工作等情况，哪些按时完成，哪些延期了，哪些即将延期进行状态标注，做到让项目组全体人员对项目情况一目了然，促进项目组成员对于时间进度的节点意识、荣誉感和耻辱感。

（2）成绩上墙

成绩上墙就是将项目组和项目组各成员获得的成绩公示出来，发挥榜样的力量。对于项目组集体来说，可以在团建墙上展示公司授予的各种奖励和荣誉（如月度优秀 PDT、年度先进开发团队、年度优秀管理集体、青年文明号等）。对于项目组的各位成员来说，可以在团建墙上展示公司授予先进个人的各项称号和荣誉（如先进工作个人、先进核心代表、质量标兵、成本标兵、专利标兵、先进 TRG 专家、感动 IPD 十大人物等），也可以展示项目组内部涌现的先进个人和先进事迹（如 IPD 月度之星、IPD 互帮互助标兵等）。

（3）PK 上墙

PK 不仅包括项目组之间的 PK，也包括项目组内部的 PK。这些 PK 活动包括项目组之间的研发劳动竞赛、研发设计大奖赛、需求调研比赛、质量月相关比赛、安全生产月相关比赛等项目组集体参与的PK，也包括项目组内的互帮互助大赛、研发外观创意大赛、文件质量大奖赛等。将这些比赛的过程、结果、大家的风采展示在团建墙上，对团队凝聚力的提升有较大的好处。

（4）文化上墙

将项目组的使命、愿景、价值观等所有的文化符号展示在团建墙上，时刻提醒和鼓舞着全体项目团队成员共同奋进，勇攀高峰。

二、用心感受团队共赢的力量

上一节讲述了怎样进行团建，本节将讲述诸如项目经理和核心代表怎样在团队建设活动中贡献个人的力量。

一名优秀的项目团队管理人员（包括项目经理和项目核心组代表）的成功，其本质都是他们做人的成功，都是他们用心来对待整个项目团队成员带来的好结果。历史经验表明，一名优秀的项目团队管理人员一般都具有下列优良特质中的大部分：目标明确、善于发挥人之长处、随机应变、充满激情、不被困难吓倒、善于听取各方面意见、学会尊重、懂得激励、挑战现状、鼓舞士气、坚持不懈、身先士卒、反应迅速、善于沟通、善于抓住牛鼻子等，这是实现团队所有人共赢的基础性力量。怎样才能做到这一切？下面介绍八条“诀窍”。

1. 了解自身的领导方式

实际上很多管理者都不太了解自己，也就是说他极大可能既没有认识到自己的优点，也没有认识到自己的缺点。有的管理者说我知道自己的问题，但是我改不了，这实际还是他没有真正认清楚自己在管理方面问题。不认识自己，不解决自己身上的问题，就无法真正管理好团队。改善团队的问题，要从自己开始，也就是从了解自己管理风格的优缺点入手。

团队领导和管理人员的管理风格包括四种：工匠型、丛林斗士型（指狮型斗士，狐型斗士会成为团队的蛀虫）、守业型、赛手型。工匠型的管理者一般都是本职方面的业务或技术专家，喜欢创新，但对人际关系不敏感，不擅长，讨厌管理规章制度的约束。在团队建设中，他应超越思维与行为的局限，努力提高处理人际关系能力，促进团队成员相互交流和沟通，从社恐走向社牛。从林斗士型管理者一般都是具有很强领导能力的人，闯劲大，干劲足，但是不注意民主，不容易听取别人的意见，这就要求他在团队建设中，尽量控制自己的情绪和语言，多听多思。守业型管理者一般都是循规蹈矩、兢兢业业，不求有功，但求无过，缺乏团队建设所倡导的进取心和变革精神，开发改进型产品可以，开发具有很大创新性的大项目就显得动力不足。赛手型管理者一般都富有热情、进取心和干劲，他不仅仅渴望自己成功，还渴望团队中的每一名成员都积极向上，善于团结别人、鼓舞别人、培养别人，是团队领导的理想人选，不过这种类型的人才在世界上并不多。

了解自己的方法包括进行个人人格测评、个人心理教练、个人心智突破等管理咨询行业常用的做法。

2. 了解团队的每一名成员

做好团队的管理者，一定要真正了解团队中的每一个人。首先，在思想上不能有谁好谁不好的想法，因为在一个团队中，没有好人和坏人之分，只有合适和不合适某个角色之分。要真正用心去了解不同的团队成员，找出他们的优缺点，帮助他们去发扬优点，抑制缺点。

团队成员中每个人的气质不同，包括抑郁质、黏液质、多血质、胆汁质。对于忧郁质的成员，就要鼓励他自信，一起相处时多给予他一些诚恳和友善，从交朋友开始做起。对于黏液质的成员，就要促使其严格遵守承诺和工作生活规律，用规则的确定性驱动其努力工作。对于多血质的成员，就要保持平等和公平，多与其沟通，给他多一些鼓励，少一些批评。对于胆汁质的成员，就要控制他的情绪，给他一些有挑战性的工作，让他有新鲜感。

团队成员中每个人的人格不同，包括老虎型、孔雀型、猫头鹰型、考拉型。要发挥好每个人的人格力量，就要让老虎型的人做决策，让孔雀型的人搞沟通，让猫头鹰型的人管规则，让考拉型的人当后盾。

3. 角色和责任的自愿原则

这里的角色职责不是指 IPD 流程中的角色和职责，而是一个运转良好的团队中，关于团队事物，团队成员可以自愿挑选角色，做好自己的责任。这个高效的研发团队需要八个基本角色：实干者、协调者、推进者、创新者、信息者、监督者、凝聚者、完美者，缺一不可。

项目组角色和责任的自愿原则就是鼓励实干者做好基础工作，鼓励协调者做好沟通工作，鼓励推进者做好管理工作，鼓励创新者做好研究工作，鼓励信息者解除信息孤岛，鼓励监督者做好监督管控，鼓励凝聚者做好团队合作，鼓励完美者去查缺补漏。

4. 构建良好的反馈机制

为了缓解项目组可能弥漫的不满情绪，就一定要敞开心扉，建立良好的信息反馈机制，让项目组每名成员都可以把疑问和不满反馈出来，给问题解决打下基础。很多企业项目组搞的批评与自我批评活动就是为了解决这个问题而设计的。

5. 鼓励每一位成员进步

作为项目经理和项目里的老大哥 / 老大姐型代表，就要把青年项目成员的进步和成长挂在心上，鼓励他们不断突破原有的水平，鼓励他们在广阔的空间里飞翔，在管理能力、业务能力和技术能力上不断攀升，并为他们取得的成绩骄傲和自豪。

6. 沟通、沟通、再沟通

现代企业管理就是沟通的艺术。项目经理要制订沟通计划，与项目组不同的成员进行频繁的沟通，了解大家的心声，了解大家的爱好，了解大家的诉求，同时也让大家了解项目经理的心声、爱好和想法。不懂得沟通艺术的项目经理是不合格的。

7. 激励、激励、再激励

对研发团队的成员，尤其“九五后”年轻人，一定要多激励，少批评。项目经理对项目成员每周激励和批评次数的比例，至少应该保持在 4 ∶ 1。不要怕他们不干活，不要怕他们懒惰，要激发他们的意愿和兴趣，让他们主动和积极地进步。

8. 不抛弃、不放弃

项目经理在选择完项目成员后（强调是已经选择以后），不要轻易判断某人不行，随意地换掉他们，抛弃了他们，也就是放弃了自己的选择。一个公司内部是信息互通的，这种随意放弃成员的举动，对于后续项目开展是十分不利的。我们要做的，就是找出问题所在，去解决它。

“不抛弃、不放弃”是我们打造一支钢铁团队的唯一秘诀。

本章涉及的IPD工具

（1）项目团队的四个统一——统一使命、统一愿景、统一价值观、统一项目目标；

（2）项目团队建设的三个赢点——释放心灵、甜蜜感动、美好回忆；

（3）项目团队活动的五种团建工程——一次集体聚会、一次体育拓展活动、一次娱乐活动、一次参观访问、一次成功分享；

（4）项目团队建设的四面团建墙——进度上墙、成绩上墙、PK上墙、文化上墙；

（5）项目管理人员作为团建工作的八大“诀窍”——了解自身的领导方式，了解团队的每一名成员，角色和责任的自愿原则，构建良好的反馈机制，鼓励每一位成员进步，沟通、沟通、再沟通，激励、激励、再激励，不抛弃、不放弃。

PASSAGE 4

第四篇

产品开发项目的样品开发和小批量生产阶段

通过计划阶段的PDCP评审以后，研发项目将进入正式的开发阶段，要完成设计验证和单元测试、样机生产与内部测试、小批量生产与内部测试。

细心的读者可能会发现本书后面的章节很多，但是内容不是很多，这是为什么呢？实际上，很多企业在开发新产品的时候，看起来在项目样机以后的各个阶段，出了很多管理问题和业务问题。经过多年的IPD研究和实践，大家发现实际上项目后期出现的问题，根源都在项目前期的立项、概念和计划阶段。因此，完美的产品开发流程应该是管理和业务工作上“前重后轻”，才能彻底解决项目后期出现的众多纷繁复杂的问题。

小IPD产品开发流程的开发阶段一般包含三个技术评审:TR4（单元测试、设计验证、原型样机技术评审）、TR4A（功能样机／样品技术评审）、TR5（小批量样机／样品、工程样机技术评审），评审的内容在各个行业、企业略有差别，但基本的技术逻辑是一样的。TR5评审通过后，才可以进行小IPD产品开发流程验证阶段的工作，除少部分改进型产品外，大中型和复杂项目不允许开发阶段完毕后直接上市发布。

第十七章

保证零部件和原材料供应的方法

我们在样机和小批量生产的过程中，反复遇到的最头疼的问题就是“缺件”。记得一位快 60 岁的老生产调度工程师告诉作者，他这辈子每天手上都会有一份缺件单，每天都催各种供应商和外协厂家供货，而且所供的货经常检验不合格。这就是“缺件”这一重大项目问题的真实历史影像。

本章专门讲解一下在样机生产、小批量生产过程中，如何保证零部件和原材料的供应，解决这位“老工程师”的难题。

一、供应商开发和验厂方法

新供应商开发（包括验厂）是 IPD 产品开发流程中，一个非常重要的环节，在我公司 IPD 体系推进较好的情况下，供应商的管理和业务问题就会成为影响我公司产品研发成功率的最主要的因素之一。做好新供应商导入工作的原则包括：一是为公司提供性价比最优的新物料和新供应商，二是导入过程要保证公开、公正和公平，三是加强与所有供应商的合作伙伴关系，四是从长远的角度推进供应商能力的持续提升。

1. 新供应商开发的职责分工

新供应商开发是一个团队的行为，而不仅仅是采购代表的事情。在一个新产品开发项目中，可以包含一个新供应商开发团队，也可以包含几个新供应商开发团队，如果采购代表人数不足，可以安排采购扩展组成员参加新供应商开发团队。

（1）采购代表，是这个新供应商开发团队的领导人，负责组织全体成员对新供应商进行评估，是商务合同的负责人。

（2）SE 和其他研发类代表，在技术层面负责对供应商进行考察，是技术协议的负责人。

（3）财务代表和合同人员，负责按照公司规定对合同进行审核，尤其对涉及财务的相关内容进行审核。

（4）质量代表，负责对新供应商质量保证相关方法进行审核，与供应商签订质量相关协议，后续主导其加入合格供应商名录。

（5）采购专家团 CEG，负责对难以决断的采购事项，进行综合性评审和决策。

2. 新供应商资源的寻找

新供应商的寻找或称寻源是采购职能领域非常重要的作用，很多的新物料和新器件关键问题不在于世界上存不存在，而在于不知道它存在于什么地方。在进入 21 世纪 20 年代以后，都有哪些地方（主动）寻找新供应商呢？

（1）老采购工程师的传承。企业应采用建立采购台账、建立采购 IT 系统、采购领域的“传帮带”等手段将老采购工程师手中的供应商和可能的新供应商资源分享出来，为大家所用。

（2）互联网（PC 端、移动端）。现代社会，互联网是高度发达的，一定要充分利用网站、公众号、朋友圈等神奇的资源寻找途径来寻找新供应商资源。

（3）行业杂志、企业黄页。这种传统的媒体里，还是有一些供应商信息的，不要放弃。

（4）展览会。在本行业和相关行业展会里，都存在一些专门提供零部件和新材料的供应商会参展。

（5）行业协会。多参加一些行业协会组织的活动，能够接触到一些新的供应商企业。

（6）朋友。最根本的新物料获知途径，还是要在整个行业和相近的跨行业里多交朋友，这是寻找那些刁钻物料最后的“救命稻草”。

3. 建立供应商考察的相关基础型文档

寻找供应商的时候，采购代表们不要急于下结论，过早地排除掉某某供应商——觉得它可能不符合公司的战略要求，而是要把它们全部归档起来。如果供应商档次低了，也可能我公司在未来会开发低档产品，就会用上；如果供应商档次高了，也可能我公司在未来会开发高档产品，就会用上。这样的话，就必然要为每个供应商都建立档案。

（1）《供应商考察评估档案》

每家供应商企业都应该建立《供应商考察评估档案》，如果一家企业有多家分公司 / 子公司（均为独立法人）存在，则每家分公司 / 子公司都要单独建立本档案。在《供应商考察评估档案》中，除了基础型的内容（如名称、法人、地址、电话、邮箱、网址等）需要填写外，还需要填写以下内容，对新供应商的评估是至关重要的。

A. 供应商公司年度收支明细流水（注意保密制度）。

B. 供应商公司失信情况与法律诉讼案件情况。

C. 供应商公司规模及在行业中的排位情况和口碑。

D. 供应商公司的供应链可靠性。

E. 供应商公司的技术能力和质量保证能力。

F. 供应商公司流程制度的完善情况。

G. 供应商公司的售后服务态度和处理问题时间。

H. 供应商公司高层人员的稳定性。

I. 供应商公司的企业文化特色。

（2）《新物料询价档案》或《新物料比价表》

《新物料询价档案》或《新物料比价表》是一种记录物料每次询价情况的表格，前者针对同一家供应商，对每次询价涉及的物料号、物料名、询价时间、现状图片等内容列表，进行纵向比较；后者针对不同家供应商，在一次询价工作中，对每一家供应商新物料的情况进行横向比较。

（3）《供应商综合评估评分表》

《供应商综合评估评分表》是对新供应商（注意不是新物料）进行综合评估后，对供应商企业建档并进行等级划分的管理表格。这个表格一般情况下都至少会包含以下内容。

A. 公司规模和业绩（建议 10 分）。

B. 公司的企业管理水平（建议 20 分）。

C. 公司的品质控制能力（建议 20 分）。

D. 公司的专业技术水平（含设备能力）（建议 20 分）。

E. 公司对我司的重视程度（建议 15 分）。

F. 公司的标杆客户水平（建议 15 分）。

4. 供应商评估审查过程（含审厂）

在初步选择了新物料的供应商以后，就需要组织新供应商开发和审查团队对其进行审查了。这个审查过程有两个层次：对于一般物料的新供应商，可以采取远程电话 / 视频审查；对于重要和关键物料的新供应商，必须采取现场审查 / 审厂。

（1）供应商过程考核评估方法

这个审查是跨部门团队的工作，不能仅由采购代表代劳，其过程如下。

A. 由跨部门审查小组各位成员，根据初步的《供应商综合评估评分表》（已由采购代表根据初步接触，试填写完毕），分头对供应商企业相关文件、研发和生产现场进行审查，可收集一些事物样板并拍摄现场图片。

B. 由跨部门审查小组成员在审查完毕后，单独正式填写《供应商综合评估评分表》。

C. 综合各位成员打分情况，如果不出现一票否决项，则根据规则得出总分或者平均分。

（2）供应商分级管理方法

根据新供应商审厂的相关结论对新供应商进行等级划分，一般划分标准如下。

A. 一级供应商——优秀合作单位，建议公司与其进行战略性合作。

B. 二级供应商——候选合作单位，允许其在我公司进行相关招投标活动。

C. 三级供应商——备用合作单位，还需要进一步评估。

对于上述一切内容的结论和结果。相关人员一定要注意保密！

（3）做好供应商的安抚工作

在进行招标工作以后，总有一些供应商企业铩羽而归，这时候我公司一定要安排人员对那些失望的公司和个人进行安抚，及时退还保证金，对未中标企业进行相关原因的解释并帮助他们总结经验教训。

二、长周期物料保障方法

长周期的物料是指需要一段较长的采购时间，才能够到达生产现场工位的物料。一般情况下，长周期物料都是新产品样机生产和小批量生产过程中的关键物料，而那些采购周期比较短的物料，一般都不是关键物料，所以长周期物料基本等同于关键采购物料。因此，研究、分析和做好长周期物料的采购保障对于样机和小批量生产计划的保证，具有十分重要的作用。

通过对几十个 IPD 流程试点项目经验的总结，可以得出下列做好长周期物料采购保障的窍门，总结形成了“十二早”原则，从概念阶段和计划阶段开始实施。

1. 早点评估

所谓早点评估，就是指尽早对新产品涉及的所有物料，包括生产用物料、测试用物料和辅助物料，进行采购周期的评估。根据公司长周期物料的时间定义，尽早编写初步的长周期物料清单，这个清单会初步评估每一个物料的采购周期。

2. 早些确认

所谓早些确认，就是要求采购代表针对每一个长周期物料，尽快寻找预备供应商，确认准备在哪一家供应商采购新物料，并在经过双方技术概况的确认后，给出具体可信的采购周期，这个采购周期要稍微收紧 10% 的时间。

3. 早点设计

所谓早点设计，就是要求我公司设计工程师和工艺工程师等早点设计新物料的图纸和程序（OEM 情况下）或进行新物料概念设计（ODM 情况下），要求供应商技术人员尽快完成 NPI 转化设计（OEM 情况下）或新物料产品的研发设计（ODM 情况下），做到早些设计的目的，就是尽快发现技术问题，尽早解决技术问题，降低项目后期的风险。

4. 早就不改

所谓早就不改，仅针对那些不可失败件（基本都是长周期物料），其不可失败的主要原因包括生产所用的模具和一次性工具过于昂贵、生产所用材料过于昂贵而难以二次使用、生产所用原材料和辅料对安全和环境影响较大等。对于这些不可失败件需要早一点设计并进行严密的验证，尽量做到项目后期不发生大型设计更改。当然，一点也不更改是不太现实的，因此在设计时，要把可能发生的更改点巧妙布置，以便做到即使出现设计变更，也能做到不太影响整体损失，可惜的是这样的设计点也许并不是很多。

早就不改就是指确定一个具体的日期，在这个日期之前，对不可失败件进行严密的设计和确认，而在这个日期以后，就不能再对不可失败件进行更改了，否则将极大地影响项目的计划，是项目计划管理的重中之重。

5. **早点订货**

所谓早点订货，就是指采购人员应尽快组织评审和决策过程，尽快实现与供应商公司的技术协议和商务合同签订，有条件的尽快支付首付款，让供应商安安心心地搞好长周期物料的研发设计工作。在商务合同中，如果我公司在新物料的采购中处于强势地位，那么就要与供应商签订交货时间和交货质量不到位时的惩罚措施；如果我公司在新物料的采购中处于弱势地位，就需要通过建立良好的亲密关系代替惩罚措施。

6. **早些跟踪**

很多项目经理和技术工程师有一个坏习惯，那就是在签订外购协议和合同后，对供应商的研发和生产情况不管不问，自以为到预定物料交货时间后，送到我公司来的新物料一定是合格的物料，结果经常不遂心愿，供应商交来的物料有这样和那样的问题，如果返工就会造成费用损失和时间损失，这个光靠在采购合同中确定惩罚条款是不能彻底解决问题的。

所谓早些跟踪，就是指我公司的技术人员和采购人员应该“请进来、走出去”，主动请供应商技术人员共同讨论技术细节，主动到供应商研发和生产现场，发现并跟踪解决所遇到问题。

7. **早点测试**

所谓早点测试，就是指在供应商那里尽快对新物料进行功能测试，也就是尽量模拟真实使用工况，进行功能和性能的测试，在新物料运输到我公司前，把一道关。必要的时候，我公司可以提供一些测试用器件，也可以派专人前往供应商处参与功能 / 性能测试过程。

8. **早些运输**

对于已经通过供应商内部测试的新物料，不需要放在供应商成品库里睡大觉，而是要尽快运输到我公司仓库里备用。IPD 流程中的所有工作都是这样处理的，就是如果达到能做的状态时，能早做，不晚做。

9. **早点检验**

供应商送来我公司的新产品样机和小批量生产用新物料，不但要做到每件必检，而且要做到尽快检验。由于产品还处于样机阶段或者小批量阶段，它的新物料实际也属于这个状态，不可能来的每一个零部件都是没问题的，因此，必须每件必检。这个每件必检的过程一定要早一点、快一点，因为一定会有一部分新物料是有问题的，要处理一下甚至要重新生产。如果没有能力进行入厂检验，应该尽快建立这样的能力，不要试图去节省这个能力建设费用，得不偿失。

频繁地逼着技术人员签字让步接收一些新物料，不是一个优秀企业所为。

10. 早些反馈

在入厂检验中发现有问题的新物料，无论问题大小，都要及时向项目经理和 SE 汇报，争取做到每天的物料状态报表都要更新一次。

11. 早点解决

经过认真分析，确实不影响后续样机生产和小批量生产的，可以让步接收；能够通过简单改制或者修整的新物料，可以由相关技术工程师牵头进行处理；确实无法满足后续生产需求的新物料，就要拒绝它上试制 / 试装线，重新设计和生产制作，这个动作一定要快。

12. 早防呆滞

这里有一个令采购人员和供应商痛苦的事情，就是新物料呆滞问题，实际它和老物料呆滞问题产生的原因是类似的，处理方法也差不多。下面我们就多费点笔墨，把这个物料呆滞的问题说清楚，才能做到尽早地防呆滞。

（1）物料呆滞现象的表象

物料呆滞是很多企业都很头疼的问题，经常会出现的一些现象包括原材料呆滞、零部件呆滞、半成品呆滞和成品滞销（也可以不包括，每个公司情况不同）等。很多企业领导者尤其一把手对这种浪费是忧心忡忡的，有的时候就会情绪激动地处理问题，将矛头指向某一职能部门。实际上这种处理方式是无法从根本上解决物料呆滞问题的，仅仅是找一个替罪羊而已。

（2）物料呆滞现象是谁的错

出现物料呆滞现象是不应该的，但是这绝不是哪一个职能部门自己的错。物料呆滞的问题，极大可能是整个管理系统出问题造成的，可能包括以下几个方面，需要客观和公正地调研和分析，才能得出结论。

A. 营销职能部门销售数量预测错误，过多或者过少地预测都有可能导致物料呆滞。

B. 研发职能部门的平台化和模块化设计没做好，物料通用性差，且变化过于频繁。当然这个问题是最难解决的，需要整个产品和技术规划管理体系的进步。

C. 生产职能部门和工艺职能部门的技术水平不足，导致物料的一些浪费。

D. 采购职能部门和供应商备货失误，采购数量过多。有的时候也并非采购部门的错误，而是一些物料的属性要求它必须一次性多做，这就需要改进设计和改进工艺。

E. 质量职能部门的检验标准不符合产品定位要求。如果质量检验标准过于严格就会致使一些好物料呆滞，如果质量检验标准过于宽松就会致使一些成品和半成品呆滞。

F. 售后服务职能部门对于备件的预测错误，导致一些零部件长期在仓库里呆滞。

（3）如何减少物料呆滞问题的产生

从长远来看，只有上面所有的问题都解决了，才有可能从根本上解决企业的物料呆滞问题。着眼于现在，对于老产品物料呆滞问题，应该成立跨部门的呆滞物料处置小组，尽快调研到呆滞物料出现的原因所在，采取呆滞成品打折销售、零部件和半成本改制、零部件和原材料再次销售等多种方法。着眼于现在，对于新产品物料呆滞问题，应该尽早确定安全库存，做好项目组内的跨部门评审和项目组外的 CEG 采购专家团评审，从研发阶段就将物料呆滞的小火苗扼杀在摇篮里。

对于呆滞物料的问题，绩效考核是可以做的，惩罚也可以实施，但是会造成反向问题的产生，比如采购职能部门担忧物料呆滞的惩罚，不敢一次性向供应商下更多的订单，可能导致物料供应迟缓，影响新产品的市场销售，所以是没有多大用的或者说作用有限。

（4）物料安全库存如何设定

无论是新产品样机和小批量生产，还是批量生产的过程中，都要建立物料安全库存。每个物料的库存都应该有一个安全线，低于这个安全线应该尽快补充物料，高于这个安全线除特殊情况外的补料都是不被允许的。

这个安全库存是基于物料动态需求来设定的，样机和小批量生产时由 SE 和其他研发类代表的请求单决定，批量生产时由销售计划部门的计划决定，库存生产时由生产计划 PMC 部门的计划决定，需要多沟通、多交流，最低限度是每个月召开一次各个生产代表和采购代表参加的生产计划会，必要时项目经理和市场代表应该参加这个会议。为防止突发性事件发生，大部分物料安全库存一般都设定在当月物料需求量的110%，对于长周期的关键性物料可以在前面基础上略有提高或者略有降低，尤其对于极高价值的核心零部件，一定要做好新产品需求量的确定，这甚至要上升到公司战略问题。

本章涉及的IPD工具

（1）新供应商考察必需的三份基础文件——《供应商考察评估档案》、《新物料询价档案》或《新物料比价表》、《供应商综合评估评分表》；

（2）供应商分为三级管理——一级供应商：优秀合作单位；二级供应商：候选合作单位；三级供应商：备用合作单位；

（3）长周期物料采购保障窍门——“十二早”诀窍。

第十八章

样品生产和测试工作的保障方法

样机／样品的生产和测试工作分为两个部分：部分样机／样品关键子系统生产测试、整体样机／样品生产测试。

部分样机／样品关键子系统生产测试子阶段从 PDCP 以后开始，主要工作就是完善所有设计图纸，对关键子系统进行设计模拟验证，对关键子系统进行单元实际验证。由于有一些新产品必须装整机才能进行这种设计验证（如水泵），所以必要时甚至要把整个样机／样品大部分做出来才能够进行设计验证和单元测试。这个“整个样机／样品的大部分”就叫作原型机，它不是样机，其中有一些零部件是临时生产的，比如一些零部件用 3D 打印技术临时生产，而一些外观类零部件没有安装上去。整个这个过程完成以后，要经过 TR4 单元测试技术评审。

整体样机／样品生产测试子阶段从 TR4 评审通过后开始，主要工作就是将样机／样品按计划生产出来若干数量，对样机／样品进行测试并证明其与需求和规格的符合度，对样机／样品进行修整并改进遇到的问题。样机／样品的目的是验证是否符合需求，包括功能性需求和非功能性需求（大部分），因此暂时不会对生产工艺实现问题过多地研究，遇到了就解决一下，遇不到的话后期再说，因此样机／样品往往被称作功能样机／样品，这里的零部件是不允许临时生产情况存在的。整个这个过程完成以后，要经过 TR4A 样机／样品技术评审。

一、样机生产过程中的注意事项和问题解决方法

下面以系列小专题的形式讲述一下从项目实践总结而来的样机生产过程的

注意事项和相关问题的解决方法，这些小专题的顺序根据样机 / 样品生产顺序排列。这里有一个前提，就是我们把 TR4 所需要的单元 / 子系统样机 / 样品生产看作是整体样机生产的一部分提前进行，下面所说的样机生产均包含 TR4 所需要的原型机生产和 TR4A 所需要的功能样机生产两个阶段。

关于样机生产中的物料缺件问题，见上一章的专题讲解，这里不再赘述。

1. 设计验证由谁负责，怎样验证

在 TR4 之前，最根本的任务是对难度较大的设计开发内容进行验证，保证设计的正确性。设计验证工作有以下几种方法。

（1）模拟验证法，就是通过计算机软件或者其他形式，按照建立好的数学模型，对关键零部件的设计进行验证，目前应用最多的就是 CAE 技术。此方法最好由专业的模拟测试工程师负责，SE 和其他研发类代表支持。

（2）实物验证法，就是将实际的零部件/子系统/初步产品（新材料）做出来，在原型机或者试验平台上进行试验验证的方法。此方法最好由试制工程师或者设计工程师亲自负责，SE 和其他研发类代表支持。

（3）计算验证法，就是通过至少两种不同的计算模型，对设计的结果进行验证，得到同样的结果即为合格。此方法可以由专门的计算部门或者设计工程师亲自负责，SE 和其他研发类代表支持。

（4）混合验证法，就是以上几种方法混合在一起进行验证的方法。此方法可以由 SE 统一组织设计验证工作。

2. 样机生产审批决策由谁来进行

一些企业对于何时开展样机生产心有疑虑，怕太早，也怕太晚，总想着通过一个流程来确认，这种通过一个单独流程来确认样机生产指令的做法是可取的。一般情况下，在 TR4 评审通过后，就应该着手进行样机生产了。

前面章节已经叙述了样机生产计划编制的几种情况，有项目经理编制的，也有 SE 编制的、工艺代表编制的、试制代表编制的、生产代表编制的等多种情况，各个企业可以根据自身情况进行选择。关键问题是这些计划一定要是整个项目组跨部门共同协商的，包括市场代表在内，最终确定样机生产的型号、数量、配置、时间、地点、人员等信息。

样机生产计划制订完毕后，应该报请 IPMT 研发委员和 IPMT 生产委员审批，重大项目还应该通过 IPMT 主任最后审批，才能够以正式生产指令的形式下发计划。以一名工程师的生产申请单层层审批下达生产计划的形式违背了项目组协同工作的精神，是不可取的，应当予以改正。

3. 样机生产由谁来组织执行

样机 / 样品的生产是由谁负责的呢？一般根据样机产品特点和人员的动手能力限制，分为以下几种形式，请大家根据实际情况自行选择，如果您选择不出来就按照“专业的人做专业的事”的原则来确定相关岗位职责。

（1）研发人员自行进行样机 / 样品生产，多见于电控类产品、嵌入式软件类产品、高新材料类产品。

（2）试制人员进行样机 / 样品生产，研发人员进行一些辅助支持，多见于单件类机电产品。

（3）试制人员进行样机 / 样品生产，生产人员进行一些生产支持，多见于小批量类机电产品。

（4）生产人员直接进行样机 / 样品生产，多见于大批量类产品和连续线型产品。

4. 样机生产图纸如何处理

在机电类产品样机生产时，往往会遭遇图纸不全的窘境。既然样机生产计划已经下发了，就说明新产品研发工作已基本完成，否则是不可能通过样机生产计划指令审批程序的。但是有的时候，由于详细设计工作的一些细节还没有全部完成，样机生产用图纸是可以分批下发的。注意在这个时候务必要保证生产和采购周期长一些的零部件图纸先行下发，且不得随意修改。

5. 样机生产需要转产培训吗

这个问题的回答是肯定的，除非是由设计人员自行进行样机 / 样品生产。研发人员一定要将新产品的技术情况和样机生产注意事项说清楚。由于此时，一些工艺装置还没有完全制作好，一部分样机生产工作需要使用一些土方法和土模具，这些问题都要和样机生产人员讲清楚，并多听取各位具体生产技师的意见，对于设计和工艺改善都有很大的好处。

6. 试制人员每天都要做什么

试制人员除了每天按计划领料、生产、装配、调试之外，还有哪些工作需要做呢？建议试制人员每天做好班前会和班后会，在班前会上，安排好每天生产工作的内容和注意事项；在班后会上，总结每天样机生产的经验和教训。与小批量生产和批量生产不同的是，样机生产的全过程需要详细记录，包括试制的方法和遇到的问题、试装的方法和遇到的问题、调试的方法和遇到的问题，都必须详细记录在案。

7. 技术工程师如何配合样机生产

样机生产是可能随时出现问题的，当样机生产无法进行的时候，试制 / 试装人员一定会着急地喊设计人员和工艺人员到现场处理问题，这个无可厚非，而且设计人员和工艺人员必须迅速去处理问题。

但是很多技术人员反映这样的随叫随到非常占用工作时间，对工作节奏也是一种干扰，这个问题怎么解决呢？实际这个问题的产生是有深层次原因的，包括技术人员不懂生产实践和生产人员不懂技术原理两个方面。前一个问题需要在工作中提高技术人员生产实践能力，有些公司每隔几年都要求技术人员到生产部门或者售后服务部门轮岗，要求技术人员通过一些生产实践技能的测试，都是比较好的办法。后一个问题除了前面提到的样机转产交接会外，还可以进行一些技术基础知识的再培训和测试。

8. 样机生产中的问题反馈机制

样机生产中遇到的设计问题和工艺问题应该由生产人员及时进行反馈，需要填写《样机生产过程和问题反馈表》，实时进行样机 / 样品生产问题的反馈。有条件的企业可以把这个反馈形成一个机制，用 IT 系统进行管理。对于反馈问题及时、问题发现较深、建议提出较好的样机生产人员应该给予一定的奖励。

9. 样机生产要多利用高级技师

高级技师是企业的宝贝，在重大项目的试制、试装、调试和测试过程中，一定要多听取高级技师的意见，多让高级技师贡献他们的经验和智慧，以保证样机生产的可靠性和及时性。

二、样机测试过程中的注意事项和问题解决方法

样机测试就是测试样机 / 样品是否符合需求的规定，是否符合相关标准的规定，是否符合产品概念和技术方案的设定，并对样机 / 样品进行进一步设计完善的过程。一部分样机测试项目是与样机生产并行开展的，还有一部分样机测试项目在样机试制 / 试装完毕后开展。样机测试过程中的注意事项和问题解

决方法以小专题形式讲解如下。

1. 测试大纲的最后确认由谁负责

前面几章已经叙述过，按照“谁使用，谁负责”的原则，确定由测试代表组织跨部门小组编写测试大纲，这个没有什么疑问。很多企业这个测试大纲难产的主要原因是总想着把一个任务安排到一个职能部门来负责，没有跨部门有效协同起来，这个问题需要进一步建设相关子流程和孙流程。

对于测试大纲要有一个评审过程，这个评审属于 Sub-TR 形式，也就是公司 TR 评审会议的子评审会议，当然对于有的公司来说这个测试大纲极其重要，也可以作为公司级 TR 来进行会议处理。既然是 Sub-TR 评审或者 TR 评审，就需要按照技术评审会议的方法和过程来进行，由 TRG 专家委员会来对测试大纲进行评审。如果是 Sub-TR 评审，测试大纲的审批确认人为测试代表；如果是 TR 评审，测试大纲的审批确认人为系统工程师 SE。

2. 样机试制 / 试装成功后的首次试车要注意什么

样机试制 / 试装成功后，项目组成员是非常开心的，就想立即开动产品，但这个时候不是万事大吉的时候，万里长征才刚刚开始，还有很多需要注意的地方。

（1）进行新产品零部件 / 原材料使用全面性检查，也就是对样机生产前的物料清单与实际使用物料进行符合性检查，对实际使用物料与最终剩余物料进行差距检查，不能像南亚某国那样，把战斗机装配完毕后还能剩一把螺母。

（2）进行通电、通气、通液前的通路检查，也就是检查电、气线路的完整性，以及进行气路和液路的泄漏检查等。

（3）对整机产品进行安全性检查。也就是对机械、电气、气路、液路等进行安全性检查，防止在首次试车时出现不安全因素。

（4）首次试车不可以进行测试大纲所规定的试验，而是以启动正常、传统检查动作正常作为测试项，先评估最简单工作状态下，新产品的正常使用情况。

（5）对于一些 B2C 类日用品产品，本步骤可以有所调整或者转化。

3. 样机装配完毕至可试验状态（调试）后需要做什么

在样机首次试车运行后，有可能会发现一些低档次的设计问题和工艺问题，需要试制或者测试人员进行一些更改、优化工作，使其变成在最简单状态下也能够正常工作。然后，可以对新产品进行试跑或者试运行，测试在各种调试工况下，能否达到调试状态，如果无法达到调试状态，就需要更改设计和工艺内容，需要试制或者测试人员进行一些更改、优化工作。最后，要由试制人员或者测试人员（根据所在公司职责安排）进行调试，保证新产品能够达到正常工作状态，就可以继续进行测试大纲规定的工作内容了。

4. 标准测试不允许任何作假行为

测试大纲首先一定是针对各类标准规定的测试内容，包括国内的国标、行标、企标和国外一些国家、地区对应的标准。对于各类标准所规定的内容在测试过程中是不能有一丝马虎的。有以下几个方面的问题要注意。

（1）有些竞争对手的产品不满足国家标准规定要求，并不是我公司产品可以不满足国家标准规定要求的理由，要记住一家好企业的人员都是有出息的，不能仅看短期的蝇头小利，而是要有品牌意识和质量意识，不能与竞争对手在低水平上竞争。

（2）坚决避免在标准规定内容的测试上弄虚作假，以偶然间的一次合格代替最终的测试结果。如果出现了大面积的测试不合格情况，一定要搞清楚不合格的机理，一定要明白这时候的新产品在设计或者工艺上是有重大缺陷的，一定要静下心来整改甚至重新设计。

（3）如果在多次测试过程中，偶然出现一次不合格，就一定要研究是否是测试操作失误造成的，还是新产品就会有偶然的问题存在，以“一根筋”的精神解决所有遇到的问题和问题症候。

（4）有个问题就是对于单个的测试项目到底测试几次为好？这个问题在测试大纲编写时，应该根据标准要求进行确认，测试次数少了，可能不会发现问题；测试次数多了，可能就会浪费时间和资源。

（5）有一些测试会因为缺乏标准文件支撑，遇到没有测试依据的情况。这就需要技术人员尽快组织编写标准文件，并尽快通过标准文件的评审（临时或正式）。

（6）测试所用的工装、工具、器具应在概念阶段就作为需求提出，并根据计划抓紧时间制作或者购买，尽量不要“凑合”。

（7）一定要进行满载测试和破坏性测试。

5. 需求测试有哪些特别之处

测试大纲除了针对标准的测试以外，就是针对需求的测试了。需求在历史的长河中会如何变化呢？实际上，当需求变成了一部分集体或者个人的统一需求时，这个需求就会转化成标准，而标准经过长年累月的变化，当绝大部分集体和人员统一认识时，它就会变化成人们潜意识里的“应该”和“这样”。因此，需求的内容应该定期转化为标准化文件，才会更加可靠和长久。

我们这里讲的需求测试，就是针对那些暂时不可能转化成标准的内容所进行的测试，包括客户／用户独特理性需求、客户／用户独特感性需求两大部分，其中客户／用户独特感性需求还需要进一步划分为客户／用户独特感性功能需求和客户／用户独特感性非功能（情感）需求。无论这些需求是技术类的还是非技术类的，都是需要进行测试的，举例如下。

（1）客户／用户独特理性需求，例如新产品的长宽高。这部分需求测试的方法就是测量出新产品实际的物理值。

（2）客户／用户独特感性功能需求。例如新产品的美观大方，这部分需求测试的方法包括：一是对“美观大方”这四个字进行数字转化，比如圆角角度、表面光洁度等，然后进行物理测量；二是根据足够多的典型客户对新产品的感性认识，按少数服从多数原则，从侧面证明“美观大方”这四个字。

（3）客户／用户独特感性非功能（情感）需求。例如新产品的品牌影响力，这部分测试需要对客户／用户方面做一些调查性测试。

因此，测试工程师只懂得技术方面的测试，不懂得非技术方面的测试，是不合格的。

6. 系统测试和子系统测试的关系处理方法

一般情况下，系统测试和子系统测试的关系有以下三种情况。

（1）对于一些独立性较高而且重要性较高的子系统，需要先将子系统测试合格后，再装配到整机系统进行测试，如果整机系统测试中发现子系统的问题，需要返回子系统进行设计或者工艺整改后，再次走这个流程。

（2）对于一些独立性不高但是重要性较高的子系统，需要通过原型机测试甚至整机测试来同步进行子系统的测试，这个子系统的测试是需要做加强处理的。

（3）对于一些独立性不高而且重要性也不高的子系统，仅仅通过整机测试就可以基本满足要求了。仅靠系统测试人员就能完成全部测试任务。

7. 测试几次才算最终测试通过

这个问题的本质就是样机生产和测试轮次的问题。对于战略价值和技术难度比较高的新产品，如歼二十战斗机，就需要根据国家标准规定进行多次样机生产和测试。对于战略价值和技术难度不高的新产品，如价值 400 元的潜水泵，就只需要根据国家标准规定进行一次样机生产和测试。

8. 测试总结报告中的不合格项怎么处理

样机的测试报告中总是出现一些不合格项或者不合格症候项，一般有以下几种处理方法。

（1）如果不合格项或者不合格症候项对于新产品的后续生产和上市影响不大，类似于 C 类需求没有完成，则由项目组决策是否舍弃该需求，或者在后续产品开发和生产阶段再解决。

（2）如果不合格项或者不合格症候项对于新产品的后续生产和上市影响不小，类似于 B 类需求没有完成，则由项目组形成后续整改方案，报送 IPMT 评审，由高层决定带风险进行后续工作，还是风险解决后再进行后续工作。

（3）如果不合格项或者不合格症候项对于新产品的后续生产和上市影响巨大，类似于 A 类需求没有完成，那就坚决不可以将新产品的研发生产过程继续下去，必须把这个不合格项解决掉，并及时地、定期地向 IPMT 汇报进展。

9. 测试评审过程需要小批量生产人员提前参与

在测试结果评审的时候，一定要让小批量生产人员提前参与，这样做能够使他们尽快熟悉新产品现状，不但可以提出很多有建设性的技术和质量建议，而且对于后续的小批量生产和批量生产大有好处。

表 18-1 和表 18-2 分别是某企业 TR4 技术评审（设计验证 / 原型机）要素表和 TR4A 技术评审（功能样机）要素表的案例。在项目组完成相关对应技术工作内容后，就可以将技术成果提交公司级 TRG 进行 TR4 和 TR4A 的评审了，需要强调的是与前 TR 不一样，后续的中 TR（TR4）和后 TR（TR4A、TR5、TR6）的评审会议除了在会议室进行外，也可以在生产现场进行评审会议。

表18-1　某企业TR4技术评审（设计验证/原型机）要素表（举例）

序号	职能领域	检查项	完成情况
1	财务	开发阶段的采购物料及相关费用是否按标准进行归集？	
2	财务	费用归集的数据是否准确？	
3	PQA	项目的过程是否符合流程要求？	
4	PQA	交付件是否符合上会条件？	
5	PQA	上一个TR遗留问题是否关闭？	
6	SE	单元测试和验证结果是否满足设计需求？	
7	SE	各模块相关的设计是否全部实现并满足客户需求？	
8	SE	各模块的设计规格参数是否满足整机配套要求？	
9	SE	单元测试和验证中出现的问题是否已全部解决？	
10	外观	现有成型部分是否符合外观设计方案？	
11	外观	外观不符合项是否已关闭？	
12	技术管理	标准文件初稿是否按计划形成？	
13	技术管理	专利管理是否按照计划实施（包括专利申请、专利保护、专利风险控制等）？	
14	结构设计	详细设计阶段中关注的关键技术点、技术风险是否在单元测试中得到验证和解决？	
15	结构设计	详细设计是否满足技术规格书要求？是否与外部客户、模具厂达成协议？	
16	结构设计	零部件工程图是否已全部完成？	
17	电气设计	电机和电控性能是否符合设计要求？	
18	工艺设计	发现的加工、装配难点是否已解决？	
19	生产	样机生产所需的工装、刀具是否到位？	
20	采购	物料供应商选择是否确认（供应商开发计划）？	
21	采购	单元测试中发现的零件问题点是否解决？	

续表

序号	职能领域	检查项	完成情况
22	质量	检验标准初稿是否编制？	
23	质量	关键工序控制计划是否制订？	
24	质量	相关认证计划是否已经启动？	
25	质量	质量保证计划是否持续实施？	
26	市场	现有产品状况是否已满足市场要求？	
27	市场	年销售量预测是否更新？	
28	市场	是否制定产品推广方案？	
29	市场	开发进度是否满足市场需求？	
30	服务	可服务性需求是否已更新并落实成服务策略？	

表18-2　某企业TR4A技术评审（功能样机）要素表（举例）

序号	职能领域	检查项	完成情况
1	财务	开发阶段的采购物料及相关费用是否按标准进行归集？	
2	财务	费用归集的数据是否准确？	
3	PQA	项目的过程是否符合流程要求？	
4	PQA	交付件是否符合上会条件？	
5	PQA	上一个TR遗留问题是否关闭？	
6	SE	功能样机是否符合客户需求（外观、功能等）？	
7	SE	功能样机试装中的问题是否得到跟踪、解决？	
8	SE	样机功能、性能指标是否符合设计规格？	
9	SE	样机试制总结报告上的相关问题是否已落实？	
10	工业设计	功能样机是否符合外观设计方案？	
11	工业设计	外观不符合项是否已关闭？	

续表

序号	职能领域	检查项	完成情况
12	工业设计	包装方案是否已设计完成？	
13	工业设计	包装方案是否通过相关包装实验？	
14	工业设计	包装方案是否符合公司设计规范？	
15	技术管理	标准文件是否进一步完善？	
16	技术管理	专利管理计划是否按计划跟进？	
17	技术管理	初步M-BOM是否已经搭建？	
18	技术管理	检查图样是否检入PLM系统？	
19	结构设计	模具零件问题是否已关闭？	
20	结构设计	结构设计结果是否符合客户需求？	
21	电气设计	功能样机的电机和电控性能是否符合设计要求？	
22	工艺设计	发现的加工、装配难点是否已解决？	
23	工艺设计	小批工艺、工装是否齐全？	
24	试制	样机是否已装配测试完成？制作样机的目的和需求是否已得到满足和验证？	
25	生产	设备、工装夹具、刀具是否到位并验收完成？	
26	生产	生产用文件是否发放到位？	
27	生产	工艺文件是否得到解决验证？	
28	生产	生产人员能力是否具备？	
29	生产	生产所需检查能力是否具备？	
30	采购	功能样机零件问题点是否解决？	
31	质量	检验标准是否进一步完善？	
32	质量	关键工序控制计划是否进一步完善？	
33	质量	零部件、子系统、样机检测是否有效？	

续表

序号	职能领域	检查项	完成情况
34	质量	安全认证测试是否已经完成？其余认证是否已经按照计划实施？	
35	市场	是否已制订对相关人员产品知识的培训计划？	
36	市场	年销售量预测是否更新？	
37	市场	开发进度是否满足市场需求？	
38	服务	样机是否满足售后服务的要求？	

本章涉及的IPD工具

（1）设计验证工作的四种方法——模拟验证法、实物验证法、计算验证法、混合验证法；

（2）试制和测试人员每天都要做的事情——班前会和班后会；

（3）需求测试的三种对象——客户／用户独特理性需求、客户／用户独特感性功能需求、客户／用户独特感性非功能（情感）需求。

第十九章

小批量生产工作的相关难题处理

按照研发项目计划，进行完一轮或者几轮样机生产和测试以后，小 IPD 产品开发流程就将进入开发阶段的后半部分——TR4A-TR5 子阶段，进行小批量生产和测试工作。小批量生产的主要目的不是验证新产品的原理和性能是否满足需求，而是验证新产品的实现方法——生产过程和工艺实现过程，是否满足新产品技术方案的设定，还要验证新产品满足需求的持续性是否合格。

很多企业在小批量生产子阶段遇到很多令人烦恼的技术问题和技术相关问题，解决起来是费事、费时、费心思的。这些问题产生的时间实际不在小批量生产的子阶段，而在产品项目立项、概念和计划阶段，只要在项目前期的三个阶段做好工作，到小批量生产子阶段时发生的问题就会很少，损失就会比较小。

本章叙述小批量生产本身应该怎么做，才会更加高质和有效。

一、小批量生产前的转产方法

小批量生产前最重要的工作就是所谓的小批量“转产”。新产品的全部生命周期实际可以看成三个历史时间范畴：一是方向选择，包括规划和需求的相关工作，也包括立项工作的前两个阶段；二是研究开发，包括立项工作的后两个阶段和概念、计划阶段，也包括开发、验证阶段的大部分内容；三是交付销售，包括从开发、验证阶段的小部分内容开始，到上市发布和生命周期阶段。小批量生产刚好是从研究开发到交付销售的转折点，因为一部分小批量生产产品是需要上市销售的。小批量生产前，一定要进行转产工作。如果转产工作能够顺利进行，对于小批量生产过程和批量生产过程的好处是很大的，可以促成上市新产品质量高、毛病少、上市交付快等良好态势。

小批量转产的主要工作一般发生在研发、工艺、生产、采购、质量部门之间，市场营销部门、服务部门和财务部门在小批量生产过程中的一些工作在下一小节叙述。

1. 设计人员在转产过程中的工作

在这里，设计人员主要指新产品物理形态、软件形态和过程形态的主要设计者。设计人员在转产前要把所有的图纸、程序、流程设计完毕。这个和样机生产时不太一样，理论上不允许图纸没全部完成就提交小批量生产，因为小批量是验证生产和工艺过程的，不是验证新产品设计原理是否满足外部需求的，即使是全部的张贴标识（如安全标识、操作标识、商标、卡通宣传标识等）都要一并完成，不可缺项。上述所有的图纸、程序和流程都应该归档，并加以管理。

设计人员应该在小批量转产前，将整个产品（包括配置项）的 BOM 树在 IT 系统中构建完毕，并根据工艺人员的反馈要求将BOM清单整理至标准生产状态。

上述所有内容，应该由各研发设计代表形成转产交底文档。

2. 工艺人员在转产过程中的工作

工艺人员在转产过程中，一定要把工艺设计方案中的全部内容完成，而且需要工艺管理（车间工艺）人员将各个工位的工艺卡片、工艺操作指导书等编制完毕，经过所有工艺专家评审后，固定放置在工位上。

工艺人员（或专职 BOM 处理人员）应该将 BOM 清单从设计 BOM（E-BOM）转化成生产 BOM（M-BOM）和采购 BOM，并经过 BOM 专家和技术人员审核，形成正式生产用 BOM 清单。

工艺人员开发过的相关工装、模具、道具、生产线设备等均应该到位，以满足小批量生产所需。批量生产用的一些装备和工具等可以暂缓到位。

3. 生产人员在转产过程中的工作

生产计划人员作为整个小批量生产的组织者和调度者，需要尽快拿到生产用 BOM 的所有清单和对应图纸、程序，按照生产现场的要求，进行清点，保证齐套性。同时，应该规划生产用场地及其环境，做好场地整理和环境铺设的方案，供转产交底会上讨论。

4. 采购人员在转产过程中的工作

采购人员需要尽快拿到采购 BOM 的所有清单和对应图纸，按照采购部门的要求，进行清点，保证齐套性。同时，应该规划原料和零部件的存放位置以及存放方法，做好相关方案供转产交底会上讨论。

5. 质量人员在转产过程中的工作

质量人员需要尽快拿到生产用BOM（含生产BOM和采购BOM）的所有清单和对应图纸、程序，按照生产现场的要求，进行清点，保证齐套性。根据关键零部件、关键原材料和整机产品关键性能参数等要求，尽快编制检验操作指导书，并保证相关检具、量具和对应人员匹配到位。将上述内容形成相关方案供转产交底会上讨论。

6. 转产交底会

对于小批量生产来说，转产交底会是一个具有十分重要意义的会议，很多企业由于没有组织好小批量转产交底会，导致后续小批量生产的混乱无序。这里面有几个容易出问题的地方。

（1）谁来组织小批量转产交底会

这个问题是有标准答案的，那就是项目经理，对于这么重大的会议，项目经理理应作为会议的组织者和主持者。在会前，项目经理应该组织各位职能代表撰写相关的汇报材料，也就是介绍技术状况、注意事项和已经做的工作的演示材料。在会中，项目经理组织大家介绍各自的汇报材料，并进行认真讨论和检查。在会后，项目经理组织PQA等人员对转产情况进行跟踪和检查。

那些认为转产交底会应该由研发代表、SE、工艺代表、生产代表中的某个角色组织的想法，都是违背IPD并行开发理念的，都是错误的。一定不能忘记项目经理也是一个重要角色。

（2）小批量转产交底会的一般过程是什么

小批量生产转产交底会的一般过程包括以下内容，各个企业可以根据自身情况进行优化和细化。

A. 项目经理作开场白。

B. 系统工程师SE介绍新产品技术实现情况（可结合样机 / 样品）。

C. 各子系统主管技术工程师介绍新产品技术关键点(可结合样机 / 样品)。

D. 工艺代表介绍生产过程中的注意事项（可结合样机 / 样品）。

E. 试制代表介绍样机生产过程中的经验和教训（可结合样机 / 样品）。

F. 生产代表介绍生产职能领域的准备情况。

G. 采购代表介绍采购职能领域的准备情况。

H. 质量代表介绍质量职能领域的准备情况。

I. 各位代表依次进行相关准备情况的研讨和评审。

J. 由 PQA 形成会议纪要。

K. 项目经理组织大家对本次活动的优秀人员进行评选。

L. 项目经理对优秀人员进行奖励。

M. 大家在转产交底会的资料交接仪式上宣誓并签字。

N. 鼓掌通过并散会。

（3）小批量转产交底会的签字仪式

小批量转产交底会的现场必须进行资料交接的签字仪式，不允许会后再签字，一定要当场把交底工作完成，不要拖沓，会后不得反悔。

二、小批量生产过程的执行和优化

小批量生产不是由试制 / 试装部门负责的，而是由批量生产部门负责的，是批量生产之前的一次预演，是对生产交付等系统的一次测试，这个阶段也会解决一部分设计问题，但是应该是很少的。这个阶段需要解决的工艺设计和工艺实现问题应该相对多一些。在小批量生产的同时，一些职能部门就要准备验证阶段的一些工作了，而不能等到验证阶段再进行试用和试销等准备工作，这也是跨部门并行流程的价值体现，例如小批量生产时，研发人员就要开始编写技术说明书了。

小批量生产和测试工作都有哪些组成部分和同步的项目工作呢？

1. 小批量生产（几个批次）计划的安排

小批量生产要几个批次才能完成呢？有的公司是有相关制度规定的，有的公司是没有相关制度规定的。实际上要回答这个问题，就要明白两个道理：一是小批量问题如果很多，那么出问题的地方不在产品的开发阶段，而在产品的立项、概念和计划阶段；二是如果第一批次小批量能够发现所有问题的 50%，那么第二批次小批量只能够发现所有问题的 25%，第三批次小批量只能够发现所有问题的 12.5%，以此类推。

究竟需要进行几个批次的小批量生产是基于公司研发和生产能力决定的，

公司研发和生产能力越不好，需要的小批量批次就越多；公司研发和生产能力越好，需要的小批量批次就越少。小批量生产的每个批次都是需要费用的，虽然能卖出一部分小批量产品，但是金钱上面有损失是一定的。另一个方面，还要根据新产品在行业和公司中的地位来确定小批量的批次。总之，小批量既不能批次太多，也不能批次太少，要算战略账、算经济账、算品牌名声账。生产代表要结合 PDCP 评审通过的生产计划、此时生产线的运行状况等因素，制订每个批次的具体生产计划，项目经理要跟踪和监控这个计划。

2. 小批量问题反馈机制

小批量生产的反馈机制与样机生产的反馈机制相比，除了问题反馈表格以外，其他是不太一样的，其主要体现在以下几个方面。

（1）双重反馈

小批量生产反馈的第一道人员一般都是车间生产线工人，当他们遇到生产问题时，一定很着急地想反馈给相关责任人。生产线工人（含生产、调试、检验，下同）一般把问题先反馈给车间技术工程师，由车间技术工程师先行判断是生产人员自身的问题，还是设计或者工艺上的失误问题。如果车间工程师判断是设计或者工艺问题，就要向两个方向汇报，一是向生产代表汇报，小问题生产代表记录即可，大问题需要生产代表积极组织解决；二是向研发或者工艺人员汇报，请研发或者工艺人员远程或者到生产现场解决问题。

（2）立即反馈

所谓立即反馈是指必须在出问题的第一时间就进行反馈，否则会耽误生产线的正常小批量生产，这个是耽误不得的，耽误一天损失很大。

（3）按类别反馈

车间技术人员应该迅速判断是哪个子系统研发出了问题，是设计问题还是工艺问题，并迅速向相关人员汇报，不能什么问题都往项目专用微信群里一丢，那是不负责任的表现。

3. 小批量子阶段的工艺（中试）优化工作

小批量生产过程主要验证的就是工艺（中试）是否满足批量生产的要求。因此，小批量生产子阶段中，工艺代表及扩展组成员必须跟踪整个生产过程，在批量生产开始之前，就把所有的工艺设计、工艺装置、车间工艺等优化工作完成。

4. 小批量子阶段的采购优化工作

小批量生产过程实际也是对供应商产品设计和工艺是否满足批量生产要求的一个验证过程。因此，小批量生产子阶段中，采购代表与设计代表都应该与供应商保持良好的沟通，在批量之前及时解决掉所有的采购物料设计问题和工艺问题，并按计划导入第二供方。

5. 质量部门在小批量子阶段的工作

质量部门在小批量生产子阶段有两个任务，一个是对整个生产过程进行质量管控、检验、测试工作，另一个是对自身的检验、测试工作是否合理进行测试。也需要建立一个向项目组反馈质量问题的渠道。小批量生产的质量管控尤其重要，容不得半点马虎，因为它本身就是一个生产过程的测试工作，就是要找出问题，把它解决掉。小批量生产出现的质量问题必须及时解决，最好不要进行质量让步，否则就起不到在批量生产前，解决生产过程问题的作用。

6. 售后服务部门在小批量子阶段的工作

售后服务部门在小批量生产子阶段不是旁观者，它的主要工作要转移到准备一切售后服务工作用资料和培养人员方面来，小批量生产的一些新产品是需要试用和试销的，这些都需要售后服务人员的支撑。

（1）挑选讲师型售后服务种子工程师参与到小批量生产之中，要求其对小批量产品技术和生产的各个环节了然于心。

（2）开始撰写售后方面的培训教材，这样才能达到在“干中学”的效果。此时，可以请技术人员、工艺人员、试制人员、车间技术支持工程师给售后服务人员培训新产品相关知识，售后服务人员根据客户 / 用户现场的实际情况，开始将这些对内培训教材转化为对外培训教材（可以是多种形式，如视频、网页、纸质使用维护说明书等）。

（3）开始准备相应资源，也就是配齐相关新增的人员，此时新增人员正好可以参与小批量生产，这个培训是十分宝贵和划得来的。

（4）开始组织 400 电话热线的话术文档。

7. 营销部门在小批量子阶段的工作

营销人员在小批量生产过程中，要时刻关注进度，待小批量生产的问题正在逐渐减少时，就要开始与试用客户、试销客户积极接触了。市场营销人员应在小批量生产和测试完毕前的时间里，无缝对接地签订试用或者试销的销售订单，加快新产品开发过程的运转速度。

营销人员在 IPD 开发阶段完成前，就要开始编写销售用文件材料了，包括广告制作（含代言人邀请）、网站制作、样本制作等工作。这个销售文件的制作需要根据本公司的实际情况，决定什么时候制作完成——B2B 行业一般为批量销售时使用，B2C 行业一般在小批量销售时就需要使用。

8. 财务部门在小批量子阶段的工作

财务代表在本阶段应该时刻关注物料的成本价格变化，实时优化成本管理表。

在进行完上述小批量生产和全部测试工作（含寿命试验）后，项目组就可以提请 TR5 小批量生产技术评审了，如图 19-1 所示是某企业小批量生产 TR5 评审的要素表，供大家参考。

表19-1 某企业TR5技术评审（小批量生产）要素表（举例）

序号	职能领域	检查项	完成情况
1	财务	开发阶段费用归集完毕，是否提交目标成本和实际成本的差异分析表？	
2	PQA	项目的过程是否符合流程要求？	
3	PQA	交付件是否符合上会条件？	
4	PQA	上一个TR遗留问题是否关闭？	
5	SE	小批抽检报告是否满足性能规范？	
6	SE	小批过程中出现的问题是否跟踪并解决？	
7	外观设计	包装物小批试装出现的问题是否已解决？	
8	技术管理	正式MBOM是否已经发布？	
9	技术管理	标准是否已经发布？	
10	技术管理	专利管理是否按计划进行？	
11	技术管理	PDM图纸是否走到样机状态？	
12	技术管理	检查项目交付资料是否完整？	
13	电气设计	是否已解决小批过程中存在的技术质量问题？	
14	工艺设计	小批发现的工艺难点是否已解决？	

续表

序号	职能领域	检查项	完成情况
15	工艺设计	小批工艺、工装、设备是否满足批量生产需求？	
16	工艺设计	批量生产用工艺文件是否齐全？	
17	生产	生产用量具、检具、设备、工装刀具是否到位并验证完成，并达到生产能力？	
18	生产	试制过程中出现的文件问题是否修订完成？	
19	生产	遗留的生产/工艺/技术问题是否解决并完成验证？	
20	生产	生产BOM清单是否已经完成？	
21	生产	生产用文件是否全部发放到位？	
22	采购	外购、外协小批量问题是否解决？	
23	采购	合格供方名录是否刷新？	
24	质量	质量控制计划执行效果是否总结、再完善？	
25	质量	自制零部件质量稳定性、符合性是否总结评价？	
26	质量	关键供方零件质量稳定性、符合性是否总结评价？	
27	质量	小批产品质量指标是否达标？	
28	质量	产品认证是否按照计划完成？	
29	质量	检验标准是否已经受控下发使用？	
30	质量	关键工序认证清单是否报批？	
31	市场	进入市场的资料是否都已准备完善？	
32	市场	小批样机试用对象是否已完成制定？	
33	市场	是否已对销售人员进行培训？	
34	服务	小批样机是否符合售后的标准（方便维修、方便安装、方便运输、方便使用等方面）？	

三、做好项目的变更管理

实际在小 IPD 产品开发流程的每个阶段都存在项目的变更现象，这是一种很正常的现象，控制好它，它就是我们项目战胜困难的利器；控制不好它，它就是我们项目走向失败的加速器。我们一定要拥抱变更管理，做好变更管理。

1. 变更管理的分类

变更管理并不仅仅就是图纸的变更或者工艺卡片的变更，实际它包含所有关于产品开发项目的变更。德国制造业有这样的一个理论，那就是新产品的开发也是对客观世界的一个改变，也是一种变更形式。反过来看，任何形式的变更实际都是一场对客观世界的改变，都是一种研发行为。

变更管理是从项目一开始到项目退市的全生命周期中随时都会发生的事情，变更管理有以下几种形式。

（1）需求变更 RCR

这里的需求变更主要指外部需求的变更，同时也含有少量内部需求的变更，是一切其他形式变更发生的主要源头。有一些原材料 / 零部件企业因为客户的需求变化太频繁，导致公司的研发和生产节奏混乱无序。对需求变更的控制是比较麻烦的事情，需要将整个 IPD 体系建立起来并良好运作才可以，本书不讨论 IPD 体系的建设问题，大家可以参看《落地才是硬道理——企业实施 IPD 研发管理体系方法》。对于需求变更管理本身来说，就需要把机制建立起来，积极应对。

（2）项目变更 PCR

项目变更的种类很多，主要包括计划变更、人员变更两种类型，还有一些其他的类型。计划变更对项目的影响是巨大的，甚至是致命的，因此计划变更应该被项目经理严格控制。为了预防计划变更的存在，一般在项目进行的过程中，都要抢时间完成相关的项目工作。人员变更是项目面临的第二大危害，尤其是项目主要人员的变更，如离职、调岗、病假、产假等导致的人员变更，一定要提前预防这类变更的出现，要对项目组各位成员的心理状况和身体状况实时监控，提前预警。如果出现人员变更的情况，就要保证替代人员对比原先人员能力上差不多，知识培训和项目交接应该加速进行。只有完成项目人员的交接手续，才允许人员变更执行。

（3）设计变更 DCR

设计变更是大家经常遇到的事情，一般分为改善类和问题类等两种类型。改善类设计变更一般定期进行，可以不按照新产品上市时间来执行。问题类设计变更必须立即执行，以便快速解决问题。

（4）工程变更 ECR

工程变更包括工艺变更、设备变更、生产线变更、工装变更、模具变更、刀具变更、量具变更等形式，也分为改善类和问题类等两种类型。

（5）变更通知单 PCN

变更通知单是一种非常形式的变更，一般发生在产品批量上市以后，如汽车召回就是一种变更通知单，要尽量避免发生，但是如果发生了，就要坦诚和迅速解决问题。

2. 变更管理的过程

先给大家介绍某企业进行变更管理的案例。

某企业变更管理系列表格主要内容（举例）

（1）变更申请表

产品线名称、项目号、项目名称、变更号（ECN 号）、变更申请人、申请时间；

变更阶段、变更类型（项目变更 PCR、需求变更 RCR、设计变更 DCR、工程变更 ECR、变更通知单 PCN）；

变更内容（文字、图纸、图示等）、变更原因；

变更可能对哪些职能领域产生影响；

是否需要变更预备分析（引入 TRG 专家组）；

变更评审方式建议；

变更发放对象建议。

（2）变更预备分析表

逐条进行问题描述；

逐条回复处理意见、处理 TRG 专家签字（可能有多个专家）；

TRG 专家组总体论断和专家组会签。

（3）变更评审表

变更对技术的影响分析（对应技术专家）；

变更对进度的影响分析（项目管理专家或公司领导）；

变更对成本的影响分析（财务专家）；

变更对生产的影响分析（生产专家）；

变更对采购的影响分析（供应链专家）；

变更对质量的影响分析（质量管理专家）；

评审结论和会签。

（4）变更决策表

变更号、变更部门 / 产品线；

变更评审会议时间、地点、人员；

变更评审会议纪要（要点）；

变更评审会议结论；

决策结论和签字；

执行人员签字。

（5）变更实施验证与跟踪关闭表

验证日期、当前变更状态（已指派、已打开、已变更、已验证）；

变更实施现状记录，验证人签字。

从上面这个变革管理表格的案例可以看出，这套表格适用于所有类型的变更，如果读者所在企业把它按照变更类型拆分，分开执行这些变更，也是可以的。细心的读者可能会发现这个变更管理表格有些复杂，实际也确实如此，把表格设计得这么复杂的目的就是逼迫大家尽量减少变更，一次性把事情做好。

3. 变更管理的决策机制

变更管理需要分层分类进行，绝不可以都只用一种方法解决问题。上面所述的五种分类，有些是 PDT 项目组范围内的，有些是 PDT 项目组范围外的（如生命周期阶段中，一些项目的 PDT 已经解散了）。下面分享一些产品开发项目范围内的变更可分哪几个层次进行管理。

层次一：项目组层面变更（C 类变更）。

这类变更一般对应的是 C 类一般需求变更、非里程碑计划变更、扩展组人员变更、一般件设计变更、一般工艺变更，由项目经理 LPDT 或者系统工程师 SE 审批。

层次二：产品线 / 产品族层面变更（B 类变更）。

这类变更一般对应的是 B 类重要需求变更、里程碑计划变更（除立项、上市等决定性节点）、核心组人员变更（除 LPDT、SE、产品经理、核心零部件开发代表）、重要件设计变更、重要工艺变更，由产品线 IPMT 主任（大中型企业）

或者产品族总经理／主任（中小企业）审批。

层次三：公司／产品线层面变更（A 类变更）。

这类变更一般对应的是 A 类核心需求变更、决定性里程碑计划变更（如立项、上市等决定性节点）、核心组人员变更（如 LPDT、SE、产品经理、核心零部件开发代表）、关键件设计变更、关键工艺变更，由公司 IRB 主任（大中型企业）或者产品线 IPMT 主任（中小企业）审批。

4. 变更管理执行过程中的注意事项

（1）变更管理发起人

变更管理发起人是一定要明确的：需求变更的发起人主要是产品经理／市场代表；设计变更的发起人一定是设计工程师；项目人员变更的发起人一般是项目组对应核心代表；项目计划变更的发起人一般是项目经理、项目助理或 PQA；工艺变更的发起人一定是工艺（中试）工程师；变更通知单的发起人一般是质量代表或者服务代表。即使是公司或者部门领导提出的变更，也必须由上面所规定的人员发起流程。

（2）变更管理需要定期回顾

一定要由 PQA 和质量代表定期进行变更情况的检查，防止相关职能部门没有及时完成变更操作。

（3）变更管理要十分注意有效期问题

公司拥有 PLM 软件平台系统时，应该根据变更管理的要求，做好变更有效期管理和版本管理，防止出现各个版本之间互相嵌套的现象。

本章涉及的IPD工具

（1）新产品生命周期的三个历史时间范畴——方向选择、研究开发、交付销售；

（2）项目中的五种变更——项目变更（PCR）、需求变更（RCR）、设计变更（DCR）、工程变更（ECR）、变更通知单（PCN）；

（3）项目变更执行的四种状态——已指派、已打开、已变更、已验证。

第二十章

新品提早上市难题处理方法

一般的企业 / 公司都经不住一个诱惑，那就是在新产品没有正式上市（GA点）之前，就已经要对外销售了。项目组可以理解营销人员对于新产品领先市场的追求，但是项目组也担心没有完全准备好的新产品会出现大量的技术和质量问题，处于不同职能部门的员工实际都是追求公司利益的最大化，从本心来讲，都没有什么错。但是新产品的开发和上市是一盘棋，是一个系统工程，我们究竟应该怎么解决提早上市的利弊矛盾呢？

一、新品提早上市问题的产生和解决方案

新品提早上市问题是一个值得研究的课题，笔者不同意一些企业机械地应对这个问题，一会儿偏左处理，就是绝不同意提前供货或者提早上市；一会儿偏右处理，就是尽一切可能尽快提前供货或者提早上市。这两种做法都是有前提的，都是有条件的，不能遇到问题了就往 180 度方向转移意见，这不是专业的处理方法。为了研究清楚这个问题，需要先明确提早上市问题出现的原因，然后才能梳理出在不同的情况下，应该怎么样处理。

1. 新品提早上市问题产生的几种可能原因

新产品的提早上市有计划内和计划外两种情况，前者一般来源于准确订单的获取，甚至这个项目就是因为签订了订单才立项启动的，这种情况下这个 EDCP 早期供货决策评审就是计划内的；后者则是来源于项目开发阶段突然出现的偶发性订单，是属于计划外的。计划内的订单时间要求急迫，而且一般是战略性客户。计划外的订单时间要求也是急迫的，但是没有给项目组充分准备时

间，且一般不是战略性客户的订单，非常容易出问题。下面针对计划外的提前供货，说明其问题产生的可能原因。

（1）新产品开发项目的实际情况部分为外界知晓，外界的客户 / 用户因其性能优秀和需求符合度高而期望订货购买。这个情况要追究泄密人员的责任。

（2）为了配合展会、发布会等重大会议的日期，新产品被提前发布出来，导致经销商和客户急迫地想得到新产品。这个情况需要产品开发计划紧盯着重大发布节点，尽快开发和验证。

（3）市场人员为了部门业绩和个人业绩，提前执行了部分发布动作，致使经销商和客户下了一些新产品订单。这个情况的产生是市场部门和市场人员游离在新产品开发的整个系统工程之外造成的，是需要加强管理和监督的。

（4）高层领导着急地想让新产品快点见效，致使市场上出现一些提前供货的订单。这个情况需要高层领导多学习 IPD 基础知识，进行一定程度的自省。

（5）竞争对手的突然市场动作，导致我公司不得不提前承接一些供货订单。这个问题产生的时候，整个管理运营团队要冷静、冷静、再冷静，想好了一整套方法再出击，决定是否要提前上市新产品。

2. 不同职能部门担心出现的严重后果

实际本书关于提前供货问题是有唯一意见的，那就是计划外的提前供货应该尽量避免，因为无论如何管理和处理提前供货事件，其风险都是很大的。

（1）市场营销部门对提前供货一定是急迫的，但是如果几次提前供货过程中出现大量技术和质量问题以后，市场人员担心新产品提前供货再出问题，就会产生对研发人员的极端不信任。

（2）研发技术部门对提前供货一般都持保守态度，甚至有些技术人员会激烈反对。这是因为他们深知自己的新产品还没有完全开发好，还有很多问题没有解决。

（3）其他职能部门如生产、采购、质量、售后等也会对提前供货持谨慎态度，担心自己部门在提前供货过程中表现不好。

3. 不同条件下提前供货的问题解决方案

是否进行提前供货 / 提早上市是企业经营管理中的系统性问题，不能由某部门单独来驱动整个事件的发生。不能在每次提前供货过程中，都比拼哪个部门的嗓门大，或比拼哪位领导的权力大，这些都不是科学严谨的管理方法。

（1）要不要进行提前供货

提前供货确实毛病很多，风险很大，但是这并不是不进行提前供货的理由。如果销售订单极其诱人，而且是与关系较好的战略客户签订订单合同，在综合评估得与失以后，就要进行是否供货的决策。对于一些有想法和有追求的企业来说，应该把提前供货这种风险大的事情用企业文化和战略目标来进行约束。

（2）怎么避免提前供货的技术和质量问题

项目组在接到准备或者评估提前供货指令后，应该迅速组织人员对关键技术和质量问题进行梳理，采取临时但是特殊的方法去逐一消灭这些技术和质量问题。这个需要 TRG 团队的大力支持和协助。在实施这些临时方法时，可以暂时不考虑后续批量生产的解决方案，对于处置成本和费用的限制要求也不可以很高，对于人力的使用也可以多消耗一些，总之，以解决问题为第一准绳。

对于那些无法解决掉的问题，要采取其他限制措施或者非本系统的调整来化解，而且对于这些潜在风险要与客户通气，并答应在后续技术和质量优化后再次进行调整。

（3）怎样变坏事为好事

实际上公司／企业里的人员，除少数领导和市场人员外，大多数人员都不希望出现提前供货现象。但是如果真的出现了提前供货现象，大家也不要太消极或者悲观。我们在和经销商／客户沟通的过程中，可以把提前供货的新产品作为试用和试销产品来处理，可以作为工业型试验（β－试验）的一个重要组成部分，这样就会变坏事为好事，具体怎样操作，在后续章节中有详细介绍。

4. 提早上市的管控方法

提前供货或称提早上市活动，是公司严格管控的项目工作事项，管控的优先级是非常高的，需要召开公司级别的早期供货决策评审会 EDCP 来决策是否可以提早上市。这个决策过程需要根据表 20-1 所示的要素来进行评审，按照常规 DCP 会议来执行整个决策过程。

表20-1　某企业EDCP早期供货决策评审要素表（举例）

评审要素	评审内容	评审结论	备注
WHY	发货客户是否进行评估？该客户信誉如何？是否纳入老客户管理？		
	早期订单是否确定？		
	发货客户是否接受产品风险？是否签订风险协议？		
	是否制定了应急服务方案？（售后服务、信息收集……）		
WHAT	是否通过TR4A/TR5/TR6技术评审？有哪些技术风险？是否已被消除或减小到可接受的水平？		
	是否具备转产交底条件？问题是否解决完毕？		
WHO	提前供货问题点跟进及信息反馈的团队和主要责任人是否确定？		
WHEN	早期供货相关时间计划是否已制订？		
HOW	临时生产条件是否满足？是否满足临时交期，不满足时是否有解决方案及计划？		
	生产过程的风险是否有效识别？是否制定控制措施？		
	供应商的供应能力是否满足？（交期、质量）		
	临时技术文件、模具是否满足需求？不满足时是否有解决方案及计划？		
	检验控制要求是否明确？（人、机、法）		
	关键控制点是否能有效控制？		
	产品认证是否通过？（必要时）		
HOW MUCH	在目标产品利润率下，产品成本是否能实现？是否还能优化？		
	产品发生早期发货出现的问题对盈利会有哪些影响？该批发货的毛利有多少，利润如何，是否能承受早期发货的财务风险？		
	是否对项目费用进行统计与反馈，是否有控制？		

（1）EDCP 召开的次数

EDCP 召开的次数与其他 DCP 召开次数的规定是不一样的。非 EDCP 的决策评审点根据计划开展项目决策，只有重新定向时，才会召开第二次评审。EDCP

决策评审的召开是根据销售订单的次数来确定的，也就是说每一个销售订单都需要进行一次 EDCP 评审，这个与销售订单内待售产品的数量没有关系。这是因为在不同时间的每一次 EDCP 时，所对应的新产品状态都是不一样的，不能只用一次 EDCP 就给所有的提前供货事件开绿灯，那样就在实质上架空了可获得性决策评审 ADCP，是对小 IPD 流程的一种严重违反行为。

（2）EDCP 决策人做升级处理

EDCP 在决策的时候是需要有人员对提前供货行为可能造成的严重后果负责任的，这是因为提前供货或者提早上市的行为一定比正常供货或者正常上市的行为风险大。很多企业让项目经理甚至研发技术负责人 SE 承担责任，这实际是不合理的行为，因为往往研发人员都很担心甚至反对提前供货。让反对提前供货的人对提前供货可能造成的后果负责任，这是企业高层管理上的一种“甩锅”心态，是要不得的。一般情况下，EDCP 责任人的安排如下。

A. TR4A 之前不允许进行提前供货，谁都不可以做决策。

B. TR4A-TR5 之间提前供货的决策人是董事长、IRB 主任（大中型公司）或者总经理（中小型公司）。

C. TR5-GA 之间提前供货的决策人是 IPMT 主任（大中小型公司）或者副总经理（中小型公司）。

二、做好产品包交付的一切工作

如图 4-2 所示是产品包的组成框架图，大家再仔细回顾一下。项目组开发的产品并不仅仅是指那个物理状态的事物，而是将一切能满足客户功能性、非功能性和情感性需求的要素都叫作产品，这就是产品包名称的来源。在 EDCP 决策前，必须做好产品包所有的交付内容，同时这也是试销和正式销售过程中，正式向客户和用户推出的产品包内容。并不存在所谓临时产品包的说法，这个在逻辑上有重大缺陷——如果临时产品包能满足要求，那么还需要正式产品包干嘛？如果临时产品包不能满足要求，那么还制作临时产品包干嘛？同样的道理，在小 IPD 流程实施的过程中，也不应该出现所谓“民间流程”或者“过渡流程”，可以负责任地说，这样做是一定会遭受失败的。

综上所述，产品包就只有正式产品包一种，必须在第一件新产品销售前，大部分准备完毕。产品包的设计是IPD流程的重要组成部分，不可以轻视。那么，这个产品包交付都包括哪些内容呢？哪些是试销之前必须制定完毕的呢？

1. 核心产品

（1）基本功能产品

所谓基本功能产品有两层含义，广义上的基本功能产品就是指满足客户/用户需求的那个物理形态的产品或者过程形态的产品（服务类产品），而狭义上的基本功能产品就是指一系列满足客户/用户需求的物理形态的产品或者过程形态的产品（服务类产品）的基础型号/序列产品。

（2）产品配置项

有一些新产品在设计的过程中，需要进行一些配置项设计，比如叉车门架可以装货叉也可以装串杆，叉车驾驶室可以装空调也可以装风扇等等，用户在购买时可以根据自己的工况和使用场景进行选择。有的时候，由于时间原因或者其他原因，无法实现全部配置项的设计，也应该在宣传材料上清晰标注出现有的可配置项和未来的可配置项（含推出时间）。

2. 有形产品

（1）价格

“价格”是产品的主要属性，人们在购买商品时，不存在不关注价格的现象。新产品在推出之时，就要清晰地表明其价格以及形成这个价格的缘由，以便让客户/用户快速认同我公司新产品的价格。这个价格可以是一个价格数值，也可以是一个价格数值的区间。价格的确定一般采用市场定价法。

（2）质量

根据零缺陷之父菲利普·克劳士比的理论：“质量就是与需求的一致性”，我们可以知道所谓质量和品质是两个不同的概念，质量的好与坏只跟是否接近需求有关系，而品质的好与坏只跟是否接近人类产品属性极限有关系。质量的体现一方面需要我们认真宣传检验标准、检验过程和安全性说明，一方面需要真实质量好的口碑的传播，还有一方面要做好相关的质量证明文件、证书等内容。

（3）包装

“包装”在传统意义上是指产品的外包装和内包装，在现代意义上也指产品的外观。传统意义上，包装的主要内容包括包装品销售界面（样式、风格、颜色)、包装品本体（尺寸、材质、重量、体积)、包装品拆解体验（含重包装)、包装品重复利用属性、包装品运输属性、包装品环保属性等。现代意义上，包装的主要内容还包括产品的外观概念属性、外观配色属性、外观图案属性、商标 LOGO 标识属性、外观形状生物 / 事物形态属性等。

（4）特色

“特色”就是本产品不同于其他产品的特别之处，主要包括卖点关键词、卖点解释、促销说明等内容。这个卖点关键词分两个层次，核心层卖点绝对不得超过 3 项，重点说明本产品对于客户 / 用户的核心价值；重要层卖点一般也不得超过 8 项，说明本产品在一些细节上不同于竞争对手产品的重要之处。

（5）款式

“款式”也叫样式，可以比作风格，在 B2C 的消费类产品上使用较多。比如某家具品牌打造的萨尔斯堡欧洲古典款式全屋定制家具，就是从款式上将产品的外观、样式和广告宣传品的外观、样式进行统一打造，并做视觉、听觉、味觉和触觉上的设计，以便进行宣传。

3. 附加产品

（1）安装

“安装”针对的是客户 / 用户的安装体验，对于提升产品的美誉度具有十分重要的作用。其主要内容包括安装说明文件、安装过程体验(安装前、安装中、安装后)、安装工具包（含重利用)、安装过程安全保护，以及对安全人员的外貌要求、着装要求、语言要求等内容。

（2）维修和维护

“维修”和“维护”是两个不同意思的词语，前者是指故障出现后的积极应对，使得产品恢复正常工作状态，属于被动行为；后者是指无故障情况下定期检修和清洁产品，使得产品能够减小发生故障的概率并处于最佳的工作状态,属于主动行为。“维修”和“维护”的产品包内容包括维修 / 维护网点清单、维修 / 维护过程体验、维修 / 维护工具包、维修 / 维护过程安全保护、备件清单（含易损件清单)、维修价格明细、400 维修 / 维护话术、故障树说明等内容，也包括对维修 / 维护人员的外貌要求、着装要求、语言要求等内容。

（3）指导

“指导”就是产品使用和简单排故的指导文件，其形式可以是纸质或者电子形态的产品说明书、使用维护说明书、产品演示录像、内部培训教材、外部培训教材等。这部分内容是很多公司容易出问题的地方，主要原因就是这些“指导”文档是需要跨部门协作才能做好的，仅仅依靠某一部门来制作，一般都会有问题。

（4）保证

“保证”就是商家对于客户 / 用户的保证承诺，主要包括“三包”说明、法律关系说明、责任声明、寿命及报废处理说明、其他保证说明。“三包”说明一定要符合国家法律，这是红线。同时“三包”说明还要符合行业的一般规则，可以适当对我公司要求严格一点，比如行业要求保修三年，我公司可以保修三年半。但是对于终身保修或者保修三十年之类的承诺，很多人都会感觉是在说大话或者说空话，这种承诺不是很合适。

（5）易用

“易用”不仅指产品的容易使用特性，也指销售渠道等容易使用的特性，前者可以包含使用过程人机工程、使用界面人机工程、使用人员安全保护等内容；后者包含营销网点、营销过程、相关保险等内容，都需要把相关工作做好并宣传出去。

（6）报废

“报废”就是指产品到达使用年限以后或者未达到使用年限但已无法使用以后，原生产商有责任进行的废品回收或者以旧换新业务，不仅包含客户界面上的相关处理流程、处理方法、财务政策等，也包含深层次的回收品剩余价值利用或者回收品绿色无公害处理等内容。

（7）消耗

“消耗”就是产品在整个寿命周期阶段的使用消耗，包括油耗、电耗、物料消耗等，需要计算清楚并标识清楚后，告知客户。

4. 情感产品

（1）品牌

品牌建设对于企业管理而言是门大学问，不仅 B2C 生活资料类产品需要品牌建设，B2B 生产资料类产品也需要品牌建设。做好品牌建设的目的就是提高我公司产品在客户 / 用户心目中的形象和认知程度，强化客户 / 用户购买和使用我公司产品时的良好心智感受。关于品牌建设方面的图书是很多的，大家可以选一本认真阅读，但是就研发工作本身而言，比较重要的品牌建设内容包括广告（纸面、电视、PC 网络、移动客户端等多种媒体）、形象代言人（或产品体验官）、公司和合作伙伴网址、公司和合作伙伴公众号 /APP、产品样本（多页、单页）、新闻报道（含炒作）等内容。还有一个最重要的品牌内容就是品牌故事，一个有血有肉的品牌故事是新产品品牌建设的法宝。

（2）形象

“形象”实际就是客户 / 用户心目中对于我公司产品的定位，比如高档、中档、低档等。这个形象的定位在于我公司销售宣传的定位、销售载体的定位（网店、实体店、4S 店）、营销人员的定位。

（3）体验

“体验”就是要设计客户 / 用户从与我公司（或经销商、代理商）接触开始的整个购买过程、安装过程、服务过程、维修过程的整体体验感，也就是对客户 / 用户尊重的体现。

总之，客户 / 用户也许并不认识我们的研发和工艺人员，也并不清楚研发、工艺、生产等部门的努力付出，他们能够接触到的就是我公司的销售人员、售后服务人员、新产品产品包，因此做好这些方面的相关工作是一家公司体现最优价值的关键。

本章涉及的IPD工具

（1）早期供货决策评审 EDCP 的两种情况——计划内、计划外；

（2）产品包的四个层次——核心产品、有形产品、附加产品、情感产品。

PASSAGE 5

第五篇

产品开发项目的市场验证阶段

在小批量生产完成以后，我们的新产品就露出了美丽的面容，可以进行一定范围的销售了。但是这个时间内，直接进行大范围的甚至全范围的销售是有巨大风险的。这个风险来自两个方面：一是产品本身虽然经过了多轮试制和详细的测试、检验，但是毕竟我公司是无法充分模拟客户 / 用户使用的所有场景 / 工况和突发情况的；二是对产品的技术和质量虽然已经进行了测试和检验，但是对于该产品的商业模式尤其是营销业务方案还没有进行充分的测试和检验，该方面也可能面临着巨大的风险和挑战。因此，我们就必须进行新产品的市场验证，然后才可以做技术定型和营销方法定型，有的公司把这个过程叫作工业型试验或者 β－测试。

大家千万不要以为这个验证阶段就是对新产品进行测试的阶段，在内部的 α－测试，已经在样机和小批量生产时候完成了。验证阶段就是在市场上进行小范围内的技术试用和产品试销，并最后做出是否大规模上市的决定。

大家也千万不要把这个阶段当成正式上市的阶段，架空 ADCP 评审会，架空正式上市阶段，把客户 / 用户当成小白鼠进行试验，搞不好就会遭到市场规律的责罚，虽然能够取得一点点经济效益，但是总体来看“得不偿失”。

第二十一章

做好试用和工业型试验是产品成功的最后技术质量保障

这一章，我们来讲述一下产品技术质量试用和工业型试验的操作方法。从这个阶段开始，项目经理的管理作用逐渐减弱，这就是产品从娘胎里走向新世界的历史过程。这里很容易有一个陷阱，就是放弃项目经理的领导，而各个部门各行其是，出现这个问题的原因是项目经理在前期立项、概念、计划、开发等阶段表现出色，好像把后续产品开发阶段的工作都安排清晰了，各个职能部门在职能代表的领导下去具体实施就可以了。

真实的事情和过程是这样的吗？

一个交响乐队中，即使所有的演奏人员都是世界上最出色的，如果没有一个好的指挥家，整个乐曲的演奏也是一塌糊涂，这个道理每一个音乐人都晓得。所以即使是在验证和发布阶段，项目经理的重要性也是不可以低估的。只不过项目经理的作用方式有所改变。在小 IPD 流程的前面几个阶段，由于主要是研究和讨论等工作，项目组成员都会在项目经理率领下，做好各自的本职工作。而在验证、发布等更偏向于动作执行的阶段，各个职能代表很容易在实际工作中脱离项目经理指挥，那些 IPD 没推进到位和根本没有推进 IPD 体系的公司尤为明显。

实际上项目经理在本阶段，就是一个项目组内各项工作的指挥者、协调者，不仅要做好指挥工作，更重要的是协调各方面资源，帮助各个职能代表把本职工作做得更好。

大家可能会发现，我一直在强调 IPD 流程里规定的工作是各位职能领域代表的本职工作，因为本来就是这样的。那些把职能代表工作分为 IPD 工作和本职工作的人，是对 IPD 严重不理解的人，是把 IPD 体系和思想歪曲的人。

一、样机和样品试用工作的开展要素

这里的样机和样品指的是能够进行试用工作的样品，一种可能是功能样机直接试用，但更多的可能是小批量工程样机或者单独小批量订单产品的试用。所以有些企业会选择做两个批次以上的小批量，第一个批次小批量完成工程样机的试用，对生产线和工艺过程进行验证；第二个批次小批量准备提供市场客户进行试用。当然，要根据自己公司的实际情况决定做几个批次的小批量生产，没必要每个公司都搞成一样的做法。

这里有几个值得关注的问题。

1. 小批量工程样机生产数量多少合适

（1）功能样机（TR4A 用）的生产数量

功能样机 / 功能样品的作用是验证新产品的功能、性能和各方面的布置是否符合产品需求包（主要是外部需求）的规定和描述。如果功能样机的生产数量过少，就可能会出现功能和性能的偶然性满足需求问题。但是如果功能样机的生产数量过多，则可能会拖长开发周期，浪费研发费用。

一般情况下，判断功能样机生产数量的几条原则如下：一是根据历史经验来确定功能样机生产的轮次及每轮的数量；二是对单个具体功能的需求符合度进行认真的计算，有一些功能的需求符合度很明显就是 99% 以上（注意没有 100% 的需求符合度），但是对一些需求符合度达不到 90% 的功能和性能，如果对应的是 A 类需求和 B+ 类需求，就一定要重新做功能样机测试；三是根据需求包中所有需求的总数，判断需求符合度低于 90% 的功能和性能对应的需求条数，若占总体需求包需求条数的比例低于 90%，则需要重新做功能样机测试。每个行业的重新生产样机阈值是不同的，比如宇宙飞船的重新生产样机阈值就要大大高于 90%，具体数值请各公司自行确定。

（2）工程样机（工艺样机）的生产数量

工程样机（工艺样机）的作用是验证整个生产系统（包括制造工艺、供应链等）是否满足新产品批量生产的要求，属于验证公司内部需求的性质，我们不能一直进行工程样机的小批量生产，总要有一个范围。另外工程样机的小批量生产费用是属于研发费用性质，而批量生产费用属于正常生产营销费用性质，因此，明确小批量工程样机批次和生产数量对于研发费用管理是意义重大的。关键是小批量工程样机到什么时候还算在小批量范围内，而到什么时候已经属于批量生产范围内。

一般情况下，小批量样机不再重新进行样机生产和测试的阈值就是现场发现的小批量样机问题解决超过 90%，也就是说我们可以留下不超过 10% 的现场生产问题待后续阶段解决，而结束我们的小批量工程样机生产与测试工作。

2. 试用样机数量确定多少合适

无论是用工程样机中的一部分或者全部数量进行样机试用，还是另外专门生产一批样机进行样机试用，其本质上都还属于小批量生产子阶段。试用阶段则属于验证阶段，因此开发阶段之小批量生产子阶段与验证阶段的分界线就是 TR5 技术评审会议。在小批量阶段就要决定在验证阶段进行试用的新产品样机的数量，数量过少可能导致一些问题显露不出来，数量过多对整个正常批量生产和销售具有一定的影响。样机的试用是限制在一定范围内的，而且这个试用对象需要与本公司比较友好，以便在样机出现严重技术和质量问题时，不至于“砸牌子”，留有回旋余地。

这个试用样机数量的确定与以下几个因素有关系。

（1）试用样机的数量与该产品在公司和行业中的地位是有关系的，那些重要性较高的产品，一般都会多一些试用经历。

（2）试用对象要在既定细分市场典型客户范围内挑选，因为在这个范围内的试用对象属于对我公司忠诚的客户，即使出现较大技术和质量问题，也可以友好协商，共同面对，但这样的对象范围会限制我公司的试用样机数量。

（3）试用样机的数量与试用样机的价值具有一定的关系，因为样机试用除非与客户关系特别密切，否则是不可以按照批量销售价格全额收费的，甚至有的时候需要免费提供产品试用，这样的费用付出如果很高，给企业带来的负担是很重的。一般情况下。功能样机的生产成本是批量成本的 3—5 倍，小批量样机的实际生产成本是批量成本的 1.5—3 倍，即使以批量销售价格销售试用样机，也有可能是亏本的。

3. 试用样机出厂前的检验工作

试用样机在出厂前，除了常规规定的出厂检验项目和标准外，重要的是还要保证试用新产品的质量稳定性，因此应该加强出厂检验的作用时间，而且为了一次开箱合格率的高数值，一般都需要每件必检。必要时，可在我公司模拟试用对象的工况和使用场景来进行出厂检验。

4. 试用样机出厂前的资料准备工作

小批量样机出厂试用前，一定要配齐产品携带的所有技术说明书、合格证、使用维护说明书、出厂检验报告等批量产品销售必须携带的出厂资料。

二、工业型试验的运作及产品定型

做好样机试用的各项准备工作后，就可以进行样机试用了，也就是样机工业型试验。在通过工业型试验以后，新产品就要进行技术总结和设计定型了。

1. 工业型试验运作中的各司其职

在工业型试验（又称试用或者 β－测试）的整个过程中，需要项目组 PDT 成员的密切配合，这不是一个部门的事情。如果某一个职能部门掉链子，影响的不仅仅是一个项目的成败，实际还影响着一个公司关于新产品的信誉和形象。每个公司 / 企业对于工业型试验的职责安排是不一样的，下面根据浙江台州某项目的经验，进行一些职责安排的分享。

（1）项目经理

整体项目工作的组织者和协调者，对项目的整体成功负责。

（2）市场代表

试用计划的制订和组织实施是市场代表的职责，包括组织大家讨论和确定试用客户，确定试用样机的型号、配置、数量，确定试用工作的起止时间，确定样机试用的有效性保障办法（避免样机在客户 / 用户处存放而未使用），组织大家撰写试用工作报告并成为试用报告汇报会的主要汇报人，重点汇报整体市场和客户试用表现，如客户满意度、问题解决及时率、客户出具的试用结论等。

（3）销售代表

试用计划的主要实施者，包括与经销商 / 代理商 / 客户进行试用情况沟通，签订试用商务协议 / 合同，试用产品的来回运输，试用产品商务问题解决，是我公司客户界面的第一沟通协调人。

（4）服务代表

试用过程的现场技术实施人，其职责可能包括售前技术方案的制定，用户安装、试用新产品的技术支持人和培训老师，技术和质量问题的现场解决第一人并应及时向项目组技术负责人 SE 反馈，同时向质量代表进行报备，在试用结束后负责样机的收尾和客户试用报告的收集。

（5）研发众代表

技术和质量问题解决方案的第一提供者，在重要项目中，需要亲自到试用现场进行样机跟踪，并在试用期间和试用结束后，及时修正设计方案、图纸和相关工艺，负责各项报告的归档。

（6）质量代表

监控整个样机试用过程，及时组织大家对质量问题进行分析，收集相关试用问题，最后整理成质量总结报告的重要组成部分。

2. 工业型试验的周期

工业型试验的开始日期和结束日期之间的时间区间就叫作工业型试验的周期。这个工业型试验 / 试用周期不可以很长，那样会耽误新产品的正式上市，也不可以很短，那样就试不出来问题。这个试用周期一般在每个公司都有一个具体的制度规定。如果没有具体制度规定试用周期，那么就采用新产品生命曲线从出生到成熟期之前那一段的平均时间作为试用周期。

工业型试验不结束，新产品不可以正式上市。

3. 相关的总结报告

在新产品技术定型之前，需要整理和形成多份总结报告。

（1）内部测试总结报告或称内部测试报告，测试代表输出。

（2）外部机构总结报告或称外部测试报告，外部机构输出，SE 收集。

（3）新产品出厂检测报告，质量代表输出。

（4）产品试用过程报告，售后服务代表输出。

（5）客户试用报告，客户输出，SE 或者销售代表收集。

（6）TR1、TR2、TR3、TR4、TR4A、TR5 评审报告。

（7）质量总结报告，质量代表输出。

这个质量总结报告是 TR6 评审会议召开的阀门，如果没有质量总结报告或者质量总结报告的结论是不合格，则不可以召开 TR6 评审会，正式批量上市更是不可能的。这个质量总结报告在每家公司的形态是各不相同的，有的报告是叙述事项的，有的报告是进行具体分数评估的。

（8）其他。有的公司还会要求提供产品重用报告、标准化总结报告、人机工程总结报告、线束规范性报告、新产品物料清单和成本控制表等多种报告。

4. 产品定型工作要求

在收集完上述已经合格并签审结束的报告后，就可以开始产品技术定型工作了。在这一期间，需要将历史上发现的所有技术和质量问题解决掉，让新产品保持在最佳的可销售状态，准备好公司和外部机构要求的全部技术文件。在进行完上述工作后，就可以按表 21-1 所示的要素表规定内容，进行 TR6 技术设计定型的评审了，这个评审过程一般都要请试用客户代表参加。

表21-1　某企业TR6技术评审（设计定型）要素表（举例）

序号	职能领域	检查项	完成情况
1	财务	继续统计分析实际成本和目标成本的差异，差异是否正常可控？	
2	PQA	项目的过程是否符合流程要求？	
3	PQA	交付件是否符合上会条件？	
4	PQA	上一个TR遗留问题是否关闭？	
5	SE	客户试用过程中问题是否解决？	
6	外观设计	客户试用过程中问题是否解决？	
7	技术管理	标准是否持续跟进？	
8	技术管理	专利管理计划是否持续跟进？	
9	技术管理	PDM图纸是否走到小批状态？	
10	技术管理	M-BOM是否持续跟进？	
11	技术管理	项目资料是否归档？	
12	结构设计	是否已汇总试用信息并进一步完善产品？	
13	电气设计	市场验证反馈的电机和电控问题是否已解决？	
14	生产	生产工艺是否满足量产要求？	
15	生产	生产检验、试验操作是否满足量产要求？	
16	生产	与制造相关的标准是否满足量产要求？	

续表

序号	职能领域	检查项	完成情况
17	生产	在生产验证过程中发现的产品和制造技术相关的问题是否已经全部解决？	
18	生产	生产效率及产能是否满足批产要求？	
19	生产	产品制造成本是否满足批产要求？	
20	生产	生产流程与生产线是否经过全面评估并合格？	
21	生产	物料的供应能力是否达到要求（数量、质量、交期）？	
22	生产	试用产品反馈的问题是否得到解决？	
23	采购	市场反馈物料质量问题是否解决？	
24	质量	测试总结报告是否完成并签审？	
25	质量	质量总结报告是否完成并签审？	
26	质量	新品质量分析报告是否完成并签审？	
27	市场	样机试用和试销是否已完成？	
28	市场	样机试用信息反馈是否与需求一致？	
29	服务	试用样机的售后服务反馈是否满足可服务性需求？	

本章涉及的IPD工具

（1）一般情况下，功能样机重新进行样机生产和测试的阈值——需求符合度低于90%；

（2）一般情况下，小批量样机不再重新进行样机生产和测试的阈值——现场问题解决超过90%。

第二十二章

试销和全面销售的辩证关系

在 TR6 技术评审以后，整个项目新产品的技术和质量已经成熟，但是这并不能保证新产品一定会获得市场成功和财务成功，下面就该验证我们对商业业务线开发的结果是否满足市场的需要了，这就是试销，也就是在一定区域内，进行试行销售的过程。通过这个试销过程就会发现市场营销 4P 方案的一些问题,在及时改正后,就可以正式上市销售了。有些试销工作在TR6之前就开始了。

试销和正式销售有什么相同点和不同点呢？

首先，试销和正式销售都是新产品的销售过程，在客户 / 用户界面上是没有什么不一样的。

其次，试销是一个小范围内销售的事情，而正式销售是一个大范围内销售的事情。

最后，试销是不可以在销售行为上打折扣的，就是要考验我们的 4P 政策和方案是否有效，而正式销售则是在公司市场策略的基础上，无所不用其极。

一、试销过程需要准备哪些工作

试销过程之前,整个市场销售跨部门子项目团队要集中进行新产品 LTC（从线索到回款，Lead To Cash）流程的设计工作，这里包括两个层次的流程设计工作：一是原有渠道下，需要对原来的 LTC 流程文件根据新产品情况，进行营销过程的优化，一般针对基础型、衍生型和改进型开发项目；二是新增渠道下，需要重新设计新的 LTC 流程，将营销过程的所有文件做好，并严格培训，使之能正常运作，一般针对解决方案型和新行业 / 新产业型开发项目。图 22-1

是某 B2B 企业新产品 LTC 流程示意图，属于电子通信类产品。图 22-2 是某 B2C 企业新产品线下门店 LTC 流程示意图，属于全屋定制家具类产品。

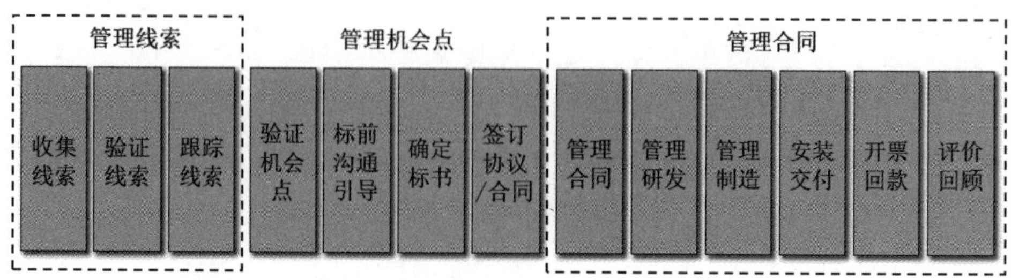

图22-1　某B2B企业新产品LTC流程示意图（举例）

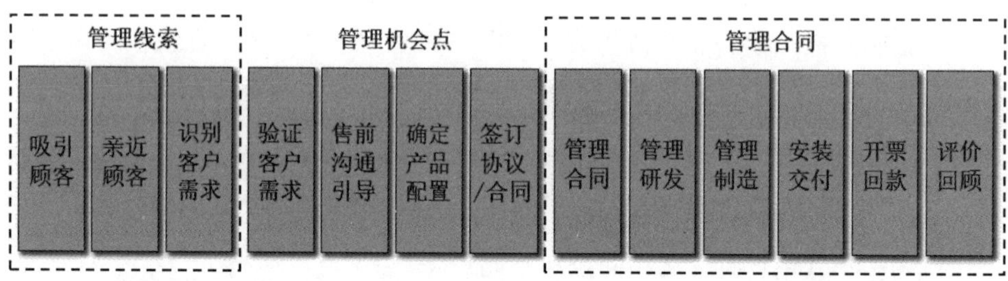

图22-2　某B2C企业新产品线下门店LTC流程示意图（举例）

下面就根据上述两个案例说明如何设计新产品的 LTC 过程。

1.“管理线索”过程设计

（1）针对 B2B

整个 B2B 管理线索的过程设计，需要考虑以下几个问题：一是如何能获知客户关于新产品和新技术需求的一些思考想法；二是如何能够与客户建立亲密关系，以便对客户这些思考和想法进行验证并适当引导；三是如何能够增强客户购买的欲望和决心，并加深其对我公司品牌和形象的信任。

（2）针对 B2C

整个 B2C 管理线索的过程设计，需要考虑以下几个问题：一是如何通过一些被动行为（如广告）和主动行为（如营销活动）吸引潜在客户；二是如何迅速与客户建立良好的信任关系，并迅速判断客户的细分市场定位；三是如何快速地激发客户形成自身的需求兴奋点。B2C 产品的一些需求的挖掘是需要不断沟通和引导的，这一点比 B2B 产品的需求挖掘的程度更深。

2. “管理机会点”过程设计

（1）针对 B2B

整个 B2B 管理机会点的过程设计，需要考虑以下几个问题：一是如何通过我公司技术人员和客户的良好沟通，确定客户的真实需求，并将这些真实需求转化成我公司技术语言；二是如何通过不断的沟通和确认，引导客户向我公司现有技术状态靠拢，最终形成既满足客户真实需求又没有脱离我公司技术实际太多的标书；三是在技术协议和商务合同方面都有哪些规定和注意事项。

（2）针对 B2C

在 B2C 业务管理机会点的过程设计中，需要考虑以下几个问题：一是通过与客户的沟通识别出客户的需求后，如何快速将客户需求的解决方案与我公司产品进行嫁接；二是如何打消客户购买和使用本产品的顾虑；三是如何设计上述整个过程，从而让客户获得宾至如归的幸福感；四是如何设计整个技术协议和合同的签订过程。

3. “管理合同”过程设计

（1）针对 B2B

整个 B2B 管理合同的过程，实际需要调用一部分小 IPD 产品开发流程。主要是计划阶段和开发阶段，部分较难订单还需要调用立项和概念阶段。这个过程还需要考虑交付项目的运作过程设计，以及开发票和回款的相关过程设计。很多企业把LTC流程和小IPD流程混淆，就是在这个地方没有理顺清楚。一句话，LTC 流程是 IPD 流程需要研发和设计的一个对象，同时和 IPD 流程一起成为一家企业的主要业务运作流程。

（2）针对 B2C

B2C 业务管理合同的过程与 B2B 业务稍有不同，主要是 B2C 业务的一部分产品是立等可取的，这就需要提前做好库存，也就需要提前预估整个合同应交付的产品型号（有的公司称为 SKU）及其数量。还有一部分 B2C 业务需要调用一些设计流程，主要是配置设计。回款是很多公司面临的大问题，需要在整个行业统一的大背景下，设计回款的政策和制度细节。

LTC 流程实际上是一个非常庞大的体系（企业运营三大流程体系：IPD 从需求到产品、LTC 从线索到回款、ITR 从问题到解决），没有本书所述的这么简单，本书也仅仅是将 LTC 和 IPD 两个流程的接口简单叙述一下，有兴趣的朋友，可以参阅 LTC 的相关书籍。

4. 确定试销政策

所谓的试销政策包括以下八大要素：产品、价格、区域、客户 / 用户、广告 / 推荐、反馈、巡检、周期。无论是进行一轮试销还是进行几轮试销，都要在每一轮开始时，制定新版的试销政策。

（1）试销产品政策，是指选择新产品中的哪些型号和配置进行试销。

（2）试销价格政策，是指以何种价格进行试销，在这个过程中可以试验几种价格进行试销效果对比。

（3）试销区域政策，是指试销工作限定的地理区域或者客户行业。

（4）试销客户 / 用户政策，是指试销新产品所针对的购买群体的限制。

（5）试销广告 / 推荐政策，是指试销新产品所采用的广告、推销、推荐方法。

（6）试销反馈政策，是指定期的试销过程问题反馈机制。

（7）试销巡检政策，是指企业市场部门对试销工作的定期巡检方法及相应的惩罚和激励措施。

（8）试销的周期，也就是试销的起止时间。

二、试销产品与正式销售产品的异同点

关于试销和正式销售的关系，本书在前面的章节已进行了叙述，本章针对验证阶段出现的问题，再详细地进一步讲解一次。

实际试销也是销售，正式销售也是销售，从销售工作的角度，实际上相同点是非常多的。一家企业进行试销的目的，就是为了验证针对新产品所设计的 LTC 流程是不是有效和可靠，从试销的过程中，找到需要改进的地方，才能大范围地正式销售。因此，我们可以认为试销就是整个销售过程（含 LTC 流程和营销策略）的局部验证过程。除了相同点之外，试销和正式销售还有哪些具体的不同点呢？

1. 产品选择范围不同

试销工作是不可以进行全系列 / 全型号试销的，而只能选取一部分典型的型号（或 SKU）试行销售。如果试销过程把全系列 / 全型号都囊括在试销范围内，就会转移试销的目标，就会淡化试销过程那种做试验的味道，给本就相对不成

熟的试销过程带来更大的混乱。一句话，多卖那么几个不典型的型号产品，没挣到几个钱，反倒惹了一身的麻烦。

2. 防止价格过低

试销产品是不可以进行打折激励的，那样试销的数据就会出现失真的情况，尤其是要防止试销给关系户或者亲属，那样就失去了通过试销检验价格策略的作用。但这并不是说不可以降价，我们在试销过程中，可以通过平价、降价 10%、涨价 10% 等多种手段，验证不同价格对客户 / 消费者的购买心理和行为的影响，最终确定我们正式销售的价格。为防止试销价格比正式销售价格低而导致纠纷，一般来说，试销的价格不可以低于正式销售的价格，试销的价格略高一点也是可以的。

3. 区域和客户范围限制

试销一定是在一定地理和行业范围内进行的，不可以在地理区域上到处都卖。整个过程中要预防新产品的技术、质量、销售方案出问题后的恶性传播后果。一句话，要防止“砸牌子”。试销的区域需要精心挑选，既要保证销售队伍对试销工作的重视和能力符合要求，也要保证销售所选择的细分市场与所选择地理区域的高度重叠。试销是需要选择客户群体的，其目的就是验证不同典型客户群体对新产品的购买欲望和购买行为的区别。

4. 广告 / 推荐程度限制

试销过程是要进行广告宣传和推销推荐的，但是这个程度是需要控制的。如果广告范围过大或者推销的范围过大，那么试销就变成正式销售了，也就破坏了试销的整个活动。另一方面，对这些广告和推销的话术还需要通过整个试销过程进行优化和精炼。在一定范围内进行试销，还可以起到一定的保密作用，即使做不到完全保密，也是对竞争对手的一种迷惑行为。这个迷惑行为是需要伪装的，是需要进行精心设计的。

5. 定期反馈制度

在试销的过程中，需要定期进行试销情况反馈，这个试销情况反馈不仅仅是反馈“坏消息”，同时也要客观地反馈“好消息”。销售部门和个人应该据实反映试销过程中的情况，也就是整个试验的结果，同时鼓励大家多提意见和建议，以便做好营销 4P 政策和 LTC 流程的优化。

6. 严格巡检制度

在整个试销过程中，企业市场部门应该定期和不定期地对试销工作进行检查，严防造假行为和不规范行为。对于造假和不规范的试销操作，要严肃处理，即便给企业多卖了几件产品也不行。而对于那些严格遵守试销政策和纪律，提供了很多优秀意见和建议的单位和人员，应该重奖。试销过程中是不可以促销的，这是严格禁止的，一定要从制度上防止这件事情的发生。

7. 试销周期

试销周期不可以太长，那样就会给竞争对手以可乘之机；试销周期不可以太短，那样无法积累更多的试验信息。在不同的区域之间，可以允许有的区域还在试销时，另外的区域已经进入正式销售，根据实际情况进行抉择即可。

本章涉及的IPD工具

（1）LTC 流程的三大阶段——管理线索、管理机会点、管理合同；

（2）试销政策的八大因素——产品、价格、区域、客户／用户、广告／推荐、反馈、巡检、周期；

（3）企业运营三大流程体系——IPD 从需求到产品、LTC 从线索到回款、ITR 从问题到解决。

第二十三章

上市之前一定要做好各项准备工作

在完成上述所有工作以后，项目就要进入验证阶段最后的步骤了，那就是准备上市。这个阶段并不属于上市发布阶段，因为上市发布阶段是执行前面各个阶段的工作内容和计划。在验证阶段，除了进行 TR6 工业型试验评审／产品技术定型评审外，还要进行 ADCP 可获得性决策评审，有的企业称之为上市决策评审，对是否达到上市状态、是否应该正式上市、上市工作的后续计划等内容进行商业业务评审和决策。

本章就是讲述在 TR6-ADCP 之间，在试销工作做好以后，为了 ADCP 可获得性决策评审的通过，还需要做哪些工作。

一、上市前需要进行上市评估

在上市之前，一般的公司都需要对上市工作的准备情况进行评估。上市就像一场战役正式开打，“开弓没有回头箭”，不做好准备的话，上市是有很大风险的。这种上市评估对于 ADCP 的通过具有非常重要的意义。

1. 评估非市场各职能部门工作到 GA 点是否完成

在上市之前，首先应该评估非市场营销部门的工作是否完成。在上市之前，研发部门和工艺部门应该完成所有的技术资料、图纸、程序代码，除少部分可配置项在后续工作中逐渐完成单独上市以外，主要的产品型号及其配置项都应该完成，并经过严格的测试和检验，以保证新产品不要带病上市。对于生产部门和采购部门来说，已经准备好了所有的批量生产条件，将在 ADCP 以后，根据公司计划安排，开始进行第一批次的量产工作。质量部门对于整个项目的质量保证工作已经基本完成，对于量产阶段的质量保证和检验工作准备完毕。财务部门的预算工作已经结束，研发费用和新品成本的误差都应该为零。以上工作最后的完成时间应该在 GA 点。

2. 评估市场和销售系统工作是否完成

在上市之前，试用工作要完成，试销工作也应该大体完成。对于整个销售体系来说，所有的正式销售流程、物料、政策、方法、话术都应该准备完毕。尤其对于上市新闻发布的相关事项应该重点安排到位。对于售后服务人员的培训和物料准备应该完成，保证在销售当天，就能够网点维修或者返厂维修。以上工作最后的完成时间应该在上市发布会前一天。

3. 评估各项宣传措施是否准备完毕

在上市之前，应该重点关注各项宣传措施是不是已到位。上市发布是本产品是否成功的第一炮，这个炮火是否猛烈，就要看这个广告宣传的效应了。在正式进行宣传的头一天，一定要注意保密。以上工作最后的完成时间应该在上市发布会前一天。

4. 评估市场销售的各项交付件物料是否齐备

重点检查一下销售所需要的各种交付件物料是否到位。广告物料包括视频（含视频播放合同）、网页、APP 页面、公众号、宣传彩页等。销售业务物料包括合同样本、技术协议样本、其他合同辅助材料。售后业务物料包括培训视频、培训文档、技术说明书、使用维护说明书等。以上工作最后的完成时间应该在上市发布会前一天。

5. 评估各项培训计划是否准备到位

还需要重点检查一下对内培训和对外培训是否完成。最重要的是不要留有死角，把一些单位和人员抛诸脑后。对于参加展会的人员应该单独进行产品知识和公司相关政策的加强培训。以上工作最后的完成时间应该在上市发布会前一天。

各个公司可以将上述这些内容整理成如表 23-1 所示的上市准备情况评估表，对各项上市准备工作进行点检，只有项目组集体点检通过后，才可以进入 ADCP 评审会。

表23-1　某企业上市准备情况评估表（案例）

项目	评估内容	评估结果（0–5分）
组织	针对目标区域/国家/运营商的销售组织是否建立？	
	针对目标区域/国家/运营商的销售组织是否能够支撑所要求的市场活动？	
	“用户试验”初步结果是否表明产品交付流程及基础设施准备工作就绪？	
	市场试用反馈的问题，市场代表是否已与PDT其他成员或职能部门审视并给出解决方案？	
	售后试用反馈的问题，服务代表是否已与PDT其他成员或职能部门审视并给出解决方案？	
	产品的售后服务是否准备完毕？	
	是否更新并评审了产品定价策略和计划？	
	是否评审了产品第一批次批量销售价格？（GA点标准价格）	
	产品最终价格是否录入订购系统？	
衔接	市场计划是否优化完成？	
	是否制订了产品发布计划并准备好了发布所需要的一切场地、人员、物料等资源？	
	市场计划中的上市部分是否分发到地区部的营销人员？	
	是否制订了目标区域/国家/运营商的区域上市计划？	
	产品线的营销计划与目标区域/国家/运营商的上市计划是否衔接得当？	
	是否识别了所有风险并制订了规避计划？	

续表

项目	评估内容	评估结果（0-5分）
宣传	营销计划中的客户宣传和促销计划是否完整？	
	产品是否在展厅展出？演示是否可能正常进行？	
	相关平面媒体宣传是否准备到位？（网络、APP、公众号、报纸等）	
	相关互动媒体宣传是否准备到位？（新闻报道、抖音、快手等）	
交付件	最终商业计划书是否完成？	
	批量成本报告是否完成？	
	盈利分析总结报告是否完成？	
	产品性能规范是否完成？	
	样本册是否完成更新？	
	价格表是否审批完成？	
培训	是否制订了销售人员和售后服务人员培训计划？	
	是否按计划向目标区域/国家/运营商的销售工程师和服务工程师进行了产品上市前的培训与教育？	
	是否有培训资料？培训资料是否可通过网络或者CD提供？	
	所有培训的资料、讲师和流程是否准备完毕？	
试销	新产品试销是否完成？是否达到试销目标？	
	新产品试销问题是否改进完毕？	
技术	新产品试用是否完成？是否达到试用目标？	
	新产品质量总结报告结果是否通过？	
	TR6技术评审会议是否通过？	

二、上市评估中的缺项和不足项问题怎么解决

在上市评估过程中，可能会遇到一些难题，那就是总是有一些技术问题或者业务问题没有解决到最佳状态，出现了一些应有内容的缺项或者有些内容到标准设定有一定的距离。这个时候，一定会有来自高层或者市场的压力，要求尽快解决问题，早些上市。最麻烦的是，有的时候这些遗留的问题还需要很多时间和精力才能解决掉，这可怎么办呀？

1. 对于 A 类问题采取从严措施

A 类问题和 A 类需求是近义词，是指此类问题不处理的话，项目一定是失败的，就满足不了市场和客户的核心需求。像这样的一些问题，只能采取从严措施，也就是说，如果此类问题不解决，那是坚决不允许上市的。比如浙江某公司有一款缝纫机叫作“会说话的缝纫机”，也就是该缝纫机的操作步骤都有对应的语音提示，如果这个语音功能做不出来，那么这款缝纫机就是失败的，没必要上市。

2. 对于 B 类问题采取转化措施

B 类问题和 B 类需求是近义词，是指此类问题不处理的话，项目定位就会大受损失，满足不了市场和客户的重要需求，客户的满意度和体验感会大打折扣。像这样的一些问题，如果不加以处理，对新产品的销量会有很大的影响，如果能够在短时间内解决这些问题，就一定要加快解决问题的步伐；如果不能够在短时间内解决，则需要用替代方法暂时解决这些问题，留待后续一定的时间内彻底解决这些问题。例如浙江某公司缝纫机电控的出厂合格率只能达到 96%，不符合 99.9% 的出厂合格率要求，但是市场部门又急等着上市，我们可以选择在电控生产线终端进行每件成品必检的措施，把 4% 的故障电控产品挑出来。这样做是费时费力的，但是可以暂时应付过去，需要规定的一个时间，由项目组技术人员从源头解决这个问题。

3. 对于 C 类问题采取延后措施

C 类问题和 C 类需求是近义词，是指此类问题不处理的话，对新产品的口碑影响不是很大，我们完全可以在后续时间内，将这些问题解决掉。例如浙江某公司缝纫机只有一个 USB 充电口，而需求表要求是两个 USB 充电口，这个问题的关系不是很大，后续解决即可。

4. 需要进行 QCT 三个因素的对比

对于一些比较难以抉择的遗留问题，应该怎么处理呢？实际就是要考虑解决这些问题的 Q 质量、C 成本、T 时间之间的矛盾关系。Q 质量要求高，那么解决问题的 C 成本和 T 时间自然就会提升。Q 质量的来源是定位和客户需求标准，只有严格遵循“定位不可挪、需求不可丢”的原则，才可以决定如何解决这些遗留问题和不合格项。

在进行完上述所有工作后，项目组可以按照如表 23-2 所示要素表中的各项规定，进行 ADCP 评审了。如果 ADCP 评审通过了，项目组就要开始准备新产品上市发布的各个环节了。

表23-2　某企业ADCP可获得性决策评审要素表（举例）

评审要素	评审内容	评审结论	备注
WHY	是否确定产品发布方案和相关商务政策？(卖点提炼、视频、物料、价格表)		
	是否确定相关市场人员的培训计划？		
	产品试用和试销计划是否完成？		
WHAT	TR6的评审结果及相关风险是什么？有哪些应对措施？		
	从试用中得到什么反馈？是否完成改进？		
WHO	产品发布相关人员是否已经准备就绪？		
WHEN	产品发布阶段的工作计划是否已制订？		
HOW	工艺、生产流程、工装夹具、设备、人员是否满足批量生产要求？		
	采购是否准备就绪？(包含第二供方)		
	量产质量保证计划是否明确？		
	所有认证是否完成（必要时）		

续表

评审要素	评审内容	评审结论	备注
HOW MUCH	成本核算要素是否齐全？		
	批量产品成本是否满足目标成本？		
	产品批量成本是否满足公司毛利率要求？		
	前一阶段试销产品盈利是否达到公司预期？		
	是否对项目费用进行统计、反馈，是否有控制？		

在进行 ADCP 评审的会议上，一定要最后确定上市发布的日期和 GA 点（一般可获得性点）的日期。这两个日期往往不是同一个日期，在上市发布以后，整个业务链条还要完成一些物流配送和技术准备工作，到 GA 点后，所有的销售工作已经开展完毕，所有的售后服务工作已经完整开展起来。GA 点是不去进行评审的，但是要求各个单位将这个时间点作为上市后各项工作的最后完成截止时间，后续将不再接受相关营销开展工作和售后开展工作的补充，如果有这样的工作还没有完成，要进行相关的管理惩罚。

本章涉及的IPD工具

（1)对上市遗留问题的解决方法——A 类问题从严处理、B 类问题进行转化、C 类问题延后处理；

（2）上市遗留问题解决的原则——“定位不可挪、需求不可丢”。

PASSAGE 6

第六篇

产品开发项目的上市和发布阶段

小 IPD 产品开发流程的第五个阶段就是上市发布阶段，这个阶段的主要任务就是将新产品发布出去，成为正式的销售产品。这个阶段的持续时间相对较短，是所有小 IPD 流程六个阶段中比较短暂的一个。这个阶段就像新郎新娘结婚的婚礼日那天一样，是最精彩的瞬间。

本篇将讲述上市发布阶段的一些关键性工作和可能遇到的问题。

第二十四章

新产品发布工作是产品成功前的“临门一脚”

在上市发布阶段中，最重要的工作就是新产品的发布，它是新产品成功前的“临门一脚”。本章所讲述的内容并非都是本阶段应该从事的工作，新产品上市的准备工作早在立项阶段和概念阶段就在筹划了，相应的发布所用文档也应该在验证阶段就进行准备并基本准备完毕了。我们在这里叙述一些上市发布工作的前期内容，目的就是把上市发布作为一个完整的概念范畴，介绍给大家。相关具体的工作是不是安排在上市发布阶段进行，还需要各个企业根据自己的实际情况进行调整和优化。

一、上市发布载体方案设计

下面就介绍几种上市发布载体的常规方案设计方法，具体的设计过程还需要各个企业根据自己的情况，不断总结和归纳，形成科学规范的流程和制度。这些上市发布载体大致包括平面载体和电子载体两种类型，这项工作的负责人是市场代表，但是需要项目经理和市场部门主管领导的双重审批，是 IPD 的重要工作。

1. 形象代言人

对于大部分 B2C 企业和小部分 B2B 企业来说，进行品牌宣传的一个比较好的方法就是聘请形象代言人进行宣传。形象代言人请得好，对于企业品牌形象塑造和新产品的销售会具有很大的好处；形象代言人请得不好，有时候会给企业形象和新产品销售带来灾难。

形象代言人（有的企业称首席体验官）有下面几种类型。

（1）影视剧明星。影视剧明星的知名度较高，容易受到广大人民群众的关注，在选择时需要注意所选择明星的粉丝群体与我公司产品定位面对的细分市场典型客户群体是否具有契合度；需要注意我公司新产品的品牌故事是否与所选明星的人生轨迹具有契合度；需要注意所选明星的道德和人品，防止其出现低级人生错误时，影响我公司的品牌形象和新产品销售。

（2）体育明星。体育明星（含体育明星群体，如中国女排）和影视剧明星的情况实际是相似的，需要注意的是选择体育明星，要对这位明星未来一个运动周期（一般为 4 年）的竞技水平和预期成绩进行评估，如果所选明星的体育成绩预计下降过快，是不可以选择的。

（3）本公司高层。有的企业选择本公司高层作为形象代言人，需要注意平常对我公司高层的形象塑造，有的企业为此建立了企业家文化建设流程和相关制度，效果较好。

（4）不知名人员或群体。有的企业会选择非明星的人员或者群体作为形象代言人，实际这种做法的风险并不小。我们需要重新塑造形象代言人的人设，需要一位很好的导演和编剧。

2. 产品宣传视频

这里讲述的是产品宣传视频，不是企业品牌形象宣传视频，后者不是本书涉及的内容，而且开发设计起来是很费精力的，是企业发展历史上的大事件。

产品宣传视频的制作就是为了更好地进行产品的推广，一般都具有以下几个设计上的注意事项。

（1）设计产品宣传视频的一般过程为：关键词设定、篇章主题确定、脚本框架编写（每个页面都需要画出概念图）、品牌和产品故事梗概、文档材料准备、演员挑选、现场拍摄或者动画制作、初步版本形成、多轮评审优化、视频定稿、视频渲染、最终评审。

（2）产品宣传视频的时长一般控制在 5 分钟左右，时间过短时，内容不能完整展现；时间过长时，观众会走神甚至走开。

（3）产品宣传视频的关键词实际就是新产品的定位、卖点和特色，一般不能超过 8 个词。

（4）在视频中一定要出现活生生的人物，没有人物就一定没有故事，没有故事就一定变成一个流水账，就没有什么能让人耳目一新的东西，过几天人们就忘记了。

（5）新产品视频的故事是与企业文化故事一脉相承的，但是也要为了特定产品进行一些故事的延伸和突破，一定要把形象代言人的形象和故事融入其中。

（6）视频里列举一些实际的应用案例（由于有试用和试销，是可以做出来的）。

（7）整个视频一定要有一个清晰的逻辑关系，千万不能混乱。

3. 使用维护视频

有些企业因为费用问题并不是很愿意在使用维护视频上下功夫、做投资，结果做出来的视频一看就是简单拍摄的，灯光、音响都不行，这样做会严重影响企业形象的，得不偿失。

使用维护视频的制作可以是三维动画和实际维护 / 维修过程视频相结合的产物，尤其在拍摄实际的维护 / 维修过程中，必须保证画面质量和声音质量，每个过程必须清晰可见，不可以把自认为用户知道的部分省略，每个维修工序都应该在不同的位置角度拍摄至少两遍。

4. 技术说明书

很多企业的技术说明书是研发人员站在自己角度上编写的，很多时候变成了技术方案，客户和用户看不懂，而竞争对手技术人员却可以通过它，探听到我公司的技术情况。技术说明书的阅读者是客户 / 用户，他们不一定很懂我们的技术原理，因此最重要的是让客户和用户通过最浅显的语言，明白一些简单的技术原理，为客户 / 用户的良好使用打下基础。给代理商技术人员的内部技术说明书，相对技术难度要大一些。

5. 使用维护说明书

使用维护说明书的情况与技术说明书相同，有时候可以合二为一。使用维护说明书分为对内说明书和对外说明书，前者稍微难一点，针对的是内部的维修人员；后者稍微简单一点，着重于处理客户 / 用户日常维修和维护的简单问题，其原则是绝对不允许为了插拔一个线头而专程让维修人员出差一趟的低级问题发生。

6. 平面广告和品牌故事

平面广告实际是宣传视频的二维形式，是需要在公开场合张贴的广告招贴画，一般分为按钮广告、主广告、卖点分广告、特色分广告、政策分广告几种类型，各个广告之间通过一个品牌故事相连接。

（1）品牌故事是宣传工作的灵魂

品牌故事是关于本品牌诞生、发展、特色的一系列有血有肉的故事集锦。

品牌故事实际承载着企业的使命、愿景、价值观，承载着企业的各种文化特色，承载着企业的技术实力、质量保证水平，承载着企业对于用户需求和体验的关注。这些故事是企业最好的金字招牌，是最容易被客户／用户所熟知的内容，不断地熏陶着市场客户对我公司产品的心智模式，是一家企业进行营销工作的核心和灵魂。

品牌故事可以是创业故事，也可以是令人感动的瞬间、企业实力的展现、企业特色的宣传——特色商标、特色语言、特色动作、特色人群等等，究竟怎么做好，各个企业都有自己的绝招，比如美国孩之宝公司为了推广自己的变形金刚玩具产品，制作了系列动画片《变形金刚》。

（2）按钮广告的设计

按钮广告也叫小广告，就是拼多多、淘宝、京东等网站上的商品按钮图片，这个图片是企业新产品广告中的精华。试想，一位消费者，首先就是因为这张小图片的吸引，才会进入新产品销售网页；其次，通过小图片进入新产品销售网页的人，一定是已经考虑过需要购买该产品或者类似产品，其真实购买的可能性是非常大的。

按钮广告设计的过程中，既要与附近竞争对手广告有所不同，又不可以过于不合群；既要体现新产品的主要卖点（不超过三个），又要一下子吸引客户／消费者的眼球；既要体现新产品的新颖性，又不能够过于吹嘘。

（3）主广告的设计

主广告就像大街小巷里到处都需要张贴的那种形象广告一样，是新产品上市销售的最主要标志，一定要与形象代言人紧密结合在一起，体现新产品最为主要的三个卖点（最多）。

主广告在设计的时候，是与新产品外观设计同步进行的，是同一组外观设计工程师的杰作，其评审和设计的过程与外观 ID 设计同时进行。所有的按钮广告和其他广告，均是主广告衍生出来的。

（4）卖点分广告的设计

新产品有几个重大卖点就会有几张卖点分广告，在这张广告页面中，要进一步阐述卖点所描述的技术性能指标、功能特点、相关特色服务等内容。需要注意的是，卖点分广告也要有生动的人物故事，而且要与主广告的人物故事具有一定的逻辑相融性。顺便说一句，如果新产品开发缺乏核心需求，也就是卖点的话，新产品宣传广告是很难设计的。

（5）特色分广告的设计

卖点是属于最高层次的新产品特性描述，除此之外，新产品还有一些闪光的小点，需要在广告中加以描述，这就是特色分广告。特色分广告一般是把这些特色闪光小点进行分类汇总，然后分别有机地囊括在少数的几张分广告中。

（6）政策分广告的设计

政策分广告就是传统的销售政策、售后服务政策、促销政策的一些描述。

7. PC 网页和 APP 网页

在现代产品营销工作中，一般都会采用 PC 网页和 APP 网页的形式进行新产品的宣传推广。一般来说，基础网页的制作属于公司 / 企业层面的事情，在新产品上市的过程中，不得更改公司 / 企业的网页模板。而对于网页中的详细内容，则一般都是上述各类广告内容的转化。

需要注意的是，网页中的图片需要有明确的规定，比如图片像素、产品大小、配色要求、拍摄角度等，这个对于 B2C 的公司和企业尤其重要。

8. 产品宣传样本

产品宣传样本包括多页样本、单页样本、选型手册、产品库手册等多种类型。产品宣传样本的内容取材于上述广告设计、技术说明书和网页，需要按照公司的模板，结合客户 / 用户的使用习惯制作。产品宣传样本一般采用总—分—总的逻辑顺序，以公司形象和产品卖点作为前面三分之一部分，以产品分卖点、特色、性能指标、功能介绍作为中间三分之一部分，以公司介绍、品牌建设、获得荣誉和联系方式作为后面三分之一部分。

需要注意的是，有时候产品宣传样本分为经销商 / 代理商和终端客户 / 用户两个版本，所描述内容的侧重点根据他们需求关注点的不同，有不同的版面内容设计和逻辑顺序安排，两个版本不可以混用。

二、上市发布现场环节设计

新产品的上市发布有多种形式，包括线下发布会、线上发布会、展销会、上市通知、网页通知等多种形式，各个企业要根据新产品的战略地位和高层的想法，设计和组织不同档次的上市发布活动，这项工作的负责人是市场代表，但是所有内容需要项目经理和市场部门主管领导的双重审批，是IPD的重要工作。

下面就以某企业重点新产品线下发布会的现场环节案例，说明新产品发布会的整个过程设计方法，非重点新产品发布会可以结合此案例，经过删减优化后执行。一般情况下，新产品的发布会都会与行业展会或者企业其他重大营销活动联合开展，各个企业在进行展览会或者营销重大会议的过程设计中，要考虑到不同档次和重要性新产品发布会的环节。

1. 展会与新产品发布会的关系

展会上开展新产品发布会是比较常见的做法。每次展会都需要有一个核心思想，也就是本次展会的灵魂是什么，目的是什么，这个灵魂的体现就是展会的口号。很多失败的展会都会开成两种形式，一种形式就像到菜市场摆摊卖东西，另一种形式就像告诉大家公司还在运营。既然开展会，就要把展会的目的和作用展现出来，不要浪费那昂贵的展位费用。

展会上非常重要的环节就是新产品发布会，这个新产品要与本次展会的主题具有战略统一性，千万不要搞得不一样，不是冲淡了展会主题，就是让新产品发布淹没在展会主题的大海中。如果新产品和展会主题不相融，则需要另外找其他渠道开展新产品发布工作。

2. 新产品发布会的一般流程

下面是某企业新产品发布会（单独举行）的流程，供大家参考。

某企业新产品发布会议程（举例）

12:00 嘉宾、经销商和记者签到（酒店一楼大厅左侧）

14:00 引导领导、主要经销商、嘉宾入场（引导视频和音乐）（酒店三楼第一会议室）

14:10 开场大型歌舞表演《盛世欢腾》

14:20 主持人（×× 电视台金牌主持人）入场

14:25 播放企业宣传片

14:35 主持人邀请我公司董事长欢迎嘉宾并致辞

14:45 总经理宣布新产品上市公告

14:50 邀请各位领导、嘉宾揭开新产品幔布

15:00 模特走秀展示新产品各个卖点（相关零部件和小视频准备好）

15:15 新产品产品经理和项目经理主讲新产品的技术性能和功能

15:45 记者专访董事长、总经理和 ×× 嘉宾

16:00 来宾抽奖环节

16:15 乐队演唱《我们的产品向远方》

16:30 现场意向订单签字仪式

17:00 主持人宣布结束

17:58 晚宴（酒店二楼锦绣河山厅）

3. 做好外联接待工作

作为现场新品发布会，外联工作也就是外部联系工作是最为重要的。外联接待流程一般包括以下这些内容。

（1）拟定需要邀请的政府领导、行业协会领导、行业知名人士 / 大咖、行业技术专家的清单。这个清单的拟定是根据新产品的战略地位、发布会重要性、发布会期间的其他重要会议等要素综合确定的。

（2）领导和嘉宾邀约。这项工作是比较复杂的，需要摸清楚主要领导和嘉宾的行程安排，提前 1—2 个月进行日程的确定。在确定具体发布会时间时，主要根据最重要领导和嘉宾的时间来安排。如果相关重要领导和嘉宾不能到场，则可以请他们推荐其他人员代替出场。领导和嘉宾的邀约需要董事长、总经理亲自打电话，这是他们的事情，平常就要注意和这些领导、嘉宾保持友好联系。

（3）领导和嘉宾行程安排。领导和嘉宾的行程一定要仔细安排，包括交通、住宿、餐饮等环节都要安排妥当。这个安排不仅包括接待过程，也包括宴会过程和欢送过程。

（4）对到来的嘉宾是一定要赠送礼品的。这个礼品需要具有一定的档次，不能太寒酸，也不能太显眼，还不能违反法律规定，要合理、合情又合法，需要每年度都由公司总经办和市场部门进行礼品清单的研讨。

4. 做好场务工作

做好场务工作就是要把现场的服务做好，这需要专门的人员，在发布会前进行专门的演练，并进行风险的评估和风险解决预案的制定，务必保证发布会安全、有效、温馨、舒适。

对于主持人的要求，不但是主持业务能力强，而且对于公司和新产品需要较为熟悉，由一位外聘主持人和一位企业内部主持人联合主持是比较好的方法。

5. 做好后勤工作

后勤工作是幕后的关键工作，主要包括物料购买、物料运输、物料安装、物料拆卸、物料回收等物料管理工作和人员运输、人员餐饮、人员住宿、人员游玩等人员管理工作，这两项工作的负责人应该分开。最重要的后勤工作就是发布会现场的搭建和发布会后的宴会。

发布会现场的搭建和展会现场搭建的要求差不多，都是要体现新产品卖点和公司业务的核心思想，其风格要与公司其他会议风格一脉相承，而且还要有独特性，花费不能太奢侈，但是也需要把钱花在刀刃上，这个衡量标准就是产品定位。

发布会后的宴会不但要求菜品齐全、有大型名菜作为核心、色香味俱全，而且费用需要控制，整个过程还要体现对嘉宾的重视。

6. 做好新闻宣传工作

召开新产品发布会的重要目的之一就是宣传，做好新闻宣传工作对于发布会来说是关键。发布会组委会是一个跨部门工作协调小组，主要成员包括市场代表、研发代表、售后服务代表、销售代表等统一领导的团队，可特别邀请总经办或者类似性质的部门专门负责新闻媒体的邀请和接待工作。可根据公司／企业的媒体工作管理办法，通过平面、广播电视、网络平台等渠道进行新闻宣传工作。近年来，越来越多的新产品发布会利用抖音、快手或者视频号进行直播宣传，效果较好。

7. 协调小组是发布会的灵魂

发布会组委会应该组织专门人员作为各项工作的协调小组，在人力资源出现紧张情况以及发布会现场出现紧急事情时，作为增援和预备的力量，随时听候调用。

顺便说一下，上述这些内容都是新产品开发流程工作的重要组成部分，也是需要项目组开发的一种“新产品”，坚决抵制那种认为物理产品做好了就万事大吉的单纯技术思维，这是严重违反 IPD 核心思想——产品研发是投资行为的。

本章涉及的IPD工具列表

（1）上市发布载体包括两个方面——平面载体、电子载体；

（2）将上市发布串联在一起的最重要元素——产品故事。

第二十五章

项目组解散还是保留

上市发布阶段的结尾就是GA点，也就是一般可获得性点，到达这一节点后，新产品的研制工作就完成了，同时新产品的正式销售工作就开始了。在GA点之前，非常重要的管理工作就是项目经验教训总结和整体研发项目向销售业务（项目）的交接。

这个时候，关于PDT项目组的去留问题，实际困扰着中国大多数企业，甚至会因为这个问题处理不好，而导致新产品上市后销售乏力、改进不足、降成本不利等问题的产生。

这些问题应该怎样处理呢？

一、项目组的经验教训总结工作流程

在GA点之前最重要的工作有两个：项目组的经验教训总结、GA点检查与资料交接，这是研发项目组最后一点业务工作了，做完这些工作以后，就可以根据公司/企业项目绩效管理办法和项目激励管理办法的规定，进行绩效考核、物质激励和非物质激励了。

1. 项目经验总结（复盘）

项目经验总结也称为项目复盘，它一般分为四个阶段，由PQA主持，PDT所有成员参加。

（1）复盘工作流程

A. 回顾目标：项目组全体成员共同回顾一下项目的目标。这个目标包括市场销售目标、财务成本目标、技术工艺目标、生产质量目标、项目管理目标（主要是计划节点和人力资源管理目标）等。

B. 总结成果：项目组全体成员对项目的成果达成一致。这个成果包括项目总体成果、项目每个阶段的成果、表现出色的职能领域、项目组每个人的收获。

C. 分析问题：项目组全体成员对项目出现的问题达成一致。所谓项目出现的问题，实际就是项目现状与项目目标之间的差距。通过大家的集体回顾，对究竟有哪些因素导致项目目标未达到达成一致，这个过程千万要保证公正和客观，找到出现这些问题的根本原因。

D. 总结经验：项目组全体成员要从这个过程中找到解决上述这些问题的办法。这个过程需要项目组全体成员集思广益，按照科学规范的过程管理方法，找到大家公认的问题解决方案，这个方案尽量避免直接落地到绩效考核上面，因为绩效考核属于超系统问题，项目组基本无法改变什么，因此还是要从项目组和项目组每位成员自身找问题，找解决方案。

E. 签字归档：项目组全体成员在《项目经验教训总结报告》上签字，并归档该文件。如果有需要，项目组全体成员应该合影留念，进行项目组全员最后一次聚餐，用笑容和眼泪洗刷项目运行过程中的阴霾，用灿烂的心情迎接下一个项目。

（2）复盘活动如何才能有效

如果整个过程没有策划好，复盘活动很容易变成内讧大会，这就起反作用了。因此，项目组 PQA 对项目复盘活动的有效组织是非常重要的事情。

A. PQA 要明确复盘活动的重要意义是“解剖麻雀”“集思广益”和“群策群力”。

B. PQA 要明确复盘活动中人与人之间的处事原则是客观、真实、不遗漏，是为了解决问题，而不是掩盖问题。

C. 整个研讨方法应该是共同回忆、共同讨论、还原真实过程、达成共识。

D. 整个研讨方法不应该是“秋后算账”和“追究责任”，对自己的问题剖析彻底的成员应该获得掌声和即时激励。

E. PQA 是复盘活动研讨会的过程设计者和过程引导者，千万不能有自己的倾向性意见，千万不可以指责我们的某位项目组成员，多用诸如“您看到了什么？”“您听到了什么？”“您想到了什么？”这样的问句，而不用一些定性的词语。

F. 整个研讨过程还要注意问题的颗粒度不能太细，也不能太粗。

G. 研讨会上要形成全体成员达成共识的复盘结论，不允许高层管理者对这个复盘结论进行否定。如果高层觉得项目组没有复盘到位，那么也应该是 IPMT 团队全体成员再单独进行复盘活动，研讨一下高层自己的问题。

2. GA 点检查

PDT 项目组产品研发使命完成之前的最后一项工作就是对 GA 点进行检查，也就是由项目组全体成员对 GA 点应该完成的工作进行梳理，待全部工作完成后，将所有相关资料归档或者转交新产品生命周期管理团队 / 部门。如表 25-1 所示某企业 GA 点检查确认表，该表需要项目组全体签字，也需要生命周期管理接受单位对应人员签字。

表25-1　某企业GA点检查确认表（举例）

序号	检查内容	检查结果
1	产品的上市发布是否完成？是否达到预期的计划？是否需要再次发布？	
2	上市发布后的广告宣传是否按计划展开到位？	
3	物料是否满足批量生产需要，如有异常物料情况，是否都有后续的完善方案？	
4	第一批次批量生产是否完成？是否满足各个销售网点的备货要求？	
5	各个销售网点备货是否完成？	
6	各个销售网点销售准备工作是否完成？销售员培训是否完成？	
7	第一批次批量生产是否存在产能不足的问题？如果出现产能不足问题，是否已经解决？	
8	相关销售订单是否达到签订标准？首单交付时间是否确定？	
9	是否完成了客户技术支持方面培训等准备工作？维修备件是否准备完毕？	
10	产品质量是否达到批量要求？	

GA 点只是一个检查点而并非一个评审点，不需要按照 DCP 评审或者 TR 评审的形式开展工作。

二、项目组的职能后续如何处理

有个实际的问题一直困扰着大家，那就是新产品上市并通过 GA 点后，产品生命周期（包括退市）的管理应该由谁来负责？这个问题在 IPD 体系流程导入初期的企业实际不是什么大问题，但是当 IPD 体系流程推行走向深水区以后，如果不解决这个问题，就会严重干扰到正常的研发业务运作。

经过多年实践，笔者将产品生命周期阶段管理者归纳为四种情况：PDT 继续管理、成立 LMT 管理、研发部门管理、市场 / 产品部门管理，下面就是这四种情况的优点和适用条件，由广大读者和企业根据自身情况进行选择。

1. PDT 继续管理

国内一些 IPD 推进较好的中小型公司采用 PDT 团队继续负责产品生命周期阶段管理的办法。这样做的优点在于一脉相承的管理思路和对项目各个环节的熟悉，能够保证项目在生命周期阶段继续沿着既定业务计划运行，真正做到端到端的产品开发流程。

这样做需要以下条件，那就是必须保证项目组团队的持续运行，必须保证项目组按照大 PDT 的形式，也就是项目组成员固定配置的模式运行，产品线必须能够按照产销研相对独立的形式运行，企业中的专职项目经理必须得到足够的授权并接近成立独立事业部和子公司。目前大部分推行 IPD 体系的企业都做不到按照本方法进行管理。

2. 成立 LMT 管理

国内一些 IPD 推进较好的大型和超大型公司采用成立 LMT 团队（产品生命周期管理团队，Lifecycle Management Team）管理产品生命周期阶段各项工作的办法，其团队组成成员与 PDT 类似，但是人员更为专业化。这种做法应该是最为合理的一种做法，它解放了项目团队，释放项目团队的资源用于新一轮重要新产品的研发。

这样做需要以下条件，那就是 IPD 体系的发展水平接近或者达到华为公司的水平，能够建立起真正对产品生命周期阶段负责的跨部门团队，这家企业一定是完全的矩阵式组织管理体系，目前在国内，只有华为公司做到用 LMT 进行有效的产品生命周期管理，其他企业尝试该方法，基本都失败了。

3. 研发部门管理

由研发部门或研发部门中的研究室 / 研究组进行产品生命周期管理是目前我国各个企业中应用最多的产品生命周期管理方法。虽然看起来是研发部门在管理产品生命周期，而实际是没有部门真正地在管理产品生命周期，每个职能部门自己管理自己的相关程序性工作，对于老产品影响并不大，但是对于需要变革程序性工作的解决方案产品和新产业 / 新行业产品来说，就很难管理好了。

这样做是最简单的管理方式，最容易被大家所选择，但是也是最不合理的，是 IPD 体系流程没有落地的主要表现。

4. 市场 / 产品部门管理

采用市场 / 产品部门管理产品生命周期和采用研发部门管理产品生命周期的两种方式，其本质是类似的。它们的不同点在于 B2C 企业由于营销部门在新产品成功中的作用相对较大（大于研发部门的作用），因而选择由市场 / 产品部门管理产品生命周期。

本章涉及的IPD工具

（1）项目复盘五部曲——回顾目标、总结成果、分析问题、总结经验、签字归档；

（2）产品生命周期阶段管理者有四种情况——PDT 继续管理、成立 LMT 管理、研发部门管理、市场 / 产品部门管理。

PASSAGE 7

第七篇

新产品开发效果的后评估和退市

小 IPD 产品开发流程的最后一个阶段是生命周期阶段，很多企业在进行产品开发流程设计的时候很容易忽略这个阶段的内容，甚至认为生命周期阶段不属于产品开发流程，实际这种想法是错误的。

我们在生命周期阶段需要不断地执行前几个阶段所规定的业务计划，不断改进和提升产品的技术、质量和商业竞争力，最终在最有利于企业的时刻，进行产品退市，将一个端到端的、从客户中来到客户中去的、完整的产品全生命周期彻底管理好。

产品生命周期阶段管理上的主要工作就是结项、后评估、持续管理、退市决策 LDCP 和执行管理。

第二十六章

做好结项和后评估工作是项目持续成功的保障

进入小 IPD 生命周期阶段的时候，实际我们并不能看清楚整个新产品是否实现了市场成功、财务成功、技术成功和质量成功。只有在经历了一段时间的市场销售和使用以后，我们才能最终确认新产品的成绩。有的公司把这个位于生命周期阶段前期的子阶段叫作后评估子阶段，还有的公司称之为保修期子阶段。

下面来看一下，在这个后评估子阶段都应该进行哪些管理工作。

一、项目技术结项工作的内容和注意事项

项目的技术结项工作是指项目研发团队对各方面的技术进行最终确认并确定项目技术开发完全完结的系列工作，一般都发生在第一批次量产销售大致完成的时候，有的公司把它作为 TR7 技术评审点（第一批次量产评审）来对待。一般来说，只有完成了技术结项工作，研发人员才可以拿到项目研发部分的奖金，项目业务部分的奖金要等到商业后评估以后才能拿到，有的企业也将这两个部分内容合在一起，也是可以的。

1. 项目技术结项一般关注下列问题

（1）第一批次量产生产中发现的设计和工艺问题是否解决？

（2）第一批次量产产品在销售和客户使用过程中发现的设计和工艺问题是否解决？

（3）第一批次量产产品的外观设计还需不需要调整？是否调整到位？

（4）第一供方和第二供方供应的物料和零部件技术和质量状态是否稳定？

（5）批量生产工装和模具的表现是否稳定？技术问题是否得以解决？

（6）第二批次量产的各方面准备情况是否完毕？

（7）预计的降成本工作是否按计划准备到位或者执行到位？

（8）预计的可配置项设计是否完成？

（9）所有的技术更改是否完毕？后续的技术更改是否数量少而可控？

（10）后续技术和质量问题跟踪人员是否明确？

2. 项目技术结项的参与者和结论

项目技术结项应给出不予结项、带风险结项、准予结项三个结论中的一个，当评审组给出不予结项决策时，产品技术责任团队 / 人员应该继续做好技术改进工作后，再次提交结项评审；当评审组给出带风险结项决策时，应由产品技术责任团队 / 人员继续完成后续技术改进工作，待 PQA 组织验收后，直接通过；当评审组给出准予结项决策时，项目直接技术结项完成。

项目技术结项参考 TR 技术评审会议流程，评审专家和评审委员设置与其他 TR 评审会议相同。

二、项目商业后评估工作的内容和注意事项

项目商业后评估工作是新产品经过一段时间销售后，对其市场和商业表现进行评估的一项工作，是对项目组全体成员最终成果的认定过程。进行后评估的主要原因就是只有通过一段时间冷静客观地观察和评估，才能够对项目最终的商业成果和管理成果进行恰如其分的评定。

1. 后评估的阈值

什么时候进行后评估呢？我们需要设定一个后评估发生的阈值。一般有两种设定方法，一是按照销售时间来进行设定，例如在 GA 点以后一年或者在首次订单交付后一年；二是按照销售数量来进行设定，例如在 GA 点后合计销售数量达到 100 件的时间或者含试销数量合计达到 100 件的时间。请各位读者根据自身企业特点和行业特性进行设定。

2. 后评估的内容

后评估的内容包括两个方面，一个是如表 26-1 所示的市场商业结果绩效表现，另一个是如表 26-2 所示的项目开展过程绩效表现。这两个内容都是要

评估的，一般情况下，后评估的总体分数中，两者的权重各占50%。相关的数据由PQA从各个职能部门处收集而来，最多进行两次评估，并以后面一次评估结果为准。

表26-1　某企业后评估结果绩效管理表（举例）

对比 条目	上市前 规定	XX月XX日 首次评估	XX月XX日 末次评估
GA点时间/销售量/销售额（销售提供）			
静态盈亏平衡点时间/销售量（财务提供）			
动态盈亏平衡点时间/销售量（财务提供）			
销售额/销售收入（财务提供，销售协助）			
毛利率（财务提供）			
目标成本（财务提供）			
客户问题及时解决率（服务提供）			
首次评估整改意见			
末次评估决策意见			

表26-2　某企业后评估过程绩效管理表（举例）

对比条目	上市前规定	后评估数据	得分
流程符合度（PQA互评）			
TR一次评审通过率（PQA记录）			
DCP一次评审通过率（PQA记录）			
项目进度偏差率（PQA记录）			
设计规格变更率（PQA记录）			
包需求变更率（PQA记录）			
研发费用偏差率（财务提供）			
研发人员生产率（PQA记录）			

3. 后评估的组织和流程

后评估工作的整个过程和组织角色都和DCP商业决策评审类似，同样也有不通过（No Go）、重新定向（Redirect）、通过（Go）三种结论。不通过（No Go）的结论代表后评估结论为：项目未达到预期，判定为失败。重新定向（Redirect）的结论代表后评估结论为：后评估工作不到位，需要再次进行后评估；通过（Go）的结论代表后评估结论为：项目达到预期，判定为成功，并在此基础上计算项目总得分。项目失败和成功的分数界限每年都有所不同，应该每年都有所提升，这样才能不断提升公司的核心竞争力。

4. 后评估整改报告

无论判定项目成功还是项目失败，都需要项目经理组织人员撰写后评估整改报告，为后续各产品开发项目留下宝贵的经验教训。

进行完上述商业后评估工作内容后，就可以根据企业相关制度，发放项目奖金的最后一部分了。

本章涉及的IPD工具

（1）后评估工作的两个内容——结果绩效、过程绩效；

（2）后评估工作的阈值——时间阈值、销售数量阈值。

第二十七章

应该站在战略高度看待项目的退市评审及其执行工作

产品退市是一件大事，它的重要性实际不亚于产品上市，但是在中国广大制造型企业中，普遍执行得不科学、不规范，甚至没有进行有效的管理。实际上产品上市和产品退市都是一个管理范畴中的内容，这就是市场和产品规划管理。正是因为有新产品上市，才会导致老产品的退市；正是由于老产品的表现越来越差，才会有新产品的研发。因此产品退市管理实际是企业战略管理中非常重要的组成部分。

关于产品退市管理的相关内容，前面讲述的比较少，下面重点讲述那些生命周期在6年之内的新产品的生命周期管理及退市管理方法，作为本书最后的压轴内容。

一、生命周期阶段中的持续销售推广工作

在产品生命周期阶段中，最主要的工作就是新产品的持续销售和推广。新产品的持续销售和推广工作是营销部门的日常工作，需要根据每年既定的销售工作目标和项目既定的 4P 策略开展工作。

由于 PDT 项目组所制定的营销策略可能无法跟上新产品所在市场日新月异的变化，所以要求产品生命周期管理团队和营销部门、售后服务部门定期召开联席会议，解决新产品在实际销售和推广中遇到的问题，及时进行营销策略的调整和产品的技术质量改进。这个定期的时间一般为双月、一个季度或者半年。营销部门应该每个月都向公司通报销售情况和下一轮新产品的需求信息。

当销售数据达到退市阈值时，销售部门应及时发布退市信号，这个阈值是每年进行市场和产品规划工作时规定的。

二、生命周期阶段中的产品改进和变更工作

在产品生命周期阶段中，还有一项主要的工作就是新产品的持续改进和技术变更。这些工作都是技术部门的日常工作，需要根据项目运行中发现的问题，实时进行技术改进和变更工作。这个变更工作按照项目变更的一般方法进行，分为改善类变更和改进类变更，前者一般每年度汇总变更一次，后者则是随时出现，随时变更（或者每月度变更一次）。

同样，技术部门应该跟踪行业技术发展趋势和竞争对手技术和产品的变化情况，当技术发展情况达到退市阈值时，研发部门应及时发布退市信号。

三、做好产品退市工作的四个阶段

产品退市是一个科学规范的过程，具有启动阶段、退市评估阶段、退市执行阶段、退市后评估阶段等共计四个阶段的完整流程。产品退市工作符合 IPD 的基本方法论，需要跨部门团队共同协作完成，包含全面退市和从部分市场退市两种情况。

1. 产品退市发生的时间

产品退市工作不应该是被动的行为，而应该是主动的、策划好的行为，偶然间的退市行为是要极力避免的。产品退市可以发生在产品销售奄奄一息时，也可以发生在产品销售无人问津时，甚至在产品表现稳定和茁壮成长时，也有退市的可能。上面说到的产品奄奄一息或者无人问津时的退市，是一种产品规划工作没有做好的表现。

2. 退市工作的主体责任在谁

在不同的行业和企业，退市工作的发起者和责任者是不同的，有的企业是市场销售部门，有的企业是 PDT 项目经理，有的企业是产品经理，有的企业是 LLMT 经理，而更为多数的则是公司领导。总之，退市工作的主体责任都是由产品生命周期管理团队 / 部门的领导承担的，由他带领跨部门团队做好产品退市工作。

3. 产品退市工作每个阶段的任务

（1）启动阶段

所谓启动阶段就是通过对日常市场信息监控（市场代表负责），对日常供

应商信息监控（采购代表负责），对日常生产信息监控（生产代表负责），对日常产品变更情况监控（研发诸代表负责），对日常财务状况监控（财务代表负责），以及对产品绩效表现进行评估（生命周期阶段项目经理负责）等动作，在产品规划时预设的退市阈值达到时，开始启动退市评估工作。

（2）退市评估阶段

进入退市评估阶段以后，生命周期管理团队需要对新产品的各项表现和状态进行评估，包括新产品与企业战略一致性检查、产品市场表现及趋势评估、产品供应商变化趋势评估、产品财务表现评估、技术趋势发展分析、产品规划路标执行情况评估等。整个评估过程由项目经理组织开展，相关职能代表各司其职，最后形成产品退市业务计划书，也就是如何进行退市的工作指导书。

某企业退市业务计划书模板节选（举例）

A. 当前情况简述

B. 市场和销售退市计划

原市场规划和产品规划规定的退市计划和阈值。

销售总结：

汇总整体的数据；

总结销售概况。

市场情况：

宏观行业状况；

主要竞争对手的行动和计划；

目标市场的规模变化预期和市场价格变化预期（后3年）；

公司的更新换代产品。

导致提出“生命周期终止决策”议案的主要原因分析。

终止的实施方案：

市场影响预期；

替代产品的考虑；

市场的延续性分析；

主要市场退市工作计划；

主要市场退市风险分析。

C. 客户服务

客户服务部门现有工作状态及未来预期汇报。

客户对产品的使用反馈汇报。

备件情况总结。

客户服务部门应对产品退市的计划。

退市至停止服务期间的工作计划。

D. 生产制造

当前制造情况概述。

库存情况。

停止生产工作计划（含可能的补仓生产）。

生命终止后相关资源处理。

E. 采购

停止采购的影响因素详细描述。

停止采购后供应商资源处理。

停止采购后我公司资源处理。

停止采购工作计划（含可能的补仓采购）。

F. 财务分析

退市的财务依据。

退市时的财务决算。

G. 与该产品相关的资源、物料、BOM 处理

IT 系统的退市处理计划。

相关图纸和程序的封存计划。

H. 相关文档链接

本阶段需要进行 LDCP 的商业决策评审，当评审结果为不通过（No Go）时，项目不得退市，要继续正常销售；当评审结果为重新定向（Redirect）时，说明退市业务书内容不合格，应该重新评估，重新编制退市业务计划书；当评审结果为通过（Go）时，进入退市执行阶段的 EOX（三退或三停：EOP、EOM、EOS，按顺序进行）工作。LDCP 评审的要素如表 27-1 所示。

表27-1　某企业LDCP生命周期终止决策评审要素表（举例）

评审要素	评审内容	评审结论	备注
WHY	产品生命周期是否进入预定退市状态？（销量、占有率、利润、竞争力是否已明确）		
	是否确定退市公告？是否具备退市条件？（客户沟通、库存统计及消化方案）		
	是否确定退市后的售后服务计划？（配件供给方案、技术支持方案）		
WHAT	工艺文件、图纸、作业指导书是否有回收存档、销毁计划？		
	是否有替代产品？替代产品分析是否符合技术趋势？		
	知识产权是否继续保护？标准是否作废？		
WHO	退市相关人力资源是否准备完毕？		
WHEN	项目时间进度和相关里程碑是否修正？		
	退市计划是否明确？（三停EOX，按顺序）		
HOW	是否制定停止生产方案？		
	库存零件处理方案是否明确？（考虑售后备件）		
	工装夹具、设备处理方案是否明确？		
	是否对售后服务备件进行储备？		
	停止采购是否准备完毕？		
	设备处理方案是否明确？		
HOW MUCH	整个项目盈利是否达到预期？		
	整个项目费用是否超预算？		
	退市后出现的问题对盈利的影响及带来的财务风险或损失有多少？对应的利润损失是多少？利润占总额的比例有多少?以上是否明确？		

（3）退市执行阶段

产品退市执行阶段是产品退市流程中最为重要的部分，如果退市执行不到位，就可能导致退市退不掉或者退市留尾巴等严重影响产品规划的现象发生。本阶段的主要工作由各个职能代表分别执行，包括执行停止生产和采购（EOP）、执行停止销售（EOM）、执行停止售后服务（EOS）、供应商产品线与存货处理、生产产品线（含工装、模具等）与存货处理、销售库存处理、售后备件准备、IT 系统归档封存处理以及发布产品退市通知。

有些企业的停止售后服务时间比较长，可以不放在产品开发流程中管理。

（4）退市后评估阶段

产品退市流程一定要在 LDCP 退市决策评审会上规定的退市时间内，进行后评估检查，防止退市工作没有执行到位。本阶段的主要工作包括检查各个职能部门退市完成情况、清理 IT 系统上的相关信息（销售信息、PDM/PLM 信息、OA 信息等）、封存相关资料。

四、产品退市后再上市工作的注意事项

有的时候，产品退市以后的一段时间内，还会出现产品重新上市的情况。产品退市再上市是企业营销部门对市场变化评估不足造成的，是产品生命周期管理团队未做好 LDCP 退市评估造成的，是要进行一定管理训诫的。

但是既然市场和客户有对于已退市产品的强大需求，企业也要考虑是否进行重新上市，主要考虑的因素包括重新上市后对企业战略的影响、重新上市后对其他在售新产品销量和利润的影响、重新上市后能够获得的商业利益和价值、重新上市所需要的生产和采购资源的满足度等内容。

重新上市也是上市，也需要建立一支跨部门的产品开发团队进行重新上市产品的开发，包括 4P 营销策略的开发、新零部件开发、新物料器件开发、新生产工艺和过程开发、新质量保证方式开发、新售后服务过程开发等，一样也不能少，只是开发的程度比起新产品开发有所减轻。重新上市产品开发项目的 DCP 决策评审一般只保留 ADCP 点，同时在 ADCP 之前仅进行一个 TR3 技术方案评审和一个 TR4A 功能样机技术评审即可。

本章涉及的IPD工具

（1）产品退市的四个阶段——启动阶段、退市评估阶段、退市执行阶段、退市后评估阶段；

（2）产品退市的三个顺序动作——三停或者三退，包括停止生产和采购（EOP）、执行停止销售（EOM）、执行停止售后服务（EOS）。

后　记

经过五个多月的写作，这本浓缩了五十多个 IPD 产品开发试点项目经验教训的书终于写完了。

想起与亨通集团有限公司、杰克科技股份有限公司、新界泵业（浙江）有限公司、琦星智能科技股份有限公司、浙江闪铸集团有限公司、福安市睿立电子有限公司、安徽合力股份有限公司、中铁工程装备集团有限公司、江苏金彭集团有限公司、汕头市天际有限公司、浙江泰普森实业集团有限公司、浙江三鸥机械股份有限公司等企业进行 IPD 试点项目的那些往事，酸甜苦辣，历历在目。

《落地才是硬道理——企业实施 IPD 研发管理体系方法》一书的内容是如何建设 IPD 研发管理体系，而这本书的内容则是项目实战，也就是如何在具体项目中应用 IPD 研发管理体系。我们国家还有大量的企业和公司，没有导入 IPD 体系。这本书的写作目的就是让这些创新型公司知晓每个研发项目究竟应该怎么做，每一步都会遇到哪些问题，应该如何解决这些问题。

在这里，对本书写作期间给予我帮助和鼓励的朋友们给予最真挚的感谢，他们是苏州亨通、浙江闪铸、福安睿立、浙江琦星、新界泵业，尤其是来自苏州亨通的第二作者郭俭旭女士，同时感谢卢朝晖老师、石晓庆老师对我的逻辑思维的启迪，最后感谢父母和妻儿在本书写作过程中对我的包容和理解。

孙维乙

2023 年 11 月 8 日

缩略语表

A

ADCP，Availability Decision Check Point，可获得性决策评审

B

B2B，Business to Business，企业对企业商业模式

B2C，Business to Customer，企业对消费者商业模式

BLM，Business Leadership Model，业务领先模型

BOM，Bill of Material，物料清单

BP，Business Plan，业务／商业计划（年度）

C

CAE，Computer Aided Engineering，计算机辅助工程设计

C-BOM，Commodity BOM，采购 BOM

CDCP，Concept Decision Check Point，概念阶段决策评审

CDP，Charter Development Process，项目任务书开发流程／立项开发流程

CDR，Charter Development Review，项目任务书开发评审／立项开发评审

CDT，Charter Development Team，项目任务书开发团队／立项开发团队

CEG，Commodity Expert Group，采购专家团

Charter DCP，Charter Decision Check Point，项目任务书决策评审／立项决策评审

CIF，Cost Insurance and Freight，成本加保险费加运费

CSPDT，PDT Customer Support member，客户服务代表／售后服务代表

D

DCP，Decision Check Point，决策评审点

DCR，Design Change Requests，设计变更申请

DFX，Design for X，面向产品生命周期各环节的设计

DSTE，Develop Strategy to Execution，从战略到执行流程框架

E

E-BOM，Engineering BOM，设计 BOM

ECR，Engineering Change Requests，工程变更申请

EDCP，Early Sales Decision Check Point，早期供货决策评审

EOM，End of Marketing，停止销售

EOP，End of Production，停止生产（采购）

EOS，End of Service and Support，停止服务（支持）

ESP，Early Ship Program，早期客户支持

ESS，Early Sales Support，早期客户支持

F

FAN，Finance Analysis，财务分析

FE，Function Elevating，功能领域提升

FOB，Free on Board，离岸价

FPDT，PDT Finance member，财务代表

G

GA，General Available，一般可获得性（点）

H

HRBP，Human Resource Business Partner，人力资源业务合作伙伴

I

ID，Industrial Design，工业设计

IPD，Integrated Product Development，集成产品开发

IPMT，Integrated Portfolio Management Team，集成组合管理团队

IRB，Investment Review Board，投资评审委员会

IT，Information Technology，信息技术

ITR，Issue to Resolution，问题解决流程

L

LCDT，Leader of CDT，项目任务书开发经理

LDCP，Lifecycle Decision Check Point，生命周期阶段决策评审

LLMT，Leader of LMT，生命周期管理经理

LMT，Lifecycle Management Team，生命周期管理团队

LPDT，Leader of PDT，产品开发项目经理

LPMT，Leader of PMT，产品管理团队经理

LRAT，Leader of RAT，需求分析团队经理

LRMT，Leader of RMT，需求管理团队经理

LTC，Lead to Cash，从机会到订单交付流程

M

M-BOM，Manufacturing BOM，制造 BOM

MM，Market Management，市场管理 / 规划

MNFPDT，PDT Manufacture member，生产（制造）代表

MKTPDT，PDT Marketing member，市场代表 / 营销代表

N

NPI，New Product Introduction，新产品导入

O

OA，Office Automation，办公自动化

O/SBP，Offerings/Solutions Business Plan，产品包 / 解决方案商业计划

ODM，Original Design Manufacturer，原始设计生产

OEM，Original Entrusted Manufacture，原始设备生产

OR，Offerings and Requirements management，需求管理

ORR，Offerings and Requirements Review，需求管理评审

P

PCN，Product Change Notice，产品变更通知

PCR，Plan/Project Change Requests，计划变更申请 / 项目变更申请

PDCP，Plan Decision Check Point，计划阶段决策评审

PDM，Product Data Management，产品数据管理

PDT，Product Development Team，产品开发团队

PDTR，PDT Review，PDT 层面评审会

PQA，Product Quality Assurance，产品质量保证

PLM，Product Lifecycle Management System，产品生命周期管理系统

PMC，Production Material Control，生产及物料控制

PMP，Project Management Professional，项目管理专业人士资格认证

PPM，Project and Portfolio Management System，项目和项目组合管理系统

PROPDT，PDT Purchasing and Order member，采购代表

Q

QCPDT/QPDT，PDT QC member，质量代表

R

RAT，Requirement Analysis Team，需求分析团队

RCR，Requirement Change Requests，需求变更申请

RD，Research and Development，研发（部）

RDPDT，PDT RD member，研发代表

RDPM，Research and Development Project Management，研发项目管理

RMT，Requirement Management Team，需求管理团队

S

S-BOM，Service BOM，服务 BOM

SE，System Engineer，系统工程师

SKU，Stock Keeping Unit，库存进出计量基本单元

SPAN，Strategic Positioning Analysis，战略定位分析

Sub-TR，Sub-Technical Review，技术子评审

T

TDCP，Transition DCP，技术迁移决策评审

TPD，Technology and Platform Development，技术 / 平台开发流程

TR，Technical Review，技术评审

TRG，Technical Review Group，技术评审团队

W

WBS，Work Breakdown Structure，工作分解结构

X

XR，X Review，职能层面评审会

参考文献

[1] 孙维乙. 落地才是硬道理——企业实施 IPD 研发管理体系方法 [M]. 北京：航空工业出版社，2021.

[2]（美）克莱顿·克里斯坦森，泰迪·霍尔，凯伦·迪伦，戴维·S·邓肯. 创新者的任务. 洪慧芳译 [M]. 北京：中信出版集团股份有限公司，2019.

[3]（英）蒂姆·布朗. IDEO，设计改变一切（10 周年纪念版）. 侯婷，何瑞青译 [M]. 杭州：浙江教育出版社，2019.

[4]（美）英格里德·本斯. 引导：团队群策群力的实践指南（第 4 版）. 任伟译 [M]. 北京：电子工业出版社，2019.

[5] 冉斌. 21 张战略画布：中小企业战略涂鸦化的经验和方法 [M]. 北京：中国商业出版社，2021.

[6] 美国项目管理协会. 项目管理知识体系指南（PMBOK 指南）（第六版）[M]. 北京：电子工业出版社，2018.

[7]（瑞）亚历山大·奥斯特瓦德，（比）伊夫·皮尼厄. 商业模式新生代（经典重译版）. 黄涛，郁婧译 [M]. 北京：机械工业出版社，2016.

[8]（美）亚德里安·斯莱沃斯基，大卫·莫里森，鲍勃·安德尔曼. 发现利润区. 吴春雷译 [M]. 北京：中信出版集团股份有限公司，2018.

[9] 石晓庆，卢朝晖. 华为能，你也能：IPD 产品管理实践 [M]. 北京：北京大学出版社，2019.

[10]（美）丹尼尔·平克. 驱动力. 龚怡屏译 [M]. 北京：中国人民大学出版社，2012.

[11] 汪应洛. 系统工程（第 5 版）[M]. 北京：机械工业出版社，2016.

[12]（美）亚德里安·斯莱沃斯基. 盈利的艺术. 蒋丹芸等译 [M]. 北京：电子工业出版社，2017.

[13] 王占刚. LTC与铁三角：从线索到回款[M]. 北京：人民邮电出版社，2023.

[14] 苏杰. 人人都是产品经理 2.0：写给泛产品经理 [M]. 北京：电子工业出版社，2017.